WORTE
DER *L*IEBE
UND
DES *L*ICHTS

Elisabeth Constantine

WORTE DER LIEBE UND DES LICHTS

Spirituelle Inspiration
für jeden Tag des Jahres

Aus dem Englischen übersetzt
von Juliane Molitor

Ansata

Liebe Leser,

es liegt in der besonderen Natur dieses Buches, dass Sie sowohl mit »Sie« angesprochen werden (im erklärenden Text der Einleitung zum Beispiel) als auch mit dem vertrauten »Du« (in den Kontemplationen, Meditationen und Affirmationen).

DIE ÜBERSETZERIN

Ansata Verlag
Ansata ist ein Verlag der Verlagsgruppe Random House GmbH.

ISBN 3-7787-7283-X

1. Auflage 2005
© 2004 by Elisabeth Constantine
© 2004 für alle Fotografien by Elisabeth Constantine
Die Originalausgabe erschien 2004 unter dem Titel »Light Meditations for a Year«
im Verlag Findhorn Press, Schottland
© 2005 für die deutsche Ausgabe by Ansata Verlag, München
in der Verlagsgruppe Random House GmbH
Alle Rechte sind vorbehalten
Printed in Germany
Einbandgestaltung: HildenDesign, München, unter Verwendung einer Abbildung ©
von Artwork Walter Holl, Aachen
Gesetzt aus der Rotis, Rotis Sans und Andrea
bei C. Schaber Datentechnik, Wels
Druck und Bindung: Westermann Druck, Zwickau

Inhalt

Vorwort 9

Gnade 10

Einleitung 11

    Wie Sie dieses Buch nutzen können · 11
    Das Sechs-Schritte-Programm · 12
    Die Chakren und die Aura verstehen · 19
    Meditation: Erfülle dich mit Licht · 23
    Glossar der spirituellen Begriffe · 25

Die Lichtmeditationen 29

    Januar · 31
    Februar · 63
    März · 93
    April · 125
    Mai · 157
    Juni · 189
    Juli · 221
    August · 253
    September · 285
    Oktober · 317
    November · 349
    Dezember · 381

Weiterführende Literatur 413

Dank 415

In aller Bescheidenheit widme ich dieses Buch
dem Lebenswerk meiner geliebten Seelenschwester, Tsering Dekyi, La,
und allen Flüchtlingen dieser Erde, die Not leiden –
sei es körperlich, geistig oder seelisch.
Ich würdige das Licht in jedem Einzelnen von euch.

»Freundlichkeit, Liebe und Mitgefühl,
diese Gefühle sind die Essenz der Brüderlichkeit und der
Schwesterlichkeit und sorgen für inneren Frieden.«

Seine Heiligkeit der Dalai Lama

Vorwort

Meine Segenswünsche an Sie alle, liebe Leser. In aller Bescheidenheit lade ich Sie ein, an dem Licht teilzuhaben, das in den Worten und auf den Seiten dieses Buches enthalten ist. Licht ist Liebe und Liebe ist Licht, der »Powerklebstoff«, der das ganze Universum zusammenhält.

Es ist der Ursprung von »allem, was ist«, das Material, aus dem Sie und ich gemacht sind. In der Einheit von Liebe und Licht sind wir alle eins. Dieses Buch, aus Liebe und in Liebe geschrieben, wurde inspiriert und angeleitet von der überhellen Energie des Hermes (des Boten, der auch als Merkur oder Thoth bekannt ist), dessen sanfte, väterliche Stimme auf seinen Seiten erklingt. Es wird Sie auf eine Reise durch viele Aspekte des Selbst führen (denn in Wirklichkeit existiert nur das Selbst) und Ihnen bei Ihrer persönlichen und spirituellen Transformation helfen.

Die universellen Themen, die sich durch diesen Text ziehen, werden immer und immer wieder aus unterschiedlichen Perspektiven betrachtet, sodass Sie sie auf die Weise verstehen und aufnehmen können, die für Sie am natürlichsten ist.

Dieses Buch wird Ihnen, so hoffe ich, als Instrument und Werkzeug auf Ihrem Weg zur Selbsterhellung dienlich sein. Und was für alle Werkzeuge gilt, gilt auch hier: Setzen Sie es weise ein, übernehmen Sie nur das, was sich jetzt richtig für Sie anfühlt, und heben Sie den Rest für später auf. Betrachten Sie sich selbst als »spirituelle Baustelle« und gehen Sie sanft, freundlich und verständnisvoll mit sich um.

Ich bete, dass Ihnen dieses Buch viel Segen, Hilfe und Unterstützung auf Ihrer spirituellen Reise zum Kern des inneren Lichtes bringen möge.

Ich danke Ihnen, liebe Leserin, lieber Leser, denn ohne Sie wäre mir das Privileg und die reine Freude, die es bereitet, den Stift auf das Papier zu setzen, gar nicht zuteil geworden.
Ich ehre das Licht in jedem Einzelnen von Ihnen.

Mit vielen heiteren Segenswünschen.

Ihre Seelenschwester und Mitreisende im Licht,

Gnade

Durch die Gnade Gottes sehe ich.

Durch die Gnade Gottes höre ich.

Durch die Gnade Gottes rieche ich.

Durch die Gnade Gottes schmecke ich.

Durch die Gnade Gottes denke ich.

Durch die Gnade Gottes spreche ich.

Durch die Gnade Gottes fühle ich.

Durch die Gnade Gottes bin ich.

Durch die Gnade Gottes sind wir eins: du und ich, die Schöpfung, der Schöpfer und das Erschaffene, die Heilige Dreieinigkeit.

Und dafür bin ich unendlich dankbar.

Einleitung

Wie Sie dieses Buch nutzen können

Dieses Buch ist in zwölf Kapitel für die zwölf Monate und in 366 Abschnitte für jeden Tag des Jahres (einschließlich des 29. Februar für die Schaltjahre) gegliedert.

Jedes Monatskapitel beginnt mit einem Segensspruch, der einen allgemeinen spirituellen Fokus für den ganzen Monat bieten soll. Jedes Tageskapitel besteht aus drei Teilen: einer *Kontemplation*, einem Übungsabschnitt, der unter der Überschrift *Meditation* steht, und drei *Affirmationen*.

Sie werden merken, dass ich die Begriffe »Gott«, »Ursprung« und »Universum« im gesamten Text dieses Buches austauschbar verwendet habe. Das habe ich bewusst so gemacht, damit Sie den spirituellen Begriff, mit dem Sie sich am wohlsten fühlen, frei wählen können. (Sie werden gesegnet sein, egal welchen Namen Sie für das Göttliche wählen.)

Die Kontemplationen: Hier handelt es sich um gechannelte Botschaften aus einer höheren Quelle. In jeder Kontemplation kommt ein besonderer Aspekt der universellen Wahrheit zum Ausdruck. Sie werden merken, dass die Essenz jeder Kontemplation ebenso relevant für Ihr eigenes Leben ist wie für das Leben all Ihrer Brüder und Schwestern auf diesem Planeten. Im Grunde haben wir nämlich alle dieselben Ängste, Hoffnungen und Träume.

Die Meditationen: »Meditation« wird hier als übergeordneter Begriff gebraucht, denn diese Abschnitte enthalten unterschiedliche Übungen wie geführte Meditationen, Visualisationsübungen, Phantasiereisen, Energiearbeit und praktische Übungen. Im ganzen Buch bezieht sich der Begriff »Meditation« auf all diese inneren Prozesse. Machen Sie sich keine Gedanken, wenn Sie nicht immer die Zeit haben, sich voll und ganz auf die Visualisationen oder praktischen Übungen einzulassen. Sie können die Essenz der jeweils angesprochenen Themen auch aufnehmen, indem sie die Meditationen einfach nur durchlesen.

Die Affirmationen: Sie bringen das Thema des Tages auf den Punkt und versorgen Sie mit dem Brennstoff für Ihr inneres Wachstum. Durch Ihre positive Absicht wird es Ihnen mit der Zeit gelingen, das Alte loszulassen und Platz zu schaffen für das »Neue, Leichte« in Ihrem Leben. Wiederholen Sie die Affirmationen den ganzen Tag über, so oft Sie können und, wenn nötig, ein paar Wochen oder einen Monat lang, bis Sie eines Tages das deutliche Gefühl haben, dass sich Ihre Energie verändert hat. Wenn sich eine solche Veränderung der Energie manifestiert, werden Sie sich plötzlich leichter fühlen, so, als hätten Sie eine Menge Gepäck zurückgelassen, und auf der energetischen Ebene ist genau das der Fall. Es ist Ihnen gelungen, alte Gedankenmuster, Verhaltensweisen und Abhängigkeiten loszulassen. Prima!

Es gibt mehrere Möglichkeiten, dieses Buch zu nutzen. Vielleicht möchten Sie die Seiten einfach Tag für Tag durchlesen. Oder Sie möchten das Buch lieber als Orakel nutzen. Das können Sie tun, indem Sie den »stillen Ort« in sich selbst finden, das Buch in die Hand nehmen und still um eine Weisung für den betreffenden Tag bitten. Dann schlagen Sie das Buch an irgendeiner Stelle auf und gehen davon aus, dass die Seite, die Sie aufgeschlagen haben, die richtige ist.

Gehen Sie sanft mit sich selbst um. Wenn Sie dieses Buch regelmäßig nutzen, wird der Widerstand gegen den Wandel irgendwann sein hässliches Gesicht zeigen. Dann heißt es: keine Angst haben und nicht aufgeben! Schauen Sie der Angst direkt in die Augen, und nehmen Sie sie als einen Teil von sich an, der geliebt und gehätschelt werden will. Wenn Sie Ihren Ängsten auf irgendeiner Ebene Widerstand entgegensetzen, bleiben sie einfach da. Das ist ein universelles Gesetz. Seien Sie immer sanft und geduldig mit sich selbst; nehmen Sie sich selbst zärtlich in die Arme, und lassen Sie das, was der Psychologe C. G. Jung »Schatten« genannt hat und was ich lieber als »ungeliebte Seite« Ihres Wesens bezeichne, im Licht Ihrer eigenen bedingungslosen Selbstliebe und Selbstvergebung baden. In der Vergebung liegt die wahre Befreiung des Selbst!

Das Sechs-Schritte-Programm

Schritt 1: Vorbereitungen treffen

Den Raum reinigen

Reinigen Sie Ihren Meditationsraum regelmäßig, indem Sie einfach das Fenster aufmachen, um die abgestandene Luft hinaus und frische Luft hereinzulassen. Schlagen Sie dann eine Glocke an, oder klatschen Sie in die Hände, um jede negative statische Energie zu verscheuchen. Sie können auch eine Kerze oder Räucherstäbchen anzünden. (Achten Sie stets darauf, dass die offene Flamme weit genug von jedem brennbaren Material entfernt ist und Kerzen sicher in den Haltern stehen.) Frische Blumen, Kristalle und inspirierende Bilder oder Statuen sind ebenfalls geeignet, die

Energie Ihres Meditationsraums zu erhöhen. Der Raum selbst kann ein besonderer Meditationsraum sein, aber auch eine passende Ecke in einem anders genutzten Zimmer.

EINEN ENGEL EINLADEN

Sie möchten vielleicht einen Engel bitten, Ihren Meditationsraum zu segnen. Tun Sie das einfach mental, und es wird geschehen. Denken Sie immer daran, dem Engel für seinen freundlichen Segen zu danken.

SICH SELBST VORBEREITEN

So wie die Muskeln Ihres Körpers durch gute Nahrung und tägliche Übung stark werden, müssen auch Ihre spirituellen Muskeln gedehnt, verfeinert und trainiert werden. Um dies zu erreichen, brauchen Sie Glauben, Vertrauen, Ausdauer und eine ganze Menge Geduld. Bitten Sie einfach Gott und die Engel, Sie mit diesen Eigenschaften auszustatten, und es wird geschehen.

SICH ZEIT NEHMEN

Die ideale Zeit für spirituelle Übungen ist morgens, gleich nach dem Aufwachen. Wenn Sie sich also morgens Zeit nehmen können, prima. Wenn das jedoch unpraktisch ist, und Sie intuitiv das Gefühl haben, dass Ihnen eine andere Tageszeit besser passt, dann tun Sie, was sich richtig für Sie anfühlt. Damit Sie Ihre Meditationen, Visualisationsübungen, Energieprozesse oder Übungen erfolgreich machen können, sollten Sie dafür sorgen, dass Sie Zeit für sich selbst haben und nicht gestört werden. Ziehen Sie also das Telefon heraus, hängen Sie ein Schild an die Tür oder tun Sie, was immer nötig, um sich ungestörte Zeit zu verschaffen. Etwa dreißig Minuten für jede Meditation sollten genügen.

BEQUEM SITZEN

Zum Meditieren können Sie im Lotossitz sitzen oder auf einem Stuhl. Wenn Sie möchten, können Sie sich sogar hinlegen. Denken Sie daran, den Rücken gerade zu halten, die geöffneten Hände entweder in den Schoß oder auf die Oberschenkel zu legen und die Füße fest auf den Boden zu stellen, wenn Sie auf einem Stuhl sitzen.

EIN TAGEBUCH FÜHREN

Ich empfehle Ihnen, ein spirituelles Tagebuch zu führen, in dem Sie Ihre Erkenntnisse, Träume, Inspirationen und Fortschritte notieren. Damit haben Sie nicht nur eine nützliche Aufzeichnung von Ereignissen, sondern auch ein Diagramm Ihres großartigen Erfolges. Achten Sie darauf, dass Sie Tagebuch und Stift immer griffbereit haben, damit Sie Ihre inneren Erlebnisse nach jeder Meditation aufschreiben können.

Schritt 2: Erden – sich mit den Energien der Erde verbinden

Wann immer Sie mit irgendeiner Meditation oder Energiearbeit beginnen, ist es sehr wichtig, geerdet zu sein – ähnlich wie es wichtig ist, bei allen elektrischen Anschlüssen ein Erdekabel zu haben.

Um sich zu erden, stellen Sie sich einfach vor, dass Sie goldene Wurzeln aus Ihren Fußsohlen durch die Erdschichten wachsen lassen. Diese Wurzeln wachsen bis hinunter zum Kern der Erde, wo sie sich um den Stamm einer schönen, goldenen Eiche schlingen. Machen Sie Ihre Wurzeln hohl, denn sie sollen als Kanäle für die Energie dienen, die darin auf und ab fließen kann. Darüber hinaus bieten sie Ihnen einen stabilen Anker.

Mit jedem Einatmen ziehen Sie die stabilisierende, starke, unterstützende und erdende Energie von Mutter Erde durch Ihre Wurzeln in Ihren Körper und Ihre Chakren.

In den meisten Meditationen nehmen Sie das Licht von oben mit dem Einatmen auf und lassen die negativen Energien mit dem Ausatmen durch Ihre Wurzeln in die Erde fließen.

Nach Abschluss der Energiearbeit lösen Sie Ihre Wurzeln wieder von der goldenen Eiche und ziehen sie durch die Erdschichten zurück. Sie bleiben ein paar Zentimeter tief im Boden oder so tief, wie Sie es brauchen, um den ganzen Tag gut geerdet zu sein.

Wenn Sie sich nach irgendeiner Meditation oder zu einer anderen Zeit benommen fühlen, kann es sein, dass Sie zusätzliche Erdung brauchen. Diese erreichen Sie mit folgenden Mitteln:

1. *Essen:* Trinken Sie Wasser und essen Sie ein kleines Stück Schokolade, ein wenig Honig, ein Stück Brot oder andere Kohlenhydrate, die schnell verdaut werden und den Blutzuckerspiegel in die Höhe treiben. Wenn Sie viel Energiearbeit machen, sollten Sie mittags vielleicht Kartoffeln oder Nudeln essen. Das sind sehr stark erdende Nahrungsmittel.
2. *Bewegung:* Laufen, Gehen, Gartenarbeit und Tanzen helfen Ihnen, geerdet zu bleiben.
3. *Blutstein:* Einen Blutstein in der Hand zu halten oder in der Tasche zu tragen, hat ebenfalls eine erdende Wirkung.
4. Eine *Dusche* oder ein *kleines Nickerchen* wirkt auch erdend.

ATMEN

Seien Sie sich immer Ihres Atems bewusst, und bemühen Sie sich, sein maximales Potenzial zu nutzen.

Ihr Atem ist Ihre zentrale Energiequelle, Ihre Lebenskraft. Er ist heilig und trägt Gottes Liebe und Sein Licht in sich.

Licht in und durch die Chakren und die Aura zu atmen, ist eine hervorragende Möglichkeit, sich selbst einzustimmen. Programmieren Sie Ihren Atem mithilfe Ihrer Vorstellungskraft und Ihrer Absicht so, dass er zu einem Stimmwerkzeug wird. Wenn Sie einatmen, stellen Sie sich vor, dass göttliche, himmlische Energie von oben in den Scheitel Ihres Kopfes fließt und von dort durch den ganzen Körper bis in die Füße.

Während Sie weiteratmen, stellen Sie sich vor, wie diese liebende Energie ganz um Sie herumfließt.

Mit dem Ausatmen schicken Sie alle negative, alte und abgestandene Energie durch Ihre Füße und Ihre goldenen Wurzeln in die Erde. Mutter Erde ist so freundlich, diese Energie für Sie in »Erdlicht« zu verwandeln. (In der Meditation »Erfülle dich mit Licht« zeige ich ausführlich, wie Sie dieses Licht in Ihre Hauptchakren und in die sieben Schichten Ihrer Aura bringen können.)

Dadurch dass Sie Wurzeln in die Erde wachsen lassen und sich dann mit Licht füllen und umgeben, erlangen Sie Balance, ein Gleichgewicht zwischen Himmel und Erde.

Denken Sie immer daran, Gott und Mutter Erde für Ihre Einstimmung zu danken.

Wenn Sie regelmäßig üben, werden Sie die Energie nicht nur wahrnehmen, sondern sogar körperlich fühlen können, und Sie werden lernen, Ihre positiven Absichten viel schneller zu verwirklichen.

Doch am allerwichtigsten ist es, sich stets daran zu erinnern, dass das größte Gefühl, das man wahrnehmen und haben kann, das eines liebenden Herzens ist.

Mögen Ihre Anstrengungen reich gesegnet sein.

Schritt 3: Meditieren oder visualisieren

Es gibt viele verschiedene Arten zu meditieren. Bei den Meditationen in diesem Buch handelt es sich vor allem um aktive Meditationen oder Visualisationsübungen. Sie basieren auf einem wichtigen universellen Gesetz, nämlich dass Energie den Gedanken folgt. Ziel der geführten Phantasiereise oder Visualisationsübung ist es also, die Macht des Geistes zu nutzen, um eine positive Realität zu manifestieren.

Der Prozess des Visualisierens spielt sich hinter den Augenbrauen oder im dritten Auge ab. Anfangs sind Sie vielleicht nicht in der Lage, ein Bild oder eine Szene auf Ihrem »inneren Bildschirm« zu sehen. Aber keine Sorge, das macht nichts.

Wichtig ist, dass Sie »mit Ihrem Herzen denken«. Das Gefühl oder die Absicht, mit der Sie Ihre Vorstellung einfärben, wird sie manifest werden lassen. Die Bilder sind nur Mittel, welche das Gefühl oder die Absicht wecken, um die es eigentlich geht. Deswegen ist es so wichtig, »mit dem Herzen zu denken«.

Sie können Ihre Fähigkeit zu visualisieren schulen, indem Sie sich alltägliche Objekte im Detail betrachten. Studieren Sie ihr Design, ihre Form, ihre Farbe und Textur, ihren Geruch, ihren Klang und so weiter. Wenn Sie dann die Augen schließen, wird es Ihnen viel leichter fallen, das betreffende Objekt auf Ihrem inneren Bildschirm zu sehen oder ein Gefühl davon zu bekommen.

Wenn Sie zum Beispiel versuchen, sich die Farbe Gold vorzustellen, könnte es am Anfang hilfreich sein, sich einen Gegenstand aus Gold anzuschauen, zum Beispiel ein Schmuckstück, dann die Augen zu schließen und »Gold zu denken«. Wenn Sie sich eine Rose vorstellen sollen, möchten Sie vielleicht eine Weile in Kontemplation mit einer Rose aus dem Blumenladen oder aus Ihrem Garten verbringen und ihre samtenen Blütenblätter, ihren starken Stiel, ihre glatten, glänzenden Blätter, ihre scharfen Stacheln, ihre lebendige Farbe und ihren süßen Duft erleben.

Strengen Sie sich nicht zu sehr an. Jeder kann visualisieren, genau wie jeder in der Lage ist, in Bildern zu träumen. Erlauben Sie den Bildern einfach sich aufzubauen und lassen Sie die Energien fließen. Sie werden Erfolg haben.

Schritt 4: Die Meditation abschließen

Weil Ihre Energiezentren oder Chakren während Ihrer spirituellen Praxis natürlich offen sind, müssen Sie sie nach Beendigung der Meditation oder Energiearbeit wieder schließen.
»Schließen« heißt nicht, dass Sie Ihre Chakren ausschalten oder blockieren; es bedeutet eher, dass Sie sie wieder auf die Normalfunktion für alltägliche Aktivitäten zurückstellen.

Die folgenden Übungen richten unter anderem einen schützenden Energiefilter um die Chakren herum ein, der bewirkt, dass nur die Energie der bedingungslosen Liebe Ihren Energiekörper erreichen und durchdringen kann. Sämtliche negative Energie wird ausgefiltert.

Es gibt viele Möglichkeiten, eine Meditation abzuschließen. Die folgenden drei sind meine Favoriten. Bitte probieren Sie alle drei aus, und wählen Sie dann die, die sich für Sie richtig anfühlt. (Fangen Sie mit dem Schließen immer am Kronenchakra an und gehen Sie hinunter bis zum Basischakra.)

ABSCHLUSSÜBUNG 1: DER LOTOS
Stell dir deine Chakren als geöffnete Lotosblüten vor.

Versuche ein Gefühl für diese heilige Blume zu bekommen und visualisiere ihre wunderschönen Blütenblätter.

Wenn du so weit bist, sieh, wie sich die Blütenblätter langsam schließen, bis jeder einzelne Lotos aussieht wie eine Knospe.

Beginne mit dem Kronenchakra und arbeite dich bis zum Basischakra vor.

Visualisiere dann ein goldenes Kreuz in einem goldenen Kreis und setze es auf jedes Chakra. Das ist das »Siegel«, das Extraschutz gibt.

Löse schließlich deine goldenen Wurzeln vom Stamm der goldenen Eiche und ziehe sie durch die Erdschichten zurück. Lass sie ein paar Zentimeter tief im Boden, denn das ist die Erdung, die du den Tag über brauchst.

ABSCHLUSSÜBUNG 2: DIE HOLZTÜR

Stell dir deine Chakren als Holztüren vor.

Nimm wahr, dass sie aus dickem Holz bestehen und stabile Schlösser haben, mit goldenen Schlüsseln darin.

Schließe, wenn du so weit bist, das erste Tor – dein Kronenchakra – fest zu und drehe den goldenen Schlüssel im Schloss. Mache das Gleiche mit allen Chakren bis hinunter zum Basischakra.

Zieh deine goldenen Wurzeln zurück wie in Übung 1 beschrieben.

ABSCHLUSSÜBUNG 3: DIE SILBERNE FALLTÜR

Stell dir deine Chakren als schwere, silberne Falltüren vor, die von starken Silberketten offen gehalten werden.

Achte darauf, dass du ein Gefühl für das glatte Silber und die stabile Konstruktion der Türen bekommst.

Mache, wenn du so weit bist, die Silberketten los und sieh und höre, wie sich die Falltür rasselnd schließt.

Mache das Gleiche mit allen Chakren, beginnend mit dem Kronenchakra.

Zieh deine goldenen Wurzeln zurück wie in Übung 1 beschrieben.

Schritt 5: Sich selbst schützen

Wenn Ihnen Ihre volle göttliche Kraft stets zu hundert Prozent zur Verfügung steht, müssen Sie sich nicht schützen. (Göttliche Liebe ist der beste Schutz, den es gibt.)

Allerdings ist dies bei wenigen Menschen der Fall, und bis es bei Ihnen so weit ist, empfehle ich Ihnen wärmstens, jede Meditation und jede Energiearbeit mit irgendeiner Schutzübung abzuschließen. Die Energie, die Sie durch diese Schutzübung aufbauen, wird Sie vor vielen potenziell schädlichen Faktoren schützen. Hier sind die schädlichen Faktoren, mit denen Sie es am ehesten zu tun bekommen:

1. Jemand projiziert negative Gedanken oder Gedankenformen auf Sie.
2. Menschen oder Orte ziehen Ihnen Energie oder Lebenskraft ab.
3. Die negativ geladene Energie eines Ortes macht Ihnen zu schaffen. Das können geopathische Stressfaktoren sein oder schädliche Gedanken-

muster, die von einem Grundstück aufgenommen wurden oder von einem Gebäude, in dem Sie sich befinden.

4. Schädliche Umweltfaktoren wie Mikrowellen, Radiowellen oder andere elektronische Bombardements.
5. Schädliche körperlose Entitäten.

Sie haben die Wahl zwischen den folgenden drei Schutzübungen. Probieren Sie alle aus, und entscheiden Sie sich dann für die, die am besten zu Ihnen passt. Setzen Sie diese Übung als Finale hinter Ihre Abschlussübung. Abgesehen davon können Sie jede dieser Übungen auch einzeln machen, wann immer Sie das Gefühl haben, dass Sie energetischen Schutz brauchen.

SCHUTZÜBUNG 1: DER SCHLAFSACK

Visualisiere einen gemütlichen, himmelblauen Schlafsack mit einem starken Reißverschluss.
   Wenn du fertig bist, steig hinein und zieh den Reißverschluss hoch.
   Jetzt bist du von starker blauer Energie umgeben und gut geschützt.

SCHUTZÜBUNG 2: DER MANTEL

Sieh, wie dein Schutzengel dir den Mantel des Schutzes aushändigt.
   Er ist aus goldfarbenem Samt, mit blauem Satin gefüttert, bodenlang und mit langen Ärmeln, einer großen Kapuze und Verschlüssen aus Kristall.
   Du ziehst ihn über. Er passt perfekt und bedeckt dich vom Kopf bis zu den Zehen.
   Bedanke dich bei deinem Schutzengel.

SCHUTZÜBUNG 3: DAS AURA-EI

Stell dir vor, du bist ein Eidotter in einem Ei.
   Sieh, wie sich der Raum, in dem normalerweise das Eiweiß wäre, mit goldener Energie füllt.
   Stell dir dann dort, wo normalerweise die Eierschale wäre, eine Schicht aus starker, elektrisch blauer, neonheller Energie vor.
   Lass deine schützende Eierschale so dünn oder so dick werden, wie du willst.

Ich empfehle Ihnen, Ihre Aura jeweils nach Ihrer Morgen- und Abendmeditation und nach jeder spirituellen Übung zu schützen. In stressigen und anstrengenden Situationen, in denen Menschen Ihnen Energie abziehen oder Sie sich von jemandem ausgesaugt oder heruntergezogen fühlen, erden Sie sich wie oben beschrieben und machen die Abschlussübung und die Schutzübung so oft wie nötig.

Schritt 6: Danken

Machen Sie es sich zur Gewohnheit, am Ende Ihrer Meditation zu danken.

Mögen Sie sicher im Licht wandeln!

DAS SECHS-SCHRITTE-PROGRAMM IN KURZFASSUNG

1. Bereiten Sie Ihren Meditationsraum vor, indem Sie ihn von jedem physischen und psychischen Unrat reinigen und einen Engel bitten, ihn zu segnen. Vielleicht möchten Sie eine Kerze anzünden. Sorgen Sie dann dafür, dass Sie etwa eine halbe Stunde lang nicht gestört werden, und machen Sie es sich bequem.
2. Stellen Sie sich auf die Meditation ein, indem Sie Ihren Willen dem göttlichen Willen unterordnen. Erden Sie sich, indem Sie sich goldene Wurzeln wachsen lassen und diese tief in der Erde um den Stamm der goldenen Eiche schlingen. Stimmen Sie sich ein, indem Sie sich mit dem Licht verbinden, und lassen Sie das Licht durch all Ihre Chakren und durch Ihre Aura fließen. Nutzen Sie Ihren heiligen Atem, um Licht einzuatmen und mit dem Ausatmen negative Energie loszulassen.
3. Machen Sie eine der Meditationen aus diesem Buch.
4. Beenden Sie die Meditation mit einer der dafür vorgeschlagenen Abschlussübungen und schließen Sie jedes einzelne Chakra, beginnend mit den Kronenchakra bis hinunter zum Basischakra.
5. Schützen Sie sich, indem Sie sich mit Licht umgeben. Bedienen Sie sich dabei einer der drei Schutzübungen.
6. Danken Sie für die Liebe und das Licht, die Sie erhalten haben.

DIE CHAKREN UND DIE AURA VERSTEHEN

Die Hauptchakren

Chakra ist ein Sanskritwort, das »Rad« oder »Kreis« bedeutet. Die meisten Traditionen sprechen von sieben Hauptchakren.

Abbildung 1 auf Seite 21 zeigt die sieben Hauptchakren sowie die Nebenchakren (Fuß- und Handchakren), die in den Meditationen eine Rolle spielen.

Jedes Chakra dreht sich unterschiedlich schnell und hat demnach eine jeweils andere Schwingung, die außersinnlich als Farbe wahrgenommen wird. Die sieben Hauptchakren liegen entlang der Wirbelsäule von Steißbein bis zum Scheitel des Kopfes. Sie werden traditionell den Farben des Regenbogens zugeordnet. Es handelt sich von unten nach oben um:

Nummer	Farbe	Name	Lage
1	Rot	Basischakra	Steißbein
2	Orange	Sakralchakra	Unterleib
3	Gelb	Solarplexuschakra	Unmittelbar über der Taille
4	Grün	Herzchakra	Mitte der Brust
5	Blau	Kehlkopfchakra	Kehle
6	Indigo	Drittes Auge	Zwischen den Augenbrauen
7	Violett	Kronenchakra	Scheitel des Kopfes

Jedes Chakra versorgt den physischen Körper mit Energie und steht mit einer bestimmten Drüse in Verbindung. Damit haben die Chakren Einfluss auf Funktion und Gesundheit des ganzen Körpers. Jedes dieser sich ständig drehenden Räder des Lichts erzeugt einen Energiestrudel und zieht Licht durch die feinstofflichen Körper (Mentalkörper, Emotionalkörper und Geistkörper), welche die Aura bilden, in den physischen Körper.

Die Chakren sind multifunktional und haben auch emotionale, kreative und himmlische Komponenten. Daher können Sie durch Arbeit an den Chakren jeden Aspekt Ihres Lebens positiv beeinflussen. Dadurch dass Sie bewusst mehr und mehr Licht in Ihre Chakren fließen lassen, werden emotionale, mentale oder physische Blockaden gelöst.

Hand- und Fußchakren

Hier handelt es sich um jeweils zwei von einundzwanzig Nebenchakren. Die Handchakren spielen eine große Rolle für den Heilungsprozess, denn durch diese kleinen Kraftzentren fließt die Heilungsenergie. Die Fußchakren stellen eine Verbindung zur Erde her, durch die positive Erdenergie aufgenommen und negative Energie, die sich im Körper angesammelt hat, abgegeben werden kann.

Das menschliche Energiefeld oder die Aura

Die Aura umgibt den physischen Körper und strahlt von ihm aus. Sie besteht aus sieben, einander durchdringenden feinstofflichen Körpern (Abbildung 2 auf Seite 22), von denen jeder in einer anderen Frequenz schwingt. Auf der dichtesten, stofflichsten Ebene ist die Schwingung am langsamsten, doch je weiter sie in die feinstofflicheren Ebenen aufsteigt, desto schneller und daher auch heller und strahlender wird sie. Dieses Schwingungsmuster bildet die menschliche Aura, die je nach physischer, emotionaler, mentaler und spiritueller Gesundheit und Bewusstheit des Individuums stärker oder schwächer, strahlender oder stumpfer ist.

Jenseits der Aura befinden sich kollektive feinstoffliche Körper, die schließlich mit dem universalen Energiefeld verschmelzen. Daher kommt es, dass alles auf allen Ebenen der Existenz miteinander verbunden und voneinander durchdrungen ist. Über das universale Energiefeld ist alles Leben miteinander verbunden, und das ist es, worauf ich mich beziehe, wenn ich von Gott spreche.

DIE CHAKREN (Abbildung 1)
Gott – Der Ursprung – Das universale Energiefeld

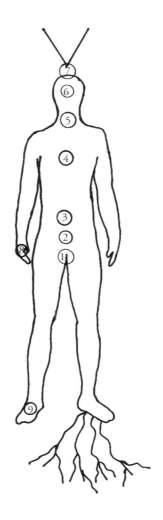

7. Kronenchakra – Violett – Zirbeldrüse
6. Drittes Auge – Indigo – Hirnanhangdrüse
5. Kehlkopfchakra – Türkis – Schilddrüse
4. Herzchakra – Grün – Thymusdrüse
3. Solarplexuschakra – Gelb – Bauchspeicheldrüse
2. Sakralchakra – Orange – Nebennieren
1. Basischakra – Rot – Gonaden

8. Handchakren zum Heilen und Reinigen
9. Fußchakren zur Erdung und zum Loslassen von Energie (goldene Wurzeln)

DIE AURA MIT DEN SIEBEN FEINSTOFFLICHEN KÖRPERN
(Abbildung 2)

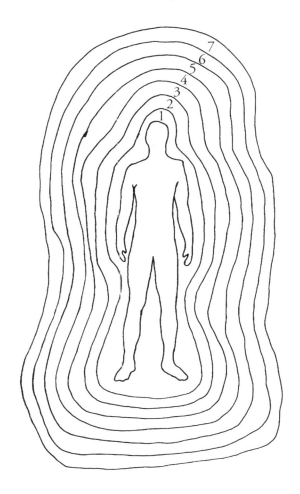

1. Der physische Körper
2. Der ätherische Körper – die niederen ätherischen Aspekte
3. Der Emotionalkörper – die niederen emotionalen Aspekte
4. Der Astralkörper – verbindet das Physische mit dem Spirituellen
5. Der ätherische Negativkörper – physische Aspekte der geistigen Welt
6. Der himmlische Körper – emotionale Aspekte der geistigen Welt
7. Der ketherische Geistkörper – mentale Aspekte der geistigen Welt

MEDITATION: ERFÜLLE DICH MIT LICHT

Stelle dir, nachdem du dich mit der Energie der Erde verbunden hast (Schritt 2 des Sechs-Schritte-Programms), eine riesige, alte, goldene Eiche vor, die tief im Erdkern steht. Visualisiere nun goldene Wurzeln, die aus deinen Fußsohlen in die Erde wachsen. Lass diese Wurzeln durch die Erdschichten dringen, bis sie den Stamm der alten Eiche erreicht haben, und wickle sie dann um diesen Stamm.

Achte darauf, dass sie fest sitzen.

Mit etwas Übung wirst du bald ein Gefühl dafür bekommen, wann du voll und ganz geerdet bist.

Visualisiere nun eine Wolke aus goldenem Licht über deinem Kopf. (Die Farbe des Lichts kann je nach Meditation variieren. Wenn du nur diese Übung machst, kann es sein, dass du spontan eine bestimmte Farbe wahrnimmst, die dein höheres Selbst für dich ausgewählt hat.)

Ein goldener Lichtstrahl fällt aus dieser Wolke und dringt beim Einatmen in den Scheitel deines Kopfes ein.

Nachdem du dein Kronenchakra mit Licht erfüllt hast, lass nun mit dem Ausatmen alle Negativität los.

Atme wieder goldenes Licht ein und lass es in dein Drittes Auge fließen.

Nachdem du dein Drittes Auge mit Licht erfüllt hast, lass nun mit dem Ausatmen alle Negativität los.

Atme wieder goldenes Licht ein, lass es in dein Kehlkopfchakra fließen und erfülle das Kehlkopfchakra mit Licht.

Lass mit dem Ausatmen alle Negativität los.

Atme erneut goldenes Licht ein und lass es in dein Herzchakra fließen. Fülle dein Herzchakra mit so viel Licht, wie es aufnehmen kann.

Lass mit dem Ausatmen alle Traurigkeit, allen Kummer und alle ähnlichen Emotionen los.

Atme wieder ein und lass das goldene Licht in dein Solarplexuschakra fließen.

Lass mit dem Ausatmen all deine Ängste und Sorgen los.

Atme noch einmal goldenes Licht ein, lass es in dein Sakralchakra fließen und erfülle dieses Chakra mit Licht.

Lass mit dem Ausatmen alles Negative los.

Atme nun wieder tief ein und erfülle dein Basischakra mit dem goldenen Licht.

Wenn du so weit bist, lass mit dem Ausatmen alles los, was nicht Liebe ist.

(Abbildung 1 kann als Vorstellungshilfe für diese Meditation verwendet werden.)

Stell dir nun noch einmal die Wolke über deinem Kopf vor, und sieh in deiner Vorstellung, wie sie sich in einen großen goldenen Brausekopf verwandelt.

Drehe, wenn du so weit bist, »den Wasserhahn auf«, und stell dir vor, wie das heilende goldene Licht heraus und durch die sieben Schichten deiner Aura fließt, um sie von allen physischen, emotionalen, mentalen oder spirituellen Blockaden zu reinigen.

Beginne mit deinem physischen Körper und lass die Energie nach und nach durch alle Schichten deiner Aura fließen.

(Die Darstellung der Aura in Abbildung 2 kann hier als Vorstellungshilfe verwendet werden.)

Nun, nachdem du alle Negativität umgewandelt hast und dich gereinigt und neu aufgeladen fühlst, bist du bereit, deine goldenen Wurzeln wieder zurückzuziehen. Löse sie von der alten Eiche tief im Innern der Erde, zieh sie durch die Erdschichten zurück und lass sie ein paar Zentimeter tief im Boden, damit du geerdet bleibst.

Bitte dann die heilenden Engel um Schutz und danke für die heilenden Energien, die du erhalten hast.

Das ist die Vollversion dieser Meditation. Mit etwas Übung werden Sie in der Lage sein, sie schneller zu machen. Variationen dieser wichtigen Meditation finden Sie an mehreren Stellen in diesem Buch.

GLOSSAR DER SPIRITUELLEN BEGRIFFE

Aura: Energiefeld, das alle lebenden Wesen umgibt.

Bedingungslose Liebe: höchste universelle Schwingung, reine Liebe ohne Bedingungen auf einer menschlichen Ebene.

Blockade: ein negatives mentales oder emotionales Muster, das den natürlichen Fluss der Energie behindert.

Chakren: Energiezentren in der Aura.

Channeling: ein Vorgang, bei dem man höhere Energien zum Zweck der Heilung, der Führung oder der Inspiration durch sich hindurchfließen lässt.

Elementargeister: Wesen, die den geistigen Bereich der Elemente Erde, Feuer, Wasser, Luft und des fünften Elements Äther beherrschen.

Engel: wohlwollende Lichtwesen und Boten Gottes, die sich in den Dienst der Erleuchtung der Menschheit gestellt haben.

Erden: ein energetischer Prozess, in dem der menschliche Körper eine Verbindung mit der Erde eingeht.

Erzengel: eine höhere Hierarchie im Reich der Engel.

Gaia: der griechische Name für die Erdgöttin. Auch die Theorie, dass der Planet Erde ein sich selbst regulierender bewusster Organismus ist, wird Gaia genannt.

Geistige Führer: körperlose Lichtwesen, die der Menschheit auf ihrer Suche nach Erleuchtung behilflich sind.

Göttliche Kraft: Lebenskraft, der Ursprung aller Dinge; die reine Energie, die dem Göttlichen innewohnt.

Gott: die Essenz hinter der Form; der Ursprung von allem, was ist, der sich in allem inkarniert hat: Menschen, Tieren, Pflanzen und Mineralien.

Heilen: bewusstes Übertragen der göttlichen Energie durch Handauflegen, entweder bei sich selbst oder bei anderen; oder durch Projizieren dieser Energie. Letzteres ist als Fernheilung bekannt.

Höheres Selbst: der höchste, weiseste, allwissende Teil des Selbst; der göttliche Aspekt des eigenen Geistes, der das göttliche Potenzial oder die göttliche Blaupause enthält.

Inkarnation: wörtlich: »Fleischwerdung«. Mit ihrer Geburt auf der irdischen Ebene hält die Seele Einzug in einen physischen Körper.

Inneres Kind: Teil des erwachsenen Selbst, der emotional oder mental noch nicht reif ist.

Karma: Nach dem hinduistischen und buddhistischen Glauben ist Karma das Gesetz von Ursache und Wirkung, das unter anderem besagt, dass Gedanken und Gefühle, die im Laufe eines Lebens nicht ins Gleichgewicht kommen, in das nächste Leben mitgenommen werden und den Menschen so an das »Rad des Karma« binden.

Licht: die feinste Substanz im Universum.

Meditation: Der Begriff bezeichnet einen Zustand des »Nichtdenkens« und wird auch gebraucht, um den Prozess zu benennen, der über Techniken wie Kontemplation, Visualisieren und geführte Imagination zu einem solchen Zustand führt.

Niederes Selbst/Egoselbst: das »kleine Selbst«, das sich mit den konditionierten Sehnsüchten und Nöten der niederen menschlichen Natur identifiziert.

Reinigung: ein Vorgang, bei dem negative Energie mithilfe von positiver Absicht aus dem eigenen Körper oder aus Menschen, Dingen und Orten entfernt wird.

Reinkarnation/Wiedergeburt: der Glaube, dass sich die Seele in vielen Leben in verschiedenen Körpern inkarniert, um zu lernen, zu wachsen und zu ihrem wahren Ursprung, nämlich Gott, zurückzufinden.

Seele: der göttliche Aspekt des Herzens, Träger der persönlichen Bestimmung im Leben eines jeden Menschen.

Selbstverwirklichung/Selbsterkenntnis/Erleuchtung: Synonyme für Gottesverwirklichung und die persönliche, bewusste Erkenntnis der eigenen Göttlichkeit.

Sensibel: mit Gefühl, sinnlicher Wahrnehmungsfähigkeit und Bewusstsein ausgestattet.

Ursprung: göttliche Essenz.

Universelle Energie: ein anderer Name für Gott; die Energie, die allem, was ist, zugrunde liegt und es durchdringt.

Visualisieren: eine »Geist über Materie«-Technik, bei der man sich positive Bilder vorstellt, um das mentale, emotionale, physische und spirituelle Wohlergehen zu fördern.

Die Lichtmeditationen

Segen für den Monat

Januar

Öffne dein Herz für den Neuanfang!
Mach den Weg frei und lass zu, dass Gott dich
in diesem kommenden Jahr mit Segen überschüttet!
Mögen dir alle Reichtümer des Universums geschenkt werden!
Möge Frieden in dein bedrängtes Herz einkehren!
Möge sich Gelassenheit in deinem unruhigen Geist ausbreiten!

Und vor allem ...
Mögest du fähig sein, Gott in
allem und jedem zu erkennen!

1. Januar

Neuanfang

Lieber Mensch,
Willkommen in einem neuen Jahr auf deinem Planeten Erde.
Ein neues Jahr, die Chance für einen Neuanfang.
So viel Schönheit, so viel Liebe und so viele Abenteuer warten auf dich!
Sei offen und willens, Gottes Großzügigkeit zu empfangen!
Allzu oft rechnest du mit dem Schlimmsten oder mit dem Mittelmäßigen.
Sei nicht mit so etwas zufrieden; das Leben hat dir so viel mehr zu bieten!
Überall warten Gottes Geschenke auf dich,
auch wenn sie oft nicht gleich zu sehen sind.
Sei nicht faul! Spür sie auf! Verzweifle nicht und gib niemals auf!
In jedem deiner Atemzüge liegt das Wunder des Neuanfangs.
Bist du dir dessen bewusst?

MEDITATION

Stell dir vor, dass du von einem Punkt im All auf die Erde schaust.
Fühle, wie du dich auf die Erde zu bewegst.
Du wirst automatisch von einem bestimmten Teil der Erde angezogen.
Du kommst immer näher, und während du landest, stellst du fest, dass dein Schutzengel schon auf dich wartet.
Dein Engel führt dich an einen geheimen, heiligen Ort, in eine wunderschöne Kristallhöhle tief in den Bergen.
Dort wartet eine kunstvoll geschnitzte hölzerne Kiste auf dich.
Du öffnest sie und stellst fest, dass dein Geschenk des Neubeginns darin liegt.
Du nimmst es heraus und bewahrst es sicher in deinem Herzen.
Dann trittst du aus dem Berg zurück ins helle Licht der Sonne und kehrst in deinen eigenen Raum zurück.
Danke deinem Schutzengel!
Vergiss nicht, dich zu erden, einzustimmen und zu schützen.

AFFIRMATIONEN

- Ich bin willens, das Geschenk des Neubeginns anzunehmen.
- Ich bin willens, mich von Gott und den Engeln auf meinem Weg führen zu lassen.
- Ich bin zutiefst dankbar für die neuen Möglichkeiten, die ich habe.

2. Januar

Liebe übermitteln

Gib Liebe, wann immer sich dir eine Gelegenheit dazu bietet!
Sei ein Botschafter der bedingungslosen Liebe.
Nicht nur mit Worten, sondern auch mit Taten und in Gedanken.
Nutze alles, was die göttlich harmonische Schwingung der bedingungslosen Liebe an Potenzial bietet.
Jeden Tag bekommst du unendlich viele Gelegenheiten, dieses heilende Licht weiterzugeben.
Halte Ausschau nach ihnen und mache weisen Gebrauch von diesen Möglichkeiten.
Ein liebevoller Blick, ein Lächeln, eine helfende Hand oder ein heilender Gedanke kann das Schicksal eines Menschen für immer verändern.
Du kannst nie wissen, weil du nicht in der Lage bist, das ganze Bild zu sehen!
Auf der anderen Seite wartet Gott geduldig darauf, dass du deine Rolle im göttlichen Plan spielst.

MEDITATION

Bringe deine Aufmerksamkeit ins Kehlkopfchakra.
Atme tief ein und erlaube dem rosa Licht der Selbstliebe, dein Kehlkopfchakra auszufüllen und mit Energie zu versorgen.
Atme noch einmal tief ein und erlaube dem rosa Licht, in dein Herzchakra zu fließen.
Stelle nun ganz bewusst eine Verbindung zwischen deinem Herzen und deiner Kehle her. Auf diese Weise sorgst du dafür, dass die Worte, die du sprichst, von deinem Herzen gesteuert werden.
Sieh dich selbst bei deinen alltäglichen Verrichtungen: Einkaufen, im Büro arbeiten, zu Hause sein. Dabei sagst du liebevolle und freundliche Worte zu jedem Menschen, den du triffst und mit dem du Zeit verbringst.
Jedes Mal, wenn du das tust, hast du ein warmes Gefühl im Herzen.
Und während du Liebe gibst, kommt sie hundertfach zu dir zurück!
Denk daran, dich zu erden, wieder einzustimmen und selbst zu schützen.

AFFIRMATIONEN

- Ich denke Liebe, ich spreche Liebe, ich bin Liebe in Aktion!
- Wo immer ich hingehe, bringe ich Liebe mit, in Gedanken, Worten und Taten.
- Ich bin ein Instrument der Liebe Gottes!

3. Januar

Segne deine Nahrung

Du lebst in einer verschmutzten Welt, mein Kind.
Dies ist eine Welt, in der nicht nur Berge und Flüsse verunreinigt sind, sondern auch deine Nahrung – Obst, Gemüse, Fisch, Fleisch und sogar dein Trinkwasser. Die Verunreinigung durch Chemikalien ist allgegenwärtig.
Da hat die vitale Lebenskraft, die in deinen Lebensmitteln und in deinem Wasser enthalten ist, keine große Chance, unbeschadet davonzukommen.
Aber genau diese Lebenskraft, diese Energie in der Nahrung, gibt dir die Vitalität, die du für dein Überleben brauchst.
Indem du deine Nahrung segnest, erhöhst du ihre Schwingung und ihr Energieniveau. So kannst du mit Gottes Gnade zugunsten deines eigenen Wohlergehens von der Steigerung der Vitalität profitieren.
Tu das mit allem, was du deinem Körper zuführst, und danke Gott und Mutter Erde dafür, dass sie dich erhalten – geistig, körperlich und seelisch.

MEDITATION

Wenn das Essen vor dir steht, visualisierst du silbernes Licht, das durch den obersten Punkt auf deinem Kopf in dein Kronenchakra fließt und von dort durch das dritte Auge und das Kehlkopfchakra in das Herzchakra. Von dort fließt es in die Lungen, von den Lungen durch die Arme in die Handflächen und von da in dein Essen. Erbitte den Segen für das Essen und erlaube dem silbernen Licht, die Nahrung zu durchdringen.
Du wirst intuitiv wissen, wann dieser Vorgang abgeschlossen ist.
Bedanke dich!

AFFIRMATIONEN

- Ich bin dankbar für das, was ich bekommen werde.
- Ich segne jede Substanz, die ich meinem Körper zuführe.
- Ich bin, was ich esse. Daher wähle ich meine Nahrung weise aus.

4. Januar

Zeit für die Familie

Würdige und schätze die Zeit, die du während deines Aufenthalts hier auf Erden mit deiner Familie verbringen kannst.
Deine Familie bietet dir die meisten Gelegenheiten, zu lernen und zu wachsen.
Sie serviert dir dein Karma sozusagen auf dem silbernen Tablett!
Sei dankbar dafür, egal in welcher Situation du dich mit deinen Lieben gerade befindest.
Alles, was du an ihnen nicht magst, ist in Wirklichkeit eines deiner inneren Muster, das noch nicht geheilt wurde.
Mach dich schnell daran, diese Muster zu heilen.
Indem du dich selbst heilst, heilst du auch deine Familienmitglieder.
Das ist das größte Geschenk, das du ihnen machen kannst.

MEDITATION

Wähle ein Familienmitglied/einen Freund, das/der dich vor kurzem wütend gemacht hat oder über das/den du dich in irgendeiner Weise aufgeregt hast.
Rufe dir das Ereignis nun ins Gedächtnis zurück und werde ganz bewusst zum Beobachter der Situation.
Beobachte dich selbst und die andere Person dabei, wie ihr beide ganz bestimmte Verhaltensmuster an den Tag legt.
Bald wirst du anfangen zu erkennen, welches Spiel hier gespielt wird.
Höchstwahrscheinlich kommt es dir ziemlich bekannt vor.
Frage dich selbst, welche Rolle du darin spielst, und warum du es nötig hast, dich so zu benehmen.
Nachdem sich die Szene abgespielt hat, bittest du die heilenden Engel, dich zu segnen und dir beim Loslassen dieser negativen Energien zu helfen.
Lass nun dieselbe Szene in deinem Geist noch einmal ablaufen, diesmal allerdings mit positivem Ausgang.
Danke den heilenden Engeln für ihre Unterstützung und vergiss nicht, dich zu erden, wieder einzustimmen und selbst zu schützen.

AFFIRMATIONEN

- Ich liebe und schätze meine Familie, weil sie es auf sich nimmt, mir Karma zu servieren.
- Ich heile und löse mich von allen alten und negativen Verhaltensmustern meiner Familie gegenüber.
- Indem ich meine alten emotionalen Wunden heile, heile ich auch die Wunden meiner Familie.

5. Januar

Zeit zum Spielen

Als du noch ein Kind warst, hast du die meiste Zeit mit Spielen verbracht und es toll gefunden!
Als Erwachsener hast du vergessen, was es heißt, Spaß zu haben.
Wer soll dein Leben froh und erfreulich für dich machen, wenn nicht du selbst?
Gott möchte, dass du glücklich bist!
Damit du glücklich sein kannst, musst du dir selbst Zeit geben, in der du das Kind sein kannst, das du einmal warst!
Geh raus spielen!

MEDITATION

Begib dich zurück in deine Kindheit, in eine glückliche Zeit, in der du gerade dein Lieblingsspiel spielst.
Wenn du dich an nichts dergleichen erinnern kannst, male dir eine solche Szene aus.
Beobachte dich selbst. Wie glücklich und sorglos du bist!
Und nun beschließe, etwas von der Essenz dieses sorglosen Glücks mit in deine Gegenwart zu nehmen!

AFFIRMATIONEN

- Ich schätze mein inneres Kind und gehe mit ihm raus spielen.
- Ich nehme die Gottesgabe der Freude entgegen.
- Glück ist mein Geburtsrecht.

6. Januar

Die Macht der Natur

Die Macht der Natur ist wahrlich beeindruckend.
Darum, mein Kind, tust du gut daran, dich mit den Kräften der Erde, des Wassers, des Feuers, der Luft und des Äthers zu verbünden.
Geh hinaus in die Natur und gelobe, mit den Naturgeistern zusammenzuarbeiten.
Versprich, ihr Umfeld niemals zu verletzen oder zu zerstören und sie von nun an zu ehren und zu respektieren.
Nun, nachdem du einen Bund mit den Naturgeistern eingegangen bist, wirst du einen Sinn, ein sicheres Gefühl dafür entwickeln, dass die Natur auf deiner Seite ist und dir nie ein Leid geschehen wird, wenn du da draußen bist und »mit den Elementen kämpfst«.

MEDITATION

Geh zu deinem Lieblingsplatz in der Natur.
Setze oder lege dich auf den Boden.
Fühle, wie du eins wirst mit Mutter Erde.
Biete den Kräften der Erde, des Feuers, des Wassers, der Luft und des Äthers deine bedingungslose Liebe an.
Bitte sie, dich im Gegenzug vor allem Übel zu beschützen.
Lass ein Geschenk zurück (etwas Konkretes wie einen Kristall, eine Feder oder etwas dergleichen).
Danke Mutter Erde und den Naturgeistern dafür, dass sie dich unterstützen und nähren.

AFFIRMATIONEN

- Ich bin ein Teil der Natur, und die Natur ist ein Teil von mir.
- Ich verspreche, in Harmonie mit der Natur zu leben.
- Ich liebe und verehre die Erde und alle Naturgeister, die meinen Körper, meinen Geist und meine Seele bedingungslos nähren.

7. Januar

Freundschaft

Was würdest du tun, wenn du keinen wirklich guten Freund hättest?
Einen Freund, der deine Hand hält und dich tröstet, wenn du es wirklich brauchst?
Einen Freund, der sich ganz im Hintergrund hält und dich »einfach machen lässt«, ohne sich in deine Angelegenheiten einzumischen?
Ein wahrer Freund ist jemand, der dich bedingungslos liebt und für dich da ist, wenn du ihn brauchst.
Wenn du einen solchen Freund hast, kannst du wirklich von Glück sagen.
Wenn du nicht das Glück hast, einen solchen Freund zu haben, ist es vielleicht an der Zeit, dass du ein solcher Freund für jemanden bist, der ihn gerade braucht.
Vergiss nicht: So wie du liebst, wirst du wiedergeliebt werden!

MEDITATION

Sieh dich selbst als perfekten Freund für jemanden.
Denk an all die netten Dinge, die du zu diesem Freund sagen und für ihn tun würdest.
Und nun stell dir vor, dass du diesem Freund im wirklichen Leben begegnest.
Sieh, wie du mit deinem neuen Freund einen Ort aufsuchst, der euch beiden gefällt.
Ihr verbringt eine wunderbare Zeit zusammen und festigt eure Freundschaft.

AFFIRMATIONEN

- Ich achte die Freundschaften, die ich habe.
- Ich entlasse schal gewordene Freundschaften ins Licht.
- Ich bin immer offen für neue, bedeutsame Freundschaften.

8. Januar

Schulden begleichen

Viele von euch Erdenkindern haben Schulden – ein Zustand, der viel Elend verursacht und an dem sehr viele Beziehungen zerbrechen.
Schulden bedeuten, dass etwas aus dem Gleichgewicht geraten ist.
Zu viel Energie geht hinaus und nicht genug kommt herein.
Respektiere und schätze dich selbst, dann wird mehr »grüne Energie« in Form von Geld hereinkommen.
Je öfter du das tust, desto seltener wird dich der Drang überfallen, Geld für etwas auszugeben, das dich nur für kurze Zeit befriedigen kann.
Wenn du am Ende deine Schulden beglichen hast, wirst du frei sein, und diese Freiheit ist nicht nur körperlich spürbar, sondern auch emotional und mental, und was das Wichtigste ist: Sie gibt deiner Seele Flügel!

MEDITATION

Denke darüber nach, wofür deine persönlichen Schulden wohl stehen. Es kann ein mangelndes Selbstwertgefühl sein, mangelndes Selbstvertrauen, ein Mangel an Selbstrespekt oder nicht genug Achtung vor dem eigenen Selbst.
Wenn du eine Antwort bekommst, bitte die Engel, dich mit diesen Eigenschaften auszurüsten.
Du bittest und du wirst erhalten. Vertraue einfach auf die heilenden Engel.
Stell dir nun vor, dass du in ein Schwimmbecken voller Goldmünzen eintauchst.
Um dich herum gibt es endlos viel »grüne Energie«.
Das Geld wächst auf den Bäumen, um es mal metaphysisch auszudrücken!
Gib dir selbst die Erlaubnis, so viel Geld zu haben, wie du brauchst.
Danke den Engeln für ihre Unterstützung.

AFFIRMATIONEN

- Ich erlaube mir wohlhabend zu sein.
- Ich würdige und respektiere mich selbst und erlaube dem Universum, mich mit all der »grünen Energie« zu versorgen, die ich brauche.
- Ich verdiene es, gesund, wohlhabend und glücklich zu sein.

9. Januar

Höre auf deinen Körper

Bist du müde und ausgelaugt, schmerzen deine Glieder, sind deine Füße dick angeschwollen?
Vielleicht nicht ganz so schlimm, aber so ähnlich?
Dann halte inne und höre auf deinen Körper!
Dein Körper versucht dir zu sagen, dass du so nicht weitermachen kannst. Bis jetzt hast du seine Botschaften überhört, und auch deinen Geist hast du ignoriert, obwohl er dich mit seinen Warnungen bombardiert hat. Auch auf deine Seele hast du nicht gehört, die dir so oft das Gefühl gegeben hat, dass du Dinge ändern solltest.
Nun setz dich hin und pass gut auf, was dein Körper dir zu sagen hat!

MEDITATION

Geh mit deiner Aufmerksamkeit sanft in den Teil des Körpers, der im Moment schmerzt.
Frage diesen Teil von dir, ob es irgendetwas gibt, womit du ihm helfen kannst. Gibt es etwas, das du jetzt oder in deinem Alltagszustand für ihn tun kannst? Körperübungen, eine andere Ernährung, mehr Schlaf sind nur einige der Forderungen, die dein Körper an dich stellen könnte.
Nun nimm einen tiefen Atemzug und atme das universelle heilende, goldene Licht ein.
Erlaube diesem heilenden Licht, in die schmerzenden Teile deines Körpers zu fließen und jedes Leiden, das sich dort manifestiert hat, zu verwandeln und zu heilen.
Bedanke dich für die Funktion, die dieser Teil deines Körpers erfüllt, Tag für Tag, Jahr für Jahr, und versichere ihm, dass du ihn liebst, weil er diese Arbeit für dich tut.
Wiederhole dies so lange, bis die Symptome verschwinden.
Dein Körper wird dir immer genau sagen, was er braucht, um bei bester Gesundheit zu bleiben, und was du tun kannst, um das sicherzustellen!
P.S. Wenn du ernstliche Probleme hast, solltest du natürlich immer zuerst einen Arzt aufsuchen.

AFFIRMATIONEN

- Ich höre auf das, was mein Körper mir sagen will.
- Ich bin bereit und willens, meinen Körper zu heilen.
- Jede Zelle meines Körpers ist göttlich, und ich ehre das Göttliche in mir.

10. Januar

Die Macht des Gebets

Gott hört deine Gebete, glaub mir.
Wenn du betest, äußerst du eine Absicht.
Du sagst vielleicht: »Gott, ich möchte, dass du mir oder meinen Lieben hilfst.«
Dieses Signal gibt Gott sozusagen »grünes Licht«, und er kann dir das geben, was du brauchst.
Bevor du gebetet hast, war das »rote Licht« des universellen Gesetzes vom freien Willen eingeschaltet, das Gott nicht erlaubte, sich zu deinen Gunsten einzumischen.
Bitte und dir wird gegeben!

MEDITATION

Meditiere über die Liebe Gottes, die dir permanent zur Verfügung steht. Diese Liebe ist unendlich, zeitlos und durchdringt alles und jedes durch Zeit und Raum.
Fühle diese Liebe wie ein warmes Licht in dir und um dich herum.
Sieh, wie Gottes bedingungslose Liebe durch die ganze Schöpfung scheint, und danke Gott dafür!

AFFIRMATIONEN

- Die Macht des Gebets kann Berge versetzen.
- Ich bitte und ich werde erhalten.
- Gott erfüllt all meine Wünsche in Übereinstimmung mit dem göttlichen Gesetz.

11. Januar

Lebendige Nahrung

Bei der Nahrung, die du zu dir nimmst, mein Kind, handelt es sich größtenteils um »tote« Nahrung.
Und damit meine ich nicht nur »totes Fleisch«.
Ich spreche auch von all den anderen leblosen Substanzen, die du zu dir nimmst.
Was du wirklich brauchst, ist die Lebenskraft der Nahrung. Der Rest ist Ballast und wird dein System in kurzer Zeit wieder verlassen.
Es ist die Lebenskraft in deiner Nahrung, die dafür sorgt, dass deine Batterie immer wieder aufgeladen wird und dein Motor läuft.
Es ist so einfach!
Je reiner, frischer und unverfälschter die Nahrung ist, desto mehr Lebenskraft enthält sie und desto weniger musst du davon essen, um satt zu werden.

MEDITATION

Sei ganz in deinem Körper präsent.
Nun frage dein Körperbewusstsein, welche Nahrungsmittel im Moment am gesündesten für dich sind und welche du meiden solltest.
Du wirst die Antwort, nach der du suchst, entweder in Bildern bekommen, die in deinem dritten Auge auftauchen, oder in Form von spontanen inspirierenden Gedanken.
Denk bitte immer daran, das Essen und die Getränke, die du zu dir nimmst, zu segnen.

AFFIRMATIONEN

- Ich esse lebendige, vollwertige Nahrung.
- Ich wähle meine Nahrung mit Liebe und Rücksicht auf die Umwelt und mich selbst.
- Ich danke den Naturreichen dafür, dass sie mich mit der Nahrung versorgen, die ich brauche.

12. Januar

Reite die Welle der Liebe

Gott liebt die Erde und all ihre Bewohner bedingungslos, die Felsen und die Mineralien, die Tiere und die Menschen.
Gottes Liebe kommt in Wellen aus Licht, die durch die Dichtheit dieses Planeten dringen und etwas von seiner Liebe zurücklassen.
Diese Liebe kann überall gefunden werden!
Wir müssen nur hinausgehen und nach ihr suchen.
Schau in die Augen eines Kindes, höre das zufriedene Schnurren einer Katze und beobachte den graziösen Flug eines Schmetterlings!
Öffne dein Herz für Gott und für die Welt, und wohin du auch gehst, wirst du Liebe sehen, fühlen und wahrnehmen.
Das ist Gottes Geschenk an die Welt!
Lege den Weg, der vor dir liegt, auf der Welle der Liebe zurück!

MEDITATION

Sieh dich selbst am Meeresstrand stehen. Große Wellen rollen heran.
Du schaust näher hin und nimmst plötzlich wahr, dass magische Lichter in den Wellen tanzen.
Das sind die Lichter der Liebe Gottes, die für dich an Land gespült wird.
Erlaube dem Meerwasser, dich zu benetzen, und fühle die Wellen der Liebe, die in dein Herzchakra eindringen, eine Dosis bedingungsloser Liebe dort hinterlassen und alle Traurigkeit und allen Kummer mitnehmen, während sie wieder zurückrollen.
Wiederhole dies, bis sich dein Herz leicht anfühlt und ganz von Liebe erfüllt ist.
Bedanke dich.
Denke daran, dich zu erden, wieder einzustimmen und selbst zu schützen.

AFFIRMATIONEN

- Ich öffne mein Herz, um Gott in allem wahrzunehmen, was ist.
- Gottes Liebe begleitet jeden meiner Schritte auf dem Weg.
- Ich reite die Welle der Liebe.

13. Januar

Die Brille der Liebe

Mein liebes Kind, die Zeit ist gekommen, wo es für dich darum geht, deine Mitmenschen in einem anderen Licht zu sehen.
Ich möchte, dass du jetzt sofort eine »Brille der Liebe« aufsetzt!
Durch diese sehr besondere Brille wirst du deine Mitmenschen als das sehen, was sie wirklich sind, nämlich deine Brüder und Schwestern in Körper, Geist und Seele.

MEDITATION

Sieh dich selbst in einem überfüllten Raum bei einer Dinnerparty mit Menschen, die du noch nie gesehen hast.
Du fühlst dich verständlicherweise ein wenig ängstlich und bedroht.
Jetzt erinnerst du dich, dass du deine spezielle »Brille der Liebe« mitgebracht hast, und setzt sie gleich mal auf.
Sofort verändert sich die Szene: Alles und jeder ist nun in ein schönes rosa Licht getaucht. Darüber hinaus sind die Gefühle der Menschen um dich herum sichtbar geworden.
Du bist ganz erstaunt, als du feststellst, dass die Ängste, die Zweifel, die Hoffnungen und die Unsicherheiten eines jeden einzelnen Individuums genau dem entsprechen, was du selbst erlebst.
Dein Herz öffnet sich, und du bist in der Lage, mit Liebe auf deine Brüder und Schwestern zuzugehen.
Vergiss nicht, dich zu erden, wieder einzustimmen und selbst zu schützen.

AFFIRMATIONEN

- Ich betrachte die Welt mit liebenden Augen.
- Ich sehe jetzt das Göttliche in all meinen irdischen Brüdern und Schwestern.
- Mir ist bewusst, dass alle Trennungen Illusionen sind, die von Furcht erschaffen werden.

14. Januar

Gottes Werkzeug

Wie oft bittest du Gott in deinen weltlichen Angelegenheiten um Hilfe?
»Hilf mir weiter«, schreist du.
Wisse, dass Gott immer da ist, um dir zu helfen und dich bei deinen täglichen Pflichten zu unterstützen.
Gottes Energie ist in dir und um dich herum.
Allerdings musst DU sie erkennen, etwas damit anfangen, sie nutzen und manifestieren.
DU bist Gottes Arme, seine Beine, seine Augen und Ohren.
DU bist sein Werkzeug auf Erden.
Du bist also derjenige, der die ihm innewohnende Energie nutzen muss.
Geh und sei ein würdiger Mitschöpfer Gottes!

MEDITATION

Sieh dich selbst vor dem Computer, der Nähmaschine oder dem Klavier sitzen.
Du willst eine schwierige Aufgabe erfüllen, etwas, das dir vorher Probleme bereitet hat.
Werde dir nun der allmächtigen, alles wissenden Energie Gottes in dir selbst bewusst.
Du spürst, wie ein Gefühl der Wärme oder vielleicht ein Kribbeln durch deinen Körper läuft. Vielleicht hast du auch das Gefühl, dass sich dein Körper streckt und größer wird, während dein Selbstvertrauen wächst.
Die Szene vor dir hellt sich auf und mit großem Selbstvertrauen erfüllst du deine Aufgabe, die dir diesmal leicht und ganz wie geplant von der Hand geht.
Du hast erfolgreich Gebrauch von der dir innewohnenden Energie Gottes gemacht.
Herzlichen Glückwunsch!
Probiere diesen Prozess so schnell wie möglich im »wirklichen Leben« aus.
Bitte erde dich, stimme dich ein und schütze dich selbst.

AFFIRMATIONEN

- Ich lasse los und lasse Gott machen.
- Ich bin Gottes Werkzeug auf Erden.
- Ich bin Gottes Mitschöpfer.

15. Januar

Innere Führung

Vertraue deiner inneren Führung auf deinem spirituellen Weg. Indem du Bücher liest und Workshops besuchst, förderst du deine spirituelle Entwicklung. All das sind sozusagen Zeichen, die du setzt, um deinen spirituellen Appetit anzuregen.

Aber der kürzeste Weg zur Erleuchtung liegt in dir. Das ist die »Abkürzung«, und es gibt nur eins, was du tun musst, um sie zu finden: Mach dir die Mühe, nach innen zu schauen!

Wenn du diese größte Mühe erst einmal auf dich genommen hast, wirst du staunen, denn die Quelle des Wissens, die du entdecken wirst, wird deine kühnsten Träume übertreffen.

MEDITATION

Sieh dich selbst in einer riesigen Bibliothek.
Es ist ein schöner, luftiger Raum und das Licht fällt durch ein Kuppeldach aus Glas hinein.
Die Bücherregale sind aus reich geschnitztem Holz und der Boden ist mit Halbedelsteinen eingelegt.
Dies ist wahrlich ein ganz besonderer Ort.
Während du durch die Gänge zwischen den Bücherregalen gehst, fällt plötzlich ein Buch aus einem Regal dir direkt vor die Füße. Du hebst es auf und siehst, dass dein Name auf dem Umschlag steht. Du setzt dich mit dem Buch in den Lesesaal der Bibliothek. Du schlägst das Buch auf und siehst, dass es den Titel »Das Buch der inneren Führung für .... (dein Name)« trägt. Du liest das Buch von vorn bis hinten durch und stellst zu deiner Verwunderung fest, dass DU der Autor dieses Buches bist.
Suche diese Bibliothek auf, so oft du willst, um einzelne Passagen aus diesem wichtigen Buch noch einmal zu lesen.
Denke daran, dich zu erden, einzustimmen und zu schützen.

AFFIRMATIONEN

- Alles Wissen, zu dem ich Zugang haben muss, liegt in mir.
- Ich bin eins mit der Macht und dem Wissen Gottes und des Universums.
- Bei jedem Schritt auf meinem Weg werde ich von meinem höheren Wissen geführt.

16. Januar

Dein Schutzengel

Seit dem Moment deiner Geburt wacht dein Schutzengel über dich. Dieser ganz besondere Engel wurde dir von der Gnade Gottes zugewiesen, und er ist ständig an deiner Seite und wird es immer sein, solange du auf Erden lebst.
Sei dankbar für dieses wertvolle Geschenk und gebrauche es gut!
Du musst deinen Engel bitten, dir zu Diensten zu sein, denn er kann sich nicht über das Gesetz des freien Willens hinwegsetzen und in dein Leben einmischen, wo es nicht angemessen ist. (Es kann Situationen geben, in denen du ohne den Beistand, die Hilfe und die Führung deines Schutzengels lernen musst.) Rufe deinen Schutzengel jeden Morgen nach dem Aufwachen an und bitte ihn, dich zu schützen und durch deinen Tag zu begleiten.
Danke deinem Engel jeden Abend für den bedingungslosen Dienst, den er dir erweist.

MEDITATION

Schließe die Augen und sieh deinen Schutzengel direkt vor dir stehen.
Die liebenden Augen deines Engels schauen dich an und ein Strom bedingungsloser Liebesenergie fließt wie ein Laserstrahl von seinen Augen in deine.
Und weil die Augen die Fenster der Seele sind, fühlst du, wie diese Energie geradewegs in dich hinein und durch dich hindurchfließt. Ein angenehmes Kribbeln durchschauert deinen ganzen Körper.
Schau weiter in die Augen deines Engels, bis du das Gefühl hast, dass du bis zum Rand mit seiner sanften, liebenden Kraft angefüllt bist.
Dann nimmt dich dein Engel ganz fest in den Arm und sagt dir Lebewohl.
Danke deinem Engel für die Heilung, die du erhalten hast.
Vergiss nicht, dich zu erden, einzustimmen und zu schützen.

AFFIRMATIONEN

- Mein Schutzengel ist immer an meiner Seite.
- Ich kann meinen Schutzengel in jeder Situation um Hilfe bitten.
- Mein Schutzengel liebt mich bedingungslos.

17. Januar

Konzentriere dich

Mein Kind, oft taumelst du durch dein Leben ... hierhin und dahin ... genau wie ein Schmetterling, der von Blume zu Blume fliegt.
Eine Zeit lang ist das in Ordnung, aber du hast keinen Plan und kein Ziel und fängst an dich zu verlieren.
Was du jetzt brauchst, ist ein Fokus, etwas, worauf du dich konzentrieren kannst.
»Worauf soll ich mich konzentrieren?«, jammerst du. »Es gibt so viel da draußen und ich bin so verwirrt!«
Reg dich nicht auf, mein Kind, denn für dieses Problem gibt es eine einfache Lösung. Nimm das, was bereits in dir und um dich herum ist, genau unter die Lupe. Gibt es da etwas, das dein Herz hüpfen lässt? Was immer es ist, wenn es dein Herz hüpfen lässt, solltest du dich darauf konzentrieren.
Pass darauf auf und nähre es, denn dann wird es wachsen und dir wunderbare neue Möglichkeiten eröffnen.

MEDITATION

Wirf einen Blick auf die Dinge, die sich in dem Zimmer befinden, in dem du dich gerade aufhältst. Frage dich, welches von diesen Objekten dir Freude bereitet. Bald wird dich etwas »anspringen«.
Schenke diesem Objekt deine ganze Aufmerksamkeit.
Je mehr du dich darauf konzentrierst und es in den Mittelpunkt deiner Aufmerksamkeit stellst, desto deutlicher werden dir die guten, positiven Seiten dieses Gegenstandes ins Auge fallen. Außerdem wirst du mit der Zeit immer mehr Freude daran haben, dich mehr und mehr auf diesen Gegenstand zu konzentrieren ...
Das Gleiche trifft auch auf jede Situation zu, in die du im Leben geraten magst. Finde das Gute, das schon da ist, konzentriere dich darauf, und mehr Gutes wird daraus hervorgehen können.

AFFIRMATIONEN

- Ich lasse mich von meinem Herzen führen, wenn es darum geht, einen positiven Konzentrationspunkt in meinem Leben zu finden.
- Je mehr ich mich auf Freude konzentriere, desto mehr Freude wird in meinem Leben sein.
- Ich richte meine Aufmerksamkeit auf Liebe und Licht.

18. Januar

Sei dir selbst der beste Freund

So viele von euch hätten gern einen guten Freund, jemanden, auf den sie sich verlassen, dem sie vertrauen und dem sie ihre innersten Geheimnisse anvertrauen können.
Du beklagst dich bitterlich, dass du anscheinend nicht in der Lage bist, einen solchen Freund zu finden.
Des Rätsels Lösung liegt in dir; du hast es selbst in der Hand.
Bist du im Moment jemandes Freund?
Bist du auch nur annähernd freundlich zu dir selbst?
Oder verachtest du dich selbst und andere und zeigst mit dem Finger auf sie, um ihnen die Schuld zu geben?
Wenn du keinen Freund finden kannst, trifft etwas davon auf dich zu, wenn auch vielleicht in abgewandelter Form.
Aus diesem Dilemma gibt es einen einfachen Ausweg.
Fang mit dir selbst an: Werde dein eigener bester Freund, und bald, sehr bald wirst du einen »echten« besten Freund in dein Leben ziehen.

MEDITATION

Setze dich hin und denke über das »unfreundliche« Benehmen nach, das du dir selbst gegenüber an den Tag legst.
Mache eine Liste mit zwei Spalten. In die linke Spalte schreibst du alle unfreundlichen Verhaltensweisen, die du dir selbst gegenüber an den Tag legst. In die rechte Spalte kommt alles, was du tun könntest, um Freundschaft mit dir selbst zu schließen.
Beschließe, hier und jetzt, jene destruktiven Verhaltensmuster dir selbst gegenüber aufzugeben und loszulassen und sie durch positive, freundliche zu ersetzen.
Mache diese Übung so lange, bis du wirklich das Gefühl hast, dein eigener verlässlicher, vertrauenswürdiger und liebevoller bester Freund zu sein.

AFFIRMATIONEN

- Ich werde jetzt mein eigener bester Freund.
- Ich kümmere mich so um mich selbst, wie ich es noch nie getan habe.
- Ich liebe und schätze mich so, wie ich meinen künftigen besten Freund lieben und schätzen werde.

19. Januar

Die Musik des Universums

Es gibt Licht und es gibt Klang.
Klang ist konzentriertes Licht.
Jeder von euch geht mit einem bestimmten Ton in Resonanz, und das gilt auch für jeden Stein, jeden Baum und jedes Tier auf diesem Planeten.
Auch die Erde sendet einen bestimmten Ton aus und jeder Stern und Planet ebenfalls. Zusammen spielen Sie die Musik der Sphären.
Du bist ein Teil dieses göttlichen Orchesters.
Pass auf, dass du den »richtigen Ton triffst«, den hohen Ton der bedingungslosen Liebe, den Ton, von dem Gott möchte, dass du ihn erklingen lässt.

MEDITATION

Setze dich an deinen Lieblingsplatz, am besten irgendwo in der Natur, wo du ungestört bist.
Bitte Gott und die heilenden Engel, sie mögen »deinen Ton« zu dir durchdringen lassen.
Lockere deine Kiefermuskeln und fang an zu summen, und zwar in dem Ton, der ganz von selbst zu dir kommt.
Lass die Energie fließen. Es kann sein, dass du zunächst verschiedene Töne summst, aber bald wirst du ganz von selbst bei einer Note bleiben. Diese Note wird der sehr nahe kommen, die Gott dir gegeben hat, damit du in seinem Orchester des Lebens mitklingen kannst.
Wiederhole diese Übung oft, und du wirst merken, dass der gleiche Ton immer wiederkommt. Das wird dir bestätigen, dass du auf dem Weg bist, den hohen Ton der bedingungslosen Liebe zu perfektionieren.

AFFIRMATIONEN

- Ich nehme meinen Platz in Gottes himmlischem Orchester ein.
- Ich mache meine Sache gut.
- Ich gehe ganz darin auf, den hohen Ton der bedingungslosen Liebe erklingen zu lassen.

20. Januar

Dein Beitrag

Was du der Gesellschaft, deinen Brüdern und Schwestern, zu geben hast, ist sehr wichtig. Spiele deine Rolle als Mitschöpfer Gottes nicht herunter. Stell es nicht so dar, als sei sie auch nur ein bisschen weniger wert als die großartige und ehrenwerte Rolle, die sie ist.

Es ist falsch von dir zu sagen: »Ich habe gar nichts getan«, wenn du in Wirklichkeit einen wertvollen Beitrag geleistet hast, wenn du dein Herz und deine Seele, deine Zeit und deine Energie investiert hast, um der Menschheit einen Dienst zu erweisen.

Nimm das Lob an; nimm die Auszeichnungen, die dir verliehen werden, freundlich entgegen. Sei bescheiden, aber lehne nichts ab, was mit Liebe gegeben wird.

Und ... gib dir selbst die Anerkennung, die du verdienst!

MEDITATION

Erinnere dich an eine Situation, in der du einen positiven Beitrag für deine Familie, Freunde oder die ganze Gesellschaft geleistet hast.
Es kann sich um einen kleinen Beitrag gehandelt haben, aber sie sind alle gleich wichtig.
Lass diese Situation noch einmal vor dir ablaufen, wobei du jetzt der Beobachter bist. Stelle fest, was für ein großartiger, liebevoller Mensch du bist, wie gut du mit der Situation umgegangen bist und wie glücklich du die beteiligten Menschen gemacht hast.
Lass möglichst viele Situationen, an die du dich erinnern kannst, noch einmal vor dir ablaufen und nimm alle »karmischen Pluspunkte«, die du gemacht hast, ganz bewusst an.

AFFIRMATIONEN

- Ich trage bei, was ich kann, um der Menschheit zu dienen.
- Ich achte mich selbst für die Anstrengungen, die ich unternehme, um der Menschheit gute Dienste zu erweisen.
- Ich achte mich in meiner Rolle als Mitschöpfer in Gottes Universum.

21. Januar

Ziele setzen

Mein Kind, es ist von größter Bedeutung, ein Ziel im Leben zu haben!
Jeder braucht etwas, wonach er streben kann. Mit dem Erreichen deiner Ziele wächst du nicht nur als Person, sondern auch in spiritueller, mentaler und emotionaler Hinsicht.

Wenn es dir an Inspiration fehlt und du nicht weißt, was ein Ziel für dich sein könnte, dann geh nach innen, verbinde dich mit dem Willen Gottes und bitte einfach darum, dass dir dein eigentliches Ziel gezeigt wird.

MEDITATION

Bitte Gott und die heilenden Engel, dir bei der Enthüllung deines eigentlichen Lebensziels zu helfen.
Atme blaues Licht ein und lass es in dein drittes Auge fließen.
Und während du weiteratmest, beginnt sich eine blaue Seifenblase aus Licht in deinem dritten Auge zu formen.
Wenn du dazu bereit bist, bitte die heilenden Engel, diese Seifenblase für dich platzen zu lassen.
Sobald das geschehen ist, wird dein Ziel, das bis dahin verborgen war, offenbar werden.
Danke Gott und den heilenden Engeln, und dann vertraue deiner Inspiration und folge ihr!
Vergiss nicht, dich zu erden, einzustimmen und zu schützen.

AFFIRMATIONEN

- Ich bin mit der Quelle verbunden und werde von meinem höchsten Gott inspiriert.
- Wenn ich suche, wird mir alles, was ich wissen muss, offenbart werden.
- Ich lasse Gott meine Lebensziele für mich setzen.

22. Januar

Der Atem

Ich möchte, dass dir bewusst wird, wie du atmest. Jeder deiner Atemzüge ist ein Geschenk, das Geschenk des Lebens, das dein Schöpfer dir macht. Halte dieses Geschenk in Ehren und schätze es.
Indem du deine Aufmerksamkeit auf jeden deiner Atemzüge lenkst, kommst du im gegenwärtigen Moment an.
Ganz präsent zu sein bedeutet, dass du dir selbst voll und ganz bewusst bist und auch dessen, was du bist: ein Kind Gottes, das mit all dem verbunden ist.

MEDITATION

Du wirst dir eines goldenen Trichters bewusst, der aus deinem Kronenchakra ragt und dich mit der Quelle allen Lebens verbindet, die du dir als riesigen Ball aus heilendem goldenen Licht vorstellen kannst. Die göttliche Energie fließt ständig aus diesem Lichtball in den goldenen Trichter und von da in dein Kronenchakra. Jedes Mal, wenn du bewusst einatmest, fließt noch mehr goldene Energie durch den Trichter und erfüllt dein ganzes Chakrasystem mit dem göttlichen Licht.
Atme weiter und erlaube der Energie, sich bis in alle sieben Schichten deiner Aura auszubreiten.
Mit jedem Atemzug ziehst du nun Licht aus jener Quelle, die den Körper, den du bewohnst, mit Leben versorgt.
Vergiss nicht, dich zu erden, einzustimmen und zu schützen.

AFFIRMATIONEN

- Mein Atem ist heilig.
- Mein Atem verbindet mich jederzeit mit der Quelle allen Lebens – Gott.
- Jeder meiner Atemzüge lädt mich erneut mit der Kraft der bedingungslosen Liebe auf.

23. Januar

Instrument der Liebe

Du bist als »Instrument der Liebe« erschaffen und wurdest aus der unendlichen, bedingungslosen Liebe Gottes geboren. Achte auf dich wie auf ein Klavier, das ständig gestimmt und gereinigt werden muss, denn du hast viel zu tun in diesem Leben. Du wirst nicht nur vielen deiner Brüder und Schwestern auf dieser Erde helfen zu erwachen, sondern bist auch das Instrument, das es dem Göttlichen ermöglicht, sich selbst bewusst zu werden. Nur durch dich und mit dir ist das möglich!
Akzeptiere, wer du wirklich bist, und nimm deine Heiligkeit an.
Du bist Gott und Gott ist in dir.

MEDITATION

Denke über die Eigenschaften nach, die ein einwandfreies »Instrument« Gottes haben muss.
Welche dieser Eigenschaften hast du schon und welche musst du noch entwickeln? Wenn du die Eigenschaften, die du anstrebst, ausfindig gemacht hast, fühle dich in deiner Vorstellung so, als hättest du sie schon. Das Erwerben dieser Eigenschaften ist ein Prozess, der nicht über Nacht abläuft.
Sei bitte nett und sanft zu dir selbst. Dann wirst du Erfolg haben und das strahlende goldene Instrument der Liebe sein, das du nach Gottes Willen sein sollst.

AFFIRMATIONEN

- Ich bin das göttliche Instrument der Liebe Gottes.
- Ich komme aus der Liebe und werde dereinst zur Liebe zurückkehren.
- Ich bin eins mit Gott und Gott ist eins mit mir.

24. Januar

Es gibt keine Grenzen

Wenn es darum geht, was du sein kannst, gibt es keine Grenzen.
Auch für deine Wünsche gibt es keine Grenzen. Wenn deine Sehnsüchte in Übereinstimmung mit dem göttlichen Gesetz sind, wird dich das Universum mit unendlich viel von allem versorgen, was dein Herz begehrt.
Du bis ein grenzenloses Wesen in einem grenzenlosen Universum.

MEDITATION

Bitte dein höheres Selbst, dir den Zustand deiner eigenen Selbstbeschränkung deutlich zu machen. Mit deinen inneren Augen siehst du dich selbst, gefangen in einer eisernen Rüstung. Was bedeuten die einzelnen Teile dieser Rüstung für dich?
Bitte nun die heilenden Engel, dir beim Ablegen der Rüstung zur Hand zu gehen. Mit ihrer Hilfe legst du Stück für Stück ab, bis du die ganze Rüstung los und von allen Beschränkungen frei bist.
Nun bitte Gott, dir alles zu schicken, was nur darauf wartet, von dir empfangen zu werden.
Nimm es freundlich entgegen.

AFFIRMATIONEN

- Ich bin frei von allen alten Konditionierungen und Beschränkungen.
- Ich bin ein grenzenloses Wesen in einem grenzenlosen Universum.
- Es steht mir frei, alles zu haben, was mein Herz begehrt.

25. Januar

Selbstzweifel

Wenn du an dir selbst und deinen Fähigkeiten zweifelst, zweifelst du an deiner eigenen Göttlichkeit. Glaubst du wirklich, dass Gott etwas Unvollkommenes erschaffen würde? Gott hat dich perfekt und nach Seinem Bild erschaffen.
Im Moment kannst du diese Idee vielleicht noch nicht ganz erfassen, und es mag dir vorkommen, als sei dies weit entfernt von dem, was du erreichen kannst.
Schau nach innen, dorthin, wo deine »perfekte Göttlichkeit« wohnt.
Es war alles schon immer da und hat sehnsüchtig auf seine Entdeckung gewartet.
Indem du an dir selbst zweifelst, zweifelst du an der Existenz Gottes.
Doch wenn du selbst Gott bist, was gibt es dann zu zweifeln?

MEDITATION

Sieh dich selbst als Diamanten.
Der Schliff ist perfekt.
Allerdings leuchten einige Facetten des Diamanten nicht hell genug; sie müssen poliert werden.
Erlaube Gott und den heilenden Engeln, dir bei dieser Aufgabe zu helfen.
Bedingungslose Liebe ist das Poliertuch; leidenschaftliche Hingabe, Mitgefühl, Selbstdisziplin und Ausdauer sind die reinigende Flüssigkeit.
Mach dich an die Arbeit und reinige alle Teile deines Selbst, bis der ganze Diamant, der du bist, das klare, funkelnde Licht der bedingungslosen Liebe in die Welt ausstrahlt.
Danke Gott und den Engeln für ihre Hilfe.

AFFIRMATIONEN

- Ich lasse alle Selbstzweifel los.
- Ich vertraue auf meine gottgegebenen Fähigkeiten.
- Ich bin ein perfekter Diamant, der bedingungslose Liebe und Licht ausstrahlt.

26. Januar

Wie deine Haustiere dich beschützen

Wenn du dein Leben mit einem Haustier teilst, kannst du dich glücklich schätzen, mein liebes Kind. Das Haustier, das beschlossen hat, sein Leben mit dir zu teilen, ist in der Tat ein Juwel in deinem Haushalt.
So klein es auch sein mag, es ist ein wahrer spiritueller Freund, denn es bietet dir medialen Schutz. Es ist nämlich in Wirklichkeit ein Bote, der aus dem Tierreich geschickt wurde, um über dich und deine Lieben zu wachen.
Wenn du dich im Moment noch nicht der Gesellschaft eines Haustieres erfreust, kann auch eine Fotografie, eine Zeichnung oder eine Statue deines Lieblingstieres die wohltuende Schutzenergie des Tieres in dein Haus bringen.
Achte und schätze den Dienst, den das Tierreich dir erweist.

MEDITATION

Stell dir vor, du sitzt mit einer schnurrenden Katze auf dem Schoß im Sessel.
Du streichelst die Katze und wirst dir mehr und mehr ihrer Energie bewusst. Fahre fort die Katze zu streicheln und spüre, wie die dem Tier innewohnenden Eigenschaften in deine Aura übergehen. Und während du dich mit der Energie der Katze verbindest, wirst du immer fröhlicher.
Alles in allem durchströmt dich ein wohliges Gefühl, das zutiefst entspannend ist.
Bedanke dich beim Tierreich.

AFFIRMATIONEN

- Ich bin ein Teil des Tierreichs und das Tierreich ist ein Teil von mir.
- Ich respektiere und achte das Tierreich.
- Ich behandle alle Tiere mit liebender Fürsorge und Zärtlichkeit.

27. Januar

Die Rollen, die du spielst

Im Laufe deines Lebens spielst du verschiedene Rollen: die Rolle des Kindes, die der Mutter, des Vaters, der Ehefrau oder des Ehemanns. Es kann sogar vorkommen, dass du im Laufe eines Tages viele Male deine Rolle wechselst. Es ist deine »Persona«, die diesem Wandel unterliegt. Was sich jedoch niemals ändern sollte, ist dein »wahres Ich«, das sich unter dem Mantel der Persönlichkeit verbirgt.
Welchen Verpflichtungen du auch nachkommst, dein wahres Ich muss immer sichtbar und leicht erkennbar bleiben. Lass dich nicht von falschen Wirklichkeiten blenden. Erlaube deiner Essenz, die Liebe und Licht ist, durch jede Rolle, die du spielst, hindurchzuscheinen.

MEDITATION

Sieh dich selbst in einer der Rollen, die zu spielen dir schwer fällt. Werde zum Beobachter in einem unbehaglichen Szenario, das dir wohl bekannt ist.
Schau genau hin, damit du den Punkt nicht verpasst, an dem du dein wahres Selbst verlierst und nicht mehr aus Liebe, sondern aus Angst handelst.
Lass das gleiche Szenario nun noch einmal ablaufen, wobei du jetzt fest in deinem wahren, liebenden Selbst verankert bist.
Du beobachtest dich selbst, wie du deine Rolle perfekt und mit Liebe spielst.
Was für eine Freude, dies zu sehen!
Wiederhole diese Übung mit irgendeinem schwierigen Bereich deines täglichen Lebens.

AFFIRMATIONEN

- Ich bin immer mein wahres Selbst, welche Rolle ich auch spiele.
- Mein wahrer Kern aus Liebe und Licht scheint in allen Situationen meines Lebens durch.
- Ich agiere und reagiere vom Standpunkt der Liebe.

28. Januar

Das göttliche Puzzle

Du, mein Kind, bist ein sehr wichtiges Teil im göttlichen Puzzle. Wie würde das Puzzle wohl aussehen, wenn ein Teil fehlte? Es wäre natürlich unvollständig, aber darüber hinaus könnte sich auch das ganze, das vollständige Bild nicht manifestieren.

Das ganze Bild, der göttliche Plan, kann sich nur entfalten, wenn alle Teile des Puzzles am Spiel teilnehmen. Das Spiel, von dem hier die Rede ist, ist das »Spiel des Lebens«. Damit du ein vollwertiger Spieler sein kannst, musst du dieses Leben akzeptieren und ja dazu sagen.

Spiele das Spiel und nimm deinen rechtmäßigen Platz im göttlichen Puzzle ein!

MEDITATION

Sieh dich selbst als Kind auf dem Spielplatz. Du spielst das Spiel, von dem du damals das Gefühl hattest, dass du es nicht gut kannst, und das dir zu der Zeit auch keinen Spaß gemacht hat. Das Spiel verläuft nicht sehr gut; du verlierst und ertrinkst fast in deinen Tränen.

Nun lass die gleiche Szene noch einmal mit einem positiven Ende ablaufen. Dieses Mal bist du wirklich zuversichtlich und spielst das Spiel so perfekt, dass du dabei noch lachen und scherzen kannst. Deine Eltern, Freunde und Geschwister feuern dich vom Rand des Spielfelds aus an und du bekommst ein Gefühl dafür, wie erfrischend es ist, ein Spieler zu sein und wie lebendig und dynamisch du dich fühlst, wenn du dich mit Leib und Seele in dieses Spiel einbringst.

Du bist ein Sieger!

Wiederhole diese Übung mit anderen, ähnlichen Situationen aus deiner Kindheit.

AFFIRMATIONEN

- Ich bin ein unbezahlbares Teil im göttlichen Puzzle.
- Ich spiele das Spiel des Lebens gut, weil der göttliche Plan ohne mich unvollständig ist.
- Indem ich mich zu hundert Prozent ins Leben einbringe, bekomme ich hundert Prozent Leben zurück.

29. Januar

Das Abenteuer, du selbst zu sein

Das Leben ist ein Abenteuer!
Und das größte Abenteuer ist die Suche nach deinem »wahren Ich«.
Was du brauchst, ist eine Schatzkarte.
Um diese wertvolle Schatzkarte zu finden, musst du nach Zeichen Ausschau halten, die auf ihr Versteck hinweisen. Diese Zeichen sind überall um dich herum. Pass auf, dass du sie nicht übersiehst, denn sie sind nicht monumental, sondern klein und reichlich.
Hör gut auf das, was deine Freunde und Familienmitglieder dir zu sagen haben. Achte auf den Zeitungsartikel, der deine Aufmerksamkeit erregt, oder auf die Szene in einem Film, die dich besonders anspricht. Wie reagierst du auf all diese Anregungen? Schreib es auf.
Nicht das, was andere tun, ist wichtig; nur wie du darauf reagierst, zählt.
Agierst und reagierst du aus Liebe oder aus Angst?
Deine Schatzkarte ist gleich hier, mitten in deinem Herzen.
Studiere sie und nutze sie weise!
Mache dieses Abenteuer zum besten Abenteuer deines Lebens auf dieser Erde.

MEDITATION

Sieh dich selbst an einem Ort des höheren Lernens, an so etwas wie einer himmlischen Universität. Begib dich zum Archivar und bitte, man möge dir deine persönliche Schatzkarte bringen. Bald darauf erhältst du eine alte Pergamentrolle, in die dein Name mit goldenen Lettern eingeprägt ist.
Du nimmst die Karte mit in den himmlischen Lesesaal, wo dein Schutzengel schon auf dich wartet. Gemeinsam entrollt ihr die Karte und studiert sie ...
Alles, was du wissen musst, findet sich auf dieser Karte.
Du kannst in diese himmlische Universität zurückkehren, wann immer du willst.
Danke deinem Schutzengel dafür, dass er dir geholfen hat, und vergiss nicht, dich zu erden, einzustimmen und zu schützen.

AFFIRMATIONEN

- Mein Leben ist ein göttliches Abenteuer.
- Ich entdecke meine wahre göttliche Identität.
- Es ist eine Freude, ich selbst zu sein.

30. Januar

Der Weg zur Meisterschaft

Du bist auf dem Weg zur Meisterschaft. Doch wie weißt du, wann du Meisterschaft erlangt hast? Du weißt es nur, wenn du erlebt hast, was gemeistert werden musste. Sonst wärst du ein Meister von nichts.
Nimm also freudig an, was dir präsentiert wird. Mach es dir zu Eigen, heile es, lass es wieder los und wende dich der nächsten Herausforderung zu. Halte an nichts fest; erlaube dem göttlichen Licht und der göttlichen Liebe einfach, durch dich hindurchzufließen.
Das ist die Meisterschaft, die du anstrebst.

MEDITATION

Denke an eine Beziehung, die dir im Moment Schwierigkeiten bereitet. Sieh die fragliche Person vor dir stehen. Bitte nun darum, mit dem goldenen Licht der Liebe, der Heilung und der Vergebung gefüllt zu werden.
Atme tief durch und das Licht wird in dich einfließen. Es fließt in dein Kronenchakra und von da durch das dritte Auge und die Kehle in dein Herz, welches es mit bedingungsloser Liebe füllt.
Sieh dich nun, wie du die andere Person umarmst. Und während du sie an dich drückst, fühlst du, wie alle Negativität, die zwischen euch war, einfach hinwegschmilzt, und zwar durch die Kraft der Liebe, die von deinem Herzen in das Herz der Person fließt, die du umarmst.
Als ihr euch wieder loslasst, habt ihr beide ein glückliches Lächeln auf dem Gesicht. Bitte diesen Menschen um Vergebung für alles, was du ihm angetan haben magst, und vergib ihm seinerseits alles, was er falsch gemacht hat.
Und dann vergib dir selbst für den Part, den du in diesem Spiel übernommen hast.
Nun lass zu, dass sich die ganze Szene im Licht auflöst.
Wiederhole diese Übung, wenn nötig, und vergiss nicht, dich zu erden, einzustimmen und zu schützen.

AFFIRMATIONEN

- Freudig umarme ich alle Lebenserfahrungen.
- In jeder Minute des Tages übe ich mich in Meisterschaft.
- Indem ich das Selbst meistere, meistere ich auch alles andere.

31. Januar

Hab Geduld mit dir selbst

Am liebsten hättest du, dass alles »vorgestern« erledigt ist, wie du so schön zu sagen pflegst. Aber vorgestern war nicht der richtige Zeitpunkt für die Manifestation dieses Ereignisses. Alle Ereignisse laufen letztendlich nach göttlicher Zeit ab und nicht in dem Zeitrahmen, den dein Ego gern hätte, das von deinen weltlichen Sehnsüchten und Terminvorgaben gehetzt wird.
Gott hat die Stoppuhr in der Hand und Er gibt das Zeichen zum Start. Warum also hörst du nicht auf, so streng und ungeduldig mit dir selbst zu sein, und erlaubst Gott, sich um deinen Terminkalender zu kümmern?

MEDITATION

Denke an etwas, das dir im Moment den größten Zeitdruck bereitet, etwas, das du zu einem bestimmten Zeitpunkt geschafft haben musst. Behalte es im Gedächtnis.
Nun visualisiere eine riesig große alte Standuhr. Sie ist wunderschön verziert und dein Name steht auf dem Zifferblatt. Sie zeigt Minuten, Stunden, Tage, Monate und Jahre an.
Während du auf diese Uhr schaust, bittest du Gott, dir die göttliche Zeit für dein Projekt/ein bestimmtes Ereignis/die Fertigstellung dessen, woran du arbeitest, zu zeigen.
Die Zeiger der Uhr leuchten auf, bewegen sich und zeigen die perfekte Zeit an.
Du wirst merken, dass du kein Problem hast, deinen Termin einzuhalten.

AFFIRMATIONEN

- Ich verbünde mich mit der göttlichen Zeit.
- Ich bin immer zur rechten Zeit am rechten Ort.
- Ich habe genug Zeit, um alles zu tun, was ich tun muss.

Segen für den Monat

Februar

Vertraue auf Gott und lass zu,
dass ein frischer Wind den Weg freifegt, der vor dir liegt.

Möge dein Kopf frei sein!
Möge sich dein Geist erheben!
Möge deine Seele das Lied des Himmels singen!
Mögen dich ein klarer Himmel und Sonnenschein
allzeit begleiten auf deinem Weg!

1. Februar

Innere Stürme

Deine inneren Kämpfe spiegeln sich in den äußeren Kämpfen, nicht nur in deinen Kämpfen mit deinen Mitmenschen, sondern auch in den Kämpfen, die sich in der Natur abspielen.
Wie die Stürme in dir toben, so toben sie auch außerhalb von dir.
Der emotionale Zustand der menschlichen Rasse findet seine perfekte Spiegelung in den Wettermustern der Natur.
Wenn du die Stürme beruhigen willst, dann schau, was sie ursprünglich hervorgerufen hat. Vielleicht war die dafür verantwortliche Emotion Wut oder Neid. Umarme diese Gefühle. Bitte um Segen für sie und lass sie los. Dann wird Ruhe einkehren.
Und wenn wieder Frieden in dein Herz einkehrt, wird Mutter Natur dir Sonnenschein und glückliche Tage bringen.

MEDITATION

Welche inneren Stürme toben in dir?
Lege deine Hände (eine über die andere) auf deinen Solarplexus – das Zentrum deiner Ängste und Sorgen.
Atme tief ein und konzentriere deine Aufmerksamkeit auf diesen Punkt.
Was spürst du?
Welches Gefühl taucht auf?
Verfolge es zurück bis zu seinen Wurzeln, bis dorthin, wo es ursprünglich hergekommen ist, und dann akzeptiere die Situation. Lass sie los, segne sie, vergib dir selbst und den Menschen, die darin verwickelt waren. Dann bist du auf dem besten Wege, diesen verletzten Teil von dir zu heilen.
Vielleicht musst du diese Übung mehrmals wiederholen.

AFFIRMATIONEN

- Ich gebe alle Kämpfe mit anderen und mir selbst auf.
- Mein inneres Selbst ist ruhig und zufrieden.
- Ich bin im Frieden mit mir selbst.

2. Februar

Für alles, was du brauchst, ist gesorgt

Gott sorgt für alles, was du im Leben brauchst. Es ist zur Stelle, noch bevor du darum gebeten hast. Unglücklicherweise bist du so oft blind für die Gaben, die vor dir ausgebreitet sind. Wenn du ein Geschenk bekommst, sucht derjenige, der dir etwas gibt, das Geschenk für dich aus, erinnerst du dich? Gott gibt dir genau das, was du brauchst, und zwar in jedem Moment deines Lebens. Das Geschenk, das du bekommst, ist vielleicht nicht das, was du erwartet oder nicht einmal das, worum du gebeten hast, aber es wurde mit reiner bedingungsloser Liebe ausgewählt und kann daher nur das richtige Geschenk für dich sein.

MEDITATION

Fülle dich mit dem rosa Licht der bedingungslosen Selbstliebe. Atme es tief in dich ein und lass zu, dass es deine Chakren und die Schichten deiner Aura durchdringt.
Nun bitte Gott, dir das Geschenk zu geben, von dem Er denkt, dass du es im Moment am besten brauchst, etwas, das du jetzt wirklich nötig hast.
Du siehst, wie ein großes, schön verpacktes Paket vor dir auftaucht. In diesem Paket wirst du genau das finden, was du brauchst.
Danke Gott für seine liebevolle Großzügigkeit.
Vergiss nicht, dich zu erden, einzustimmen und zu schützen.

AFFIRMATIONEN

- Mein Leben ist ein Geschenk Gottes.
- Gott versorgt mich immer mit allem, was ich brauche.
- Ich bin dankbar und schätze die Geschenke, die ich bekomme.

3. Februar

Das Wundermittel

Lachen ist ein Wundermittel gegen viele Leiden. Es baut dich auf, gibt dir Energie, zertrümmert wenig hilfreiche Gedanken und sorgt so dafür, dass die Negativität aus deinem System verschwindet.
Nimm dich und das, was du tust, nicht ganz so ernst!
Denk daran: Der Narr ist in Wirklichkeit der Weise.
Wenn du deine irdische Reise mit leichtem Gepäck machen willst, dann nimm Liebe und Lachen als Begleiter mit.

MEDITATION

Sieh dich selbst als Zuschauer in einem göttlichen Zirkus, in dem Gott der Zirkusdirektor ist. Du bist der einzige Zuschauer.
Ein himmlischer Clown kommt in die Arena, und er tritt nur für dich auf. Er reißt eine Menge Witze und du brüllst vor Lachen.
Freu dich an diesem Spektakel und nimm etwas von dieser erhebenden Energie mit in deinen Alltag.
Bedanke dich.

AFFIRMATIONEN

- Gott möchte, dass ich Spaß habe.
- Spaß zu haben ist mein göttliches Geburtsrecht.
- Es macht mich glücklich, über mich selbst zu lachen.

4. Februar

Von Seele zu Seele

Woher weißt du, dass du wahrlich mit all deinen Brüdern und Schwestern auf dieser Erde verbunden bist? An welchen Zeichen in eurer Beziehung erkennst du, dass »Kommunion« stattfindet? Die Antwort auf diese Fragen liegt in den Tiefen deiner Seele. Wenn du anderen mit bedingungsloser Liebe begegnest, spricht deine Seele zu ihrer Seele, und dann findet nicht nur Kommunikation statt, sondern eine wahrhaft heilige Kommunion.
Wenn ihr euch auf diesen tiefen Ebene verbindet – und sei es nur eine Sekunde lang –, kann wirkliche Heilung für euch beide stattfinden.
Dich von Seele zu Seele mit anderen zu verbinden, sollte dein eigentliches Ziel sein.

MEDITATION

Denke an einen Menschen, mit dem du dich auf einer tieferen Ebene verbinden möchtest.
Atme das rosa Licht der Liebe ein und konzentriere dich auf dein Herzchakra.
Bitte die heilenden Engel, dir bei diesem Prozess zu helfen.
Nun sieh diesen Menschen vor dir sitzen. Schau ihm liebevoll in die Augen.
Die Augen sind die Fenster der Seele, und bald spürst du, wie deine Liebe in die Seele des Menschen fließt, der dir gegenübersitzt. Er entspannt sich allmählich und schenkt dir ein wunderschönes, strahlendes Lächeln.
Wenn du dieser Person etwas Besonderes mitteilen möchtest, dann tu es jetzt.
Sag, was du auf dem Herzen hast.
Schenkt euch eine wunderbare Umarmung und dankt den heilenden Engeln für ihre Unterstützung.

AFFIRMATIONEN

- Du und ich, wir sind eins.
- Ich bin eng mit meinen Seelenbrüdern und Seelenschwestern auf dieser Erde verbunden.
- Ich erlaube meiner Seele, frei zu sprechen.

5. Februar

Dein Körper ist der Tempel deiner Seele

In Wahrheit bist du ein geistiges Wesen, das menschliche Erfahrungen macht. Daher ist dein Körper der Tempel deiner Seele. Vernachlässige die Bedürfnisse dieses wertvollen Hilfsmittels nicht. Es ist ein wunderbares Instrument, und du musst dich gut darum kümmern.
Dein Körper ist ein Geschenk Gottes.
Behandle ihn entsprechend!

MEDITATION

Vor dir siehst du ein anderes Du, das deinen »Traumkörper« bewohnt. Dieses andere Du sieht gesund, glücklich und strahlend aus. Füge jedes beliebige Detail hinzu, um die Traumperson zu erschaffen, die du gern sein würdest.
Wenn du fertig bist, gehst du einen Schritt vor und verschmilzt mit diesem Bild. Mit jedem Atemzug hast du mehr und mehr das Gefühl, dein wahres, strahlendes neues Selbst zu sein.
Spüre, wie die Lebenskraft durch dich hindurchstrahlt. Spüre, wie sich die Lebensenergie ihren Weg durch deine Adern bahnt.
Du fühlst dich wie neugeboren, so glücklich und so voller Leben.
Du bist wirklich zu dem Traumbild geworden, das du von dir selbst hattest.

AFFIRMATIONEN

- Mein Körper ist der perfekte Tempel meiner Seele.
- Mein Körper ist mit Liebe, Licht und unendlicher Vitalität erfüllt.
- Ich bin zutiefst dankbar für das Geschenk dieses Körpers.

6. Februar

Inspirationen

Folge deinen Inspirationen!
Sie sind Funken der göttlichen Energie und kommen von deinem höheren Selbst/Gott.
Tu sie nicht als unrealistisch, unangemessen oder nicht durchführbar ab.
Wenn bestimmte Inspirationen immer wiederkommen, nimm all deinen Mut zusammen und handle danach.
Du wirst bald sehen, wie das winzige Samenkorn wächst, sich entwickelt und schließlich Früchte trägt, denn das Universum wird dich unterstützen, wenn du dir Mühe gibst, deine Inspirationen wahr werden zu lassen.
Auf diese Weise wirst du zum Mitschöpfer Gottes.

MEDITATION

Überlege, wobei du im Moment Inspiration brauchst. Lege dir Papier und Bleistift zurecht.
Visualisiere einen Lichtkanal, der all deine Chakren miteinander verbindet. Dieser Lichtkanal verbindet dich mit deinem höheren Selbst/Gott.
Nun bitte dein höheres Selbst/Gott aufrichtig und demütig um göttliche Inspiration in dem betreffenden Bereich. Du wirst sofort spüren, wie die göttliche Energie der Inspiration von deinem höheren Selbst/Gott durch den Lichtkanal in dein drittes Auge fließt.
Bleib ganz ruhig, während dieser Prozess abläuft, und du wirst spüren, wann er vollendet ist.
Dann schreib sofort, ohne darüber nachzudenken, auf, was du gerade im Kopf hast.
Die Inspiration ist da, auf dem Papier, das vor dir liegt.

AFFIRMATIONEN

- Meine Inspirationen kommen aus dem einen Geist.
- Ich werde jederzeit vom Göttlichen inspiriert.
- Ich vertraue meinen Inspirationen und folge ihnen.

7. Februar

Alles, was du brauchst

Alles, was du für diese menschliche Existenz brauchst, ist in dir. Alle Ressourcen sind da. Sekunde um Sekunde, Minute um Minute, Stunde um Stunde versorgt Gott dich mit dem nie endenden Geschenk der bedingungslosen Liebe. Deine Seele ist das Lagerhaus für diese kraftvolle, wunderbare Energie. Diese Energie kann Berge versetzen und ist in der Lage, alles zu erschaffen, wonach du wahrhaft verlangst.

Sie steht dir vierundzwanzig Stunden am Tag zur Verfügung, und das jeden Tag. Alles, was du brauchst, um den Hahn aufdrehen zu können, ist Glauben und Vertrauen in Gott. Sie werden sicherstellen, dass der Fluss der Liebe ständig für dich fließt.

Du wirst immer alles haben, was du brauchst.

MEDITATION

Fühle die bedingungslose Liebe und das Licht Gottes überall um dich herum.
Du atmest das Licht ein. Es durchdringt jede Zelle deines Seins und erfüllt sie mit der Kraft der bedingungslosen Liebe.
Je mehr du dich auf Gott konzentrierst, desto mehr Liebesenergie ist da.
Aufgrund eines inneren Wissens beginnst du zu erkennen, dass es einen nie endenden, grenzenlosen Vorrat an allem gibt, der dir stets frei zur Verfügung steht.
Dein Herz hüpft vor Freude über diese Entdeckung.

AFFIRMATIONEN

- Alles, was ich jemals brauchen werde, ist hier in meinem Herzen.
- Alle meine Bedürfnisse und Wünsche sind bereits befriedigt.
- Gottes Liebe zu mir ist ewig und allumfassend.

8. Februar

Spiegelbilder

Die Welt und die Menschen um dich herum spiegeln dir das, was du an dir selbst am wenigsten leiden kannst und was du am meisten kritisierst und verurteilst. Es ist ganz einfach: All die negativen Aspekte, die du noch nicht akzeptieren und als das lieben gelernt hast, was sie in Wirklichkeit sind, werden genau vor deiner Nase ausagiert. Was für eine fantastische Methode hat Gott sich da einfallen lassen, um dir zu helfen, dich selbst zu heilen!

MEDITATION

Lege dir einen Handspiegel zurecht.
Denke nun an eine Person, über die du dich erst kürzlich geärgert hast. Behalte das Bild dieser Person und ihres Benehmens im Gedächtnis.
Halte dir nun den Spiegel vor. Schau mit sanftem Blick auf dein Spiegelbild und frage dich: »Welche Charakterzüge habe ich mit der Person gemeinsam, die mich so geärgert hat? Was kann ich aus ihrem Benehmen und ihrer Handlungsweise lernen?«
Gleiche alle negativen Züge, die du an dir selbst erkennst, mit liebenden Gedanken der Vergebung aus und vergib auch der anderen Person, dass sie sich so benommen hat.
Wiederhole diese Übung mit derselben Person so lange, bis du nur Liebe empfinden kannst, wenn du an sie denkst.

AFFIRMATIONEN

- Die Ereignisse und Menschen in meinem Leben spiegeln den Zustand meines inneren Selbst.
- Ich liebe mich bedingungslos.
- Ich schaue in den Spiegel und sehe ein schönes Wesen aus Licht.

9. Februar

Licht im Dunkel

Geh in die Dunkelheit, denn darin verborgen ist das Licht. Die Dunkelheit lässt das Licht zur Geltung kommen. Ohne diesen Kontrast wäre dir überhaupt nicht bewusst, dass das Licht schon längst da war. Und so ist es: Wenn du die Dunkelheit einmal überwunden hast, wird immer Licht sein.

MEDITATION

Stell dir vor, du gehst in einen stockdunklen Raum.
Zunächst ist nichts als Dunkelheit um dich herum, aber als du genauer hinschaust, siehst du einen kleinen Lichtschein. Je mehr du dich auf das Licht konzentrierst, desto größer wird es, bis schließlich der ganze Raum davon erfüllt ist und in hellem Licht erstrahlt.

AFFIRMATIONEN

- Ich bewege mich durch die Dunkelheit ins Licht.
- Ich nehme das Licht in allem und jedem wahr.
- Das Licht ist die Quelle von allem.

10. Februar

Dem höchsten Gut im Weg stehen

Liebes Kind, die meiste Zeit stehst du deinem höchsten Gut im Weg. Gott versucht verzweifelt, dir seine bedingungslose Liebe zu geben, aber du nimmst sie nicht an. Bitte erlaube Gott von nun an, dir zu geben, was er für dich bereithält. Als Kind Gottes verdienst du dein höchstes Gut.

MEDITATION

Stell dir vor, dass du auf einem sehr steinigen Weg einen Berg hinaufgehst. Der Aufstieg fällt dir schwer und du bist schon mehrmals gestolpert. Plötzlich machst du vor dir im Nebel eine Gestalt mit Kapuze aus. Sie räumt die Steine von dem Weg, auf dem du gehst. Die Gestalt ist von einem goldenen Schein umgeben, und du erkennst, wer es ist.
Als du auf sie zugehst, um dich zu bedanken, löst sich die Gestalt auf. Nur eine Wolke aus goldenem Licht bleibt zurück, die langsam von dir wegschwebt.
Danke Gott dafür, dass Er immer bei dir ist und dir den Weg ebnet.
Vergiss nicht, dich zu erden, einzustimmen und zu schützen.

AFFIRMATIONEN

- Ich bin Gottes Liebe würdig.
- Ich bin bereit zu akzeptieren, was zu meinem höchsten Gut beiträgt.
- Ich erlaube Gott, mir das zu geben, was für mich am besten ist.

11. Februar

Emotionaler Ballast

Auf deiner Reise durch das Leben schleppst du dich mit emotionalem Gepäck ab. Lass zu, dass dir diese Tatsache bewusst wird. Du bist der Ansicht, dass diese Emotionen deine Identität ausmachen, aber in Wirklichkeit halten sie dich davon ab zu entdecken, wer du wirklich bist – ohne all diesen Ballast.
Die Zeit ist gekommen, dieses falsche Ich loszulassen und den heilenden Engeln diesen ganzen Ballast auszuhändigen, damit sie ihn für immer entsorgen.
Nimm dein wahres, sorgloses, freudiges Ich in Besitz!

MEDITATION

Sieh dich selbst, wie du in einen sehr alten Zug mit Dampflokomotive steigst.
Du bist so mit Gepäck beladen, dass du es kaum in den Zug schaffst.
Nach einer langen Reise durch Regen und Nebel kommst du an deinem Zielort an. Du hast so die Nase voll von deinem schweren Gepäck, dass du beschließt, es schnellstmöglich loszuwerden. Als der Zug in den Bahnhof einfährt, siehst du zu deiner Überraschung mehrere heilende Engel, die am Bahnsteig auf dich warten.
Du steigst aus dem Zug, gibst ihnen ein Gepäckstück nach dem anderen und sie fliegen damit weg.
Du bist deine Last los und kannst den Rest deiner Reise »leicht wie eine Feder« zurücklegen.
Danke den heilenden Engeln.
Vergiss nicht, dich zu erden, einzustimmen und zu schützen.

AFFIRMATIONEN

- Ich bin bereit, emotionalen Ballast abzuwerfen.
- Es steht mir frei, den Weg, den ich gewählt habe, mit »leichtem Gepäck« zu gehen.
- Ich bin frei und kann mir eine herrliche neue Wirklichkeit erschaffen.

12. Februar

Nimm dein Geburtsrecht in Anspruch

Nicht genug damit, dass du alles über deinen wahren Ursprung vergessen hast, du hast auch alles über deinen wahren Seinzustand vergessen.
Die meiste Zeit hältst du dich für ein unglückliches menschliches Wesen und bejammerst diesen Zustand.
Doch dein wahres Wesen ist nicht »menschlich«; du bist vielmehr ein göttlicher Funke in einem menschlichen Körper.
Hör auf zu jammern und nimm dein göttliches Geburtsrecht in Anspruch: voller Freude zu sein!
Es gibt keine Zeit zu verlieren. Tu es JETZT!

MEDITATION

Stell dir vor, du gehst zum Einwohnermeldeamt, um deine neue Geburtsurkunde abzuholen, weil die alte unleserlich geworden ist. Der Schalterbeamte ist sehr freundlich und händigt dir alsbald eine brandneue Geburtsurkunde in einem großen, blütenweißen Umschlag aus. Du verlässt das Gebäude und setzt dich in einem lieblichen Park auf eine Bank, um dein brandneues Dokument in Ruhe zu betrachten.
Die Urkunde ist auf dem feinsten Papier ausgestellt und am Rand mit einer verschlungenen Goldborte verziert. In ornamentalen Goldlettern ist zu lesen:
»Ich .... (Name), ein Wesen des Lichts, am .... (Geburtsdatum) in diesem Körper inkarniert, nehme hiermit mein Geburtsrecht in Anspruch, von heute bis in alle Ewigkeit ein glückliches, fröhliches und friedliches Leben zu führen, das voll ist von Liebe, Licht und Lachen.«
Du bist hocherfreut über deine neue Geburtsurkunde und bewahrst sie an einem besonderen Platz in deinem Herzen auf.
Denke daran, dich zu erden, einzustimmen und zu schützen.

AFFIRMATIONEN

- Ich nehme mein göttliches Geburtsrecht in Anspruch, ein Leben der Liebe, des Lichts und der Freude zu führen.
- Ich wähle ein Leben des Friedens und des wahren Glücks.
- Ich mache meine menschlichen Erfahrungen und bin mir dabei bewusst, wer ich wirklich bin.

13. Februar

Bewegung

Das Leben steht nie still. Bewegung entspricht der Natur aller lebenden Wesen, Bewegung von einem Zyklus zum nächsten, vom Tag zur Nacht, von der Geburt zum Tod und vom Tod zur Wiedergeburt ins ewige Licht. Behindere diesen Fluss der göttlichen Energie nicht dadurch, dass du den Willen deines niederen Egos durchzusetzen versuchst. Wenn du das tust, stellen sich Krankheit und Verzerrung ein. Lass lieber sämtliche vorgefassten und konditionierten Vorstellungen davon, wie das Leben »sein sollte«, beiseite und erlaube deinem höheren/göttlichen Selbst, den göttlichen Plan auszuführen.

MEDITATION

Atme silberblaues Licht in dein drittes Auge. Mache drei bewusste Atemzüge und entspanne dich dann. Nun bitte um einen flüchtigen Blick in dein künftiges Leben oder um einen Einblick in deine mögliche Zukunft.
Als Nächstes siehst du dich am Ufer eines wunderschönen Flusses stehen.
Sein Wasser ist frisch und klar und er schlängelt sich sanft durch die Landschaft. Weil es ein heißer Tag ist, beschließt du, deine Kleider abzulegen und im Fluss schwimmen zu gehen.
Du drehst dich auf den Rücken und merkst schon bald, dass das Wasser dich trägt und du dich einfach flussabwärts treiben lassen kannst.
Während du so den Fluss hinuntergleitest, stellst du fest, dass sich an seinen Ufern Szenen aus deinem künftigen Leben abspielen. Du lässt dich weitertreiben, bis du genug gesehen hast, und genau in diesem Moment erreichst du einen Staudamm.
Du steigst aus dem Wasser und findest deine Kleider, welche die heilenden Engel für dich bereitgelegt haben.
Bedanke dich; du hattest gerade das Privileg, einen Blick in eine mögliche Zukunft zu werfen. Mache das Beste aus dem, was du gesehen hast.
Vergiss nicht, dich zu erden, einzustimmen und zu schützen.

AFFIRMATIONEN

- Ich fließe ohne Anstrengung mit dem Leben.
- Ich erlaube meinem höheren Selbst, die Führung zu übernehmen.
- Das Leben unterstützt mich bei jedem Schritt auf meinem Weg.

14. Februar

Schönheit kommt von innen

Du lebst in einer materialistisch orientierten Gesellschaft, in einer Gesellschaft, die strenge Regeln und Richtlinien dafür entwickelt hat, wie Menschen aussehen und sich benehmen sollten.
Geh nicht in diese Falle, mein Kind, denn sie beruht auf einer falschen Auffassung vom Selbst, auf einer Auffassung, die nicht umarmen, sondern trennen möchte.
Wahre Schönheit kommt von innen, aus deiner Seele, aus dem Kern deines Wesens.
Umgib dich mit Menschen, die dich lieben und achten, und lass dich nicht von äußeren Kräften beeinflussen.
Lass die Schönheit deines wahren Selbst erstrahlen!

MEDITATION

Stell dir vor, du sitzt irgendwo in der Natur, an einem wirklich ruhigen und friedlichen Ort. Nimm die Energie dieses Ortes in dich auf.
Du entspannst dich und fühlst dich im Frieden mit dir selbst und der Welt.
Du fühlst dich wahrhaft verbunden mit deinem wahren, deinem höheren Selbst.
Als du dich umschaust, entdeckst du zu deiner Überraschung einen kleinen Handspiegel direkt neben dir. Du nimmst ihn und schaust hinein ...
Ein Wesen aus Licht, schöner, als du es dir jemals hättest vorstellen können, schaut dich mit liebevollen Augen an.
Endlich hast du dein wahres Ich gefunden!

AFFIRMATIONEN

- Ich bin schön bis ins kleinste Detail.
- Ich strahle Liebe und Licht aus.
- Ich habe eine strahlend schöne Seele.

15. Februar

Jeder ist ein Lehrer

Wenn du Wissen suchst auf deinem Weg zur Selbst-Erhellung, darfst du dich nicht nur auf Bücher verlassen.
Lehren findest du überall um dich herum und vor allem in deiner eigenen Seele.
Sei stets wachsam, denn die wirklich großen Lehren kommen manchmal aus unerwarteten Quellen oder von Menschen, von denen du das nie gedacht hättest. Denke daran, dass Lehren nicht immer gleich von allen als solche erkannt werden. Deshalb bezeichnest du dich ja auch als »Sucher«.

MEDITATION

Lege dir Papier und Stift zurecht und nimm dir etwa zwanzig Minuten Zeit zum Schreiben, möglichst gleich morgens nach dem Aufstehen.
Erlaube einem Strom des Bewusstseins, sich auf dem Papier zu manifestieren. Schreib einfach alles auf, was kommt.
Anfangs wird es nicht viel Sinn machen, aber bald wirst du merken, dass sich ein Thema herauskristallisiert. Und wenn du nochmals liest, was du geschrieben hast, wirst du viele wertvolle Lehren entdecken, die von deinem höheren Selbst kommen. Mache diese Übung öfter.

AFFIRMATIONEN

- Ich bin willens, belehrt zu werden.
- Ich habe den Schlüssel zu allen Lehren, die ich jemals brauchen werde.
- Ich öffne meinen Geist für die verborgenen Lehren um mich herum.

16. Februar

Die Macht der Gedanken

Gedanken sind machtvolle Energien, mein liebes Kind. Unterschätze diese Wahrheit nicht! Sobald ein Gedanke dich, seinen Ursprung, verlässt, wird er zu einer eigenen Wesenheit und hat Auswirkungen auf die Welt als Ganzes.
Sei dir der Macht deiner Gedanken bewusst und wache sorgsam über sie!

MEDITATION

Schau dir eine Blume oder Pflanze an. Sei ganz still und lass deinen Blick eine Weile darauf ruhen. Erlaube deinem Geist, sich zu entspannen.
Nun beschließe, der Beobachter deiner Gedankenformen zu werden. Stell dir vor, wie du auf deine Gedanken schaust, während sie, eingehüllt in große Blasen, dein drittes Auge verlassen.
Wenn die Gedanken negativ sind, bekämpfe und verurteile sie nicht. Lass einfach nur zu, dass die Blasen mit deinen negativen Gedanken golden werden und wegschweben, hinaus aus deinem Raum und hoch in den Himmel. Dort platzen sie schließlich, und die negative Energie kehrt zum Ursprung zurück und wird in Licht verwandelt.
Diese Übung ist ein sehr wichtiger Teil deiner spirituellen Entwicklung und sollte täglich wiederholt beziehungsweise so oft wie möglich gemacht werden.
Bitte denke daran, dich zu erden, einzustimmen und zu schützen.

AFFIRMATIONEN

- Ich habe die Kontrolle über meinen Geist und meine Gedanken.
- Ich bitte die Energie der bedingungslosen Liebe, meinen Geist zu durchdringen.
- Ich beschließe, nur liebende Gedanken zu denken.

17. Februar

Deine Träume

Deine Träume bieten dir einen Zugang zu deiner Seele. Wenn du häufig wiederkehrende Träume zum gleichen Thema hast, solltest du das ernst nehmen. Es könnte sein, dass dich deine Seele auf bestimmte nicht erlöste Themen in deinem Leben aufmerksam machen möchte.
Lege dir Papier und Stift neben dein Bett, damit du deine Träume sofort nach dem Aufwachen niederschreiben kannst.
Beschäftige dich eingehend mit dem, was du aufgeschrieben hast.
Der Text enthält wichtige Hinweise, die deinem spirituellen Entwicklungsprozess förderlich sind.

MEDITATION

Denke unmittelbar, bevor du schlafen gehst, ganz fest an das, was dich im Moment beschäftigt.
Bitte darum, dass dir im Traum eine Lösung für dieses Problem gezeigt wird.
Dieser Prozess funktioniert sehr gut; es kann allerdings ein wenig dauern, bis er einsetzt. Wiederhole diese Übung also jeden Abend, bis die Antwort im Traum zu dir kommt.
Sie kommt immer!

AFFIRMATIONEN

- Ich höre auf das, was meine Seele mir im Traum zu sagen hat.
- Im Schlaf kommuniziere ich ungehindert mit meiner Seele.
- Ich bitte und ich werde alle Informationen bekommen, die ich brauche.

18. Februar

Den Geist aufräumen

Dein Geist ist übervoll von »diesem und jenem«. Du hast die Kontrolle darüber verloren. Es ist sogar so weit gekommen, dass dein Geist dich kontrolliert. Wenn du einen Zustand der Klarheit erreichen und wieder klar sehen willst, musst du dich anstrengen und in deinem Geist aufräumen. Nicht nur ab und zu, nein, du musst das Aufräumen zur täglichen Routine werden lassen, bis du deinen Geist wieder unter Kontrolle hast und er erneut das nützliche Werkzeug ist, das er sein soll.

MEDITATION

Stell dir vor, an deinem dritten Auge ist ein Staubsauger angebracht, der von mehreren heilenden Engeln festgehalten wird.
Atme nun tief ein und beschließe, dass beim Ausatmen alle negativen und zerstörerischen Gedanken von den heilenden Engeln »weggesaugt« werden. Wiederhole die Übung, bis sich dein Geist hell und klar anfühlt! Danke den heilenden Engeln für ihre Hilfe und denke daran, dich zu erden, einzustimmen und zu schützen.

AFFIRMATIONEN

- Jetzt sehe ich klar.
- Mein Geist ist klar und scharf.
- Ich bin frei von allen negativen Gedankenformen.

19. Februar

Dein Weg

Bevor du in deinen gegenwärtigen Körper inkarniert wurdest, hast du zugestimmt, den Weg zu gehen, auf dem du dich befindest. Du hast es vielleicht vergessen, aber es ist so. Geh festen Schrittes und lass dich von Hindernissen auf dem Weg nicht entmutigen. Halte Ausschau nach »Wegweisern«, denn du kannst dich darauf verlassen, dass sie da sind, um dich zu führen. Während du den Weg gehst, den du dir ausgesucht hast, hält Gott die ganze Zeit deine Hand; du bist dir dessen nur nicht bewusst.

MEDITATION

Stell dir vor, du bist ganz allein in der Wüste. Du hast dich verirrt, und das schon seit einer ganzen Weile. Endlich beschließt du, Gott um Hilfe zu bitten.
Kaum dass du das getan hast, spürst du, wie eine sichere Hand dich hält und unterstützt.
Du weißt auf der Stelle, dass Gott all deine Sorgen kennt und dass er immer da ist, um dir zuzuhören und für dich zu sorgen.
Gottes Liebe hat dich wieder mit Kraft und Mut erfüllt.
Und nun, wo du Hand in Hand mit Gott gehst, erreichst du schon bald die üppigste und fruchtbarste Oase.
Du fühlst dich ganz leicht im Herzen und dankst Gott für seine bedingungslose Liebe und die Unterstützung, die du bekommen hast.
Vergiss nicht, dich zu erden, einzustimmen und zu schützen.

AFFIRMATIONEN

- Gott ist immer an meiner Seite.
- Ich kann mich auf Gott verlassen, wann immer ich in Not bin.
- Ich bin niemals allein auf meinem Weg.

20. Februar

Inneres Gleichgewicht

Ihr strebt alle nach innerem Gleichgewicht. Inneres Gleichgewicht bedeutet Frieden und Gelassenheit. Allerdings ist es keine Kleinigkeit, einen Zustand des inneren Gleichgewichts zu erreichen. Dieser Zustand kann nicht irgendwie erzwungen oder aufgedrängt oder beschleunigt werden. Wahre Balance muss von innen heraus erreicht werden. Liebe, Akzeptanz und Mitgefühl für das Selbst müssen in gleicher Menge auf die Waagschalen gelegt werden. Die bedingungslos positive Beachtung, die du dir selbst gibst, wird den Ausschlag für dein wahres inneres Gleichgewicht geben.

MEDITATION

Visualisiere eine goldene Waage in deinem Herzchakra. Die Waagschalen sind nicht ausgeglichen. Achte darauf, welche Seite schwerer ist. Die linke steht für die weiblichen Aspekte des Selbst, die rechte für die männlichen.
Wenn du dir die schwere Waagschale genauer anschaust, siehst du, dass eine kleine Schriftrolle darauf liegt. Öffne sie.
Darin steht, was du tun musst, um die Waagschalen auszugleichen, zum Beispiel: »Schätze dich selbst mehr.« – »Respektiere dich selbst mehr.« – »Gib dir mehr Zeit zum Spielen.«
Folge diesen Anweisungen und du wirst inneren Frieden, Harmonie und Ausgeglichenheit finden.
Denke daran, dich zu erden, einzustimmen und zu schützen.

AFFIRMATIONEN

- Ich bin ausgeglichen und im Frieden mit mir selbst.
- Die männlichen und die weiblichen Aspekte meines Wesens sind ausgeglichen.
- Ich schätze die Seiten an mir, die ausgeglichen sind, und liebe die, die es nicht sind, bedingungslos.

21. Februar

Die Früchte deiner Arbeit

In deinem Streben nach Erfolg kämpfst du wie wild, mein liebes Kind. Mach dir keine Sorgen, die Früchte deiner Arbeit werden reifen. Geh deinen täglichen Verrichtungen nach; erledige deine Aufgaben so gut du kannst, und erlaube dir nicht, dich innerlich nur noch mit dem möglichen Ergebnis deiner Bemühungen zu beschäftigen. Überlasse es Gott, sich darum zu kümmern. Er wird alles so ausgehen lassen, dass es für dein spirituelles Wachstum und die Menschen, die im Moment mit dir zusammenleben, das Beste ist. Freu dich an deiner Arbeit, jetzt, in diesem Moment. Für alles andere wird gesorgt werden.

MEDITATION

Denke an eine Aufgabe, die du im Moment zu erledigen versuchst und die dir bisher nicht besonders gut von der Hand gegangen ist.
Du hast vermutlich den Spaß daran verloren.
Versuche nun, den Spaß oder die Freude in dir selbst wiederzufinden.
Vielleicht musst du deine Einstellung zu deiner Arbeit ändern oder einen anderen Blickwinkel finden, damit du fröhlicher weitermachen kannst.
Wenn du deine Aufmerksamkeit auf das Problem lenkst, wirst du viele Ideen und Inspirationen bekommen. Führe die Änderungen durch und du wirst dich Moment für Moment an deinen Aufgaben erfreuen.

AFFIRMATIONEN

- Ich lebe ganz im gegenwärtigen Moment und freue mich daran.
- Ich löse mich innerlich vom Ergebnis meiner Bemühungen.
- Ich liebe, was ich tue, und gehe ganz darin auf.

22. Februar

Dein Ziel

Auf eurer irdischen Ebene wird sehr viel über Ziele gesprochen. Dieses Ziel und jenes Ziel, und »wenn ich erst mein Ziel erreicht habe, bin ich glücklich«, sagst du. Stimmt das wirklich?
Erinnerst du dich, wie du dich gefühlt hast, nachdem du das letzte Ziel erreicht hattest, das du dir selbst gesetzt hast? War es ein Hochgefühl? Und wie lange hat es angehalten? Nicht allzu lang. Es hat dich nicht wirklich befriedigt, denn warum wärst du sonst schon wieder auf dem besten Weg, dem nächsten Ziel hinterherzurennen?
Diesmal, mein Kind, solltest du dir ein inneres Ziel setzen. Versuche, inneren Frieden, Kraft, Heilung und Harmonie zu erreichen. Denn wenn du eine dieser Eigenschaften gewonnen hast, wird sie dich nicht nur für den Rest deiner irdischen Existenz begleiten, sondern bis in alle Ewigkeit.

MEDITATION

Atme rosa Licht ein und lass dein Bewusstsein in dein Herzchakra fallen. Dort steht die Tür zu einem Zimmer halb offen und ein strahlend helles Licht scheint heraus. Du gehst hinein und siehst einen runden Tisch, der mitten in diesem Zimmer steht. Darauf liegt ein in wertvolles handbemaltes Papier gebundenes Buch mit dem Titel »Innere Ziele für ... (dein Name)«. Du schlägst das Buch auf und findest eine Liste deiner inneren Ziele, geordnet nach der Bedeutung, die sie für deinen Lebensweg haben. Lerne sie alle auswendig und dann verlasse das Zimmer deines Herzens wieder und kehre in dein Wachbewusstsein zurück.
Du kannst jederzeit in dieses Zimmer zurückkehren.
Denke daran, dich zu erden, einzustimmen und zu schützen.

AFFIRMATIONEN

- Mein nächstes Ziel wird ein inneres Ziel sein.
- Indem ich meine inneren Ziele erreiche, finde ich Frieden und dauerhaftes Glück.
- Das, was ich bin, füllt mich völlig aus.

23. Februar

Die Anerkennung Gottes

Du erwartest Gottes Liebe, bist aber nicht sicher, ob sie wirklich zur Verfügung steht. Du siehst einen Vater oder eine Mutter in Gott und erwartest Bestätigung und Anerkennung von ihm. Doch Gott muss dir keine Anerkennung geben. Anerkennung muss nur gegeben werden, wenn irgendein Mangel vorausgegangen ist.

Doch Gott nimmt keinen Mangel an dir wahr. Er hat dich nach Seinem Bild geschaffen und Er weiß, dass du in jeder Hinsicht perfekt bist. Er ist sich auch wohl bewusst, dass du mit den Werkzeugen, die Er dir verliehen hat, das Beste machst, was du nur machen kannst. Es gibt nichts, was du tun könntest oder tun müsstest, um dir Gottes Wohlwollen zu verdienen. Sei einfach du selbst.

Gott liebt dich bedingungslos, denn du bist Gott und Gott ist DU.

MEDITATION

In welchen Bereichen deines Lebens suchst du nach Bestätigung und Anerkennung? Denke gut über diese Frage nach und fertige dann eine Liste an. Auf die linke Seite kommt »All das, wofür ich gern Bestätigung und Anerkennung hätte«. Bitte Gott und die heilenden Engel um Hilfe beim Ausfüllen dieser Spalte.

Geh anschließend die Liste Punkt für Punkt durch und schreibe neben jede Eintragung in die rechte Spalte: »Keine Bestätigung nötig. So, wie ich bin, bin ich perfekt.«

Vertraue und glaube fest daran, dass all das Tatsachen sind.

Gott und die Engel sind immer an deiner Seite.

Lege die Liste unter dein Kopfkissen und bring sie regelmäßig auf den neuesten Stand.

AFFIRMATIONEN

- Ich erkenne mich selbst bedingungslos an.
- Ich verabschiede mich von meinem Bedürfnis nach Bestätigung von außen.
- Ich weiß, dass Gott mich bedingungslos liebt.

24. Februar

Widerstand gegen den Wandel

Es gibt etwas, dessen du dir ganz sicher sein kannst, mein liebes Kind, und das ist Veränderung. Du selbst bist genau wie dein Leben ständig im Fluss. Die Zellen deines Körpers verändern sich, während wir noch darüber sprechen. Menschen, Situationen, Zeiten und Orte sind ständigem Wandel unterworfen. Das sind beängstigende Aussichten, wenn du dich dem Wandel entgegenstellst. Wenn du mit dem, was du weißt, bestens vertraut bist und es dir in diesem Wissen bequem gemacht hast, erweist sich die Furcht vor dem Unbekannten oft als zu schwer zu überwinden.
Vertraue auf den göttlichen Plan und ergib dich dem Willen Gottes.
Lege all deine Ängste und Widerstände in Seine Hand. Nimm deine Hände vom Lenkrad deines Lebens und erlaube Gott, dein privater Chauffeur zu sein.
Je besser du in der Lage bist, das zu tun, desto einfacher wird die Fahrt werden.

MEDITATION

Stell dir vor, du fährst in einem schicken goldenen Auto durch eine Stadt. Es gibt einen Stau nach dem anderen und du wirst immer langsamer. Plötzlich ist die Straße ganz gesperrt. Zu deiner Überraschung siehst du, dass ein Schild an die Barrikade genagelt wurde, auf dem in weißen Buchstaben ANGST steht.
Du beschließt, dass diese Straßensperre den Weg zu deinem Ziel nicht blockieren darf, steigst aus und schiebst sie an den Straßenrand.
Dann fährst du weiter, aber schon bald stehst du wieder vor einer Straßensperre. Diesmal steht WIDERSTAND auf dem Schild. Und erneut steigst du aus dem Auto, schiebst die Barrikade weg und fährst weiter.
Jetzt fließt der Verkehr wunderbarerweise bestens. Schon bald bist du aus der Stadt heraus und fährst durch eine herrliche offene Landschaft deinem Ziel entgegen.
Vergiss nicht, dich zu erden, einzustimmen und zu schützen.

AFFIRMATIONEN

- Ich lasse meinen Widerstand gegen den Wandel los.
- Ich beseitige alle Hindernisse auf meinem Weg ins Glück.
- Ich lasse Gott ans Steuer meines Lebens.

25. Februar

Höre auf dein inneres Kind

In dir, mein Kind, wohnt ein ungeliebtes inneres Kind und dieses Kind schreit nach deiner Aufmerksamkeit. Gib ihm die Liebe, die es verdient. Dein inneres Kind zeigt sich bei vielen Gelegenheiten. Sei einfach wachsam und du wirst dir seiner bewusst werden. Es ist fordernd und es will Aufmerksamkeit. Wenn es nicht bekommt, was es möchte, stampft es mit seinem kleinen Fuß auf und wird wütend, traurig oder sogar gehässig und gewalttätig.
Sei auf der Hut. Diese Verhaltensmuster gehören zu jenem Teil von dir, der nicht erwachsen und reif geworden ist. Heile dein inneres Kind, damit du dein Leben als glücklicher, reifer Erwachsener leben kannst.

MEDITATION

Bitte die heilenden Engel um Hilfe in dieser Sache.
Atme rosa Licht ein, bis deine Chakren und deine ganze Aura damit angefüllt sind.
Bitte nun dein inneres Kind, vor dir zu erscheinen. Es wird erscheinen und höchstwahrscheinlich ist es wütend oder traurig. Vielleicht weint es sogar. Geh auf dein inneres Kind zu, umarme es lang und herzlich und sage ihm, wie sehr du es liebst und dass du es niemals im Stich lassen und immer für es da sein wirst.
Frage dein inneres Kind, was es im Moment gern tun würde. Es möchte vielleicht zum Spielplatz oder zum Strand gebracht werden. Stell dir vor, wie du mit ihm dorthin gehst. Oder es möchte, dass du ihm einen Teddybär oder einen Fußball schenkst. Sieh dich selbst, wie du deinem inneren Kind das Geschenk machst, nach dem sich sein kleines Herz so sehr sehnt.
Während du dein inneres Kind bemutterst, wird es glücklicher und hört auf zu weinen. Dann versprichst du, dass du in regelmäßigen Abständen wiederkommen wirst, um es zu trösten.
Umgib dein Kind mit goldenem Licht und kehre ins Wachbewusstsein zurück.
Danke den heilenden Engeln.
Achte darauf, dich zu erden, einzustimmen und zu schützen.

AFFIRMATIONEN

- Ich liebe und schätze mein inneres Kind.
- Ich bin ein perfekter Vater oder eine perfekte Mutter für mein inneres Kind.
- Alle meine Kindheitsträume sind geheilt. Ich vergebe allen, die darin verwickelt waren, und segne sie.

26. Februar

Das Traurigkeitssyndrom

In den dunklen Wintermonaten fällt man leicht depressiven Verstimmungen anheim. Ich sehe wohl, dass du »schlecht drauf« bist, wie du es nennst. Dieser bedauernswerte Umstand ist größtenteils auf einen Mangel an Sonnenlicht zurückzuführen. Du hast diesem Zustand einen passenden Namen gegeben: traurig. Und er ist in der Tat traurig! Aber Hilfe naht!
Meditiere über das Sonnenlicht, mein Kind. Verleibe es deinem Energiesystem ein. Schon bald wird es die äußere Dunkelheit erhellen und du wirst dich viel besser fühlen.

MEDITATION

Mit dem Einatmen inhalierst du goldenes Licht und mit dem Ausatmen lässt du alle Gefühle der Traurigkeit los. Auf diese Weise atmest du durch all deine Chakren.
Dann stellst du dir die Sonne am Himmel vor, eine schöne goldene Scheibe, die ihre hellen, heilenden Strahlen aussendet. Sieh, wie die Sonnenscheibe immer näher und näher kommt. Und je näher sie dir kommt, desto kleiner wird sie. Du spürst, wie die Energie der Sonne in deine Aura eindringt und dich wärmt und aufbaut.
Jetzt steht die Sonnenscheibe unmittelbar vor dir und wirft ihren sanften Glanz auf dich. Stell dir nun vor, wie die Sonnenscheibe mit deinem Solarplexuschakra verschmilzt. Während das geschieht, spürst du ein starkes Ziehen in diesem Bereich. Plötzlich fühlst du dich ganz warm, aufgebaut und stark. Freu dich an diesem Gefühl.
Achte darauf, dass du geerdet, richtig eingestimmt und geschützt bist.

AFFIRMATIONEN

- Ich habe alles in mir, was ich für meine Selbstheilung brauche.
- Ich nutze die Macht meines Geistes zur Selbstheilung.
- Wenn ich all meine Traurigkeit loslasse, lebe ich voll und ganz.

27. Februar

Die Rolle, die du spielst

Du bist ein einzigartiges Wesen mit einzigartigen Fähigkeiten. Als Mitarbeiter Gottes ist es deine Aufgabe, diese Fähigkeiten so gut du kannst zum Ausdruck zu bringen. Vertraue darauf, dass Gott die Rolle, die du spielst, sorgfältig, mit Liebe und aus Liebe für dich ausgewählt hat. Er hat jede Szene im Spiel des Lebens so ausgesucht und gestaltet, dass dein Bestes darin zum Ausdruck kommen kann. Achte und respektiere dich für die Rolle, die du in Gottes Schöpfung spielst.

MEDITATION

Du bist im Theater und schaust dir ein Stück an. Gleich als das Stück anfängt, erkennst du die Figuren. Es handelt sich um deine Familienmitglieder, Freunde, Arbeitskollegen und Bekannten. Du stellst fest, dass du das »Spiel deines Lebens« anschaust, das hier auf der Bühne vor deinen eigenen Augen gespielt wird.
Aber das Spiel kann sich nicht entwickeln, weil DU nicht dabei bist. Deine Freunde suchen dich, weil sie deinen Rat brauchen. Deine Kollegen aus dem Büro brauchen jemanden, der ihnen hilft, die Arbeit zu schaffen. Und deine Eltern und deine Familie möchten dir gern sagen, wie lieb sie dich haben.
Auf der Bühne vor dir breitet sich das Chaos aus, weil alle Schauspieler verzweifelt versuchen, dich zu finden.
Schließlich fällt der Groschen. Du stehst auf und betrittst die Bühne, um in dem Spiel mitzuspielen, das dein Leben ist.
Alle sind begeistert, dich zu sehen, und der nächste Akt kann beginnen.
Vergiss nicht, dich zu erden, einzustimmen und zu schützen.

AFFIRMATIONEN

- »Das Spiel des Lebens« wäre unvollständig ohne mich.
- Ich bin dankbar für die Rolle, die Gott für mich ausgewählt hat.
- Ich akzeptiere meinen rechtmäßigen Platz in diesem Spiel, das Leben heißt.

28. Februar

Der Himmel ist in dir

Wie oft richtest du deinen Blick zum Himmel, möchtest dort sein und deinen irdischen Plagen und Kümmernissen entfliehen? Viele Male, mein liebes Kind, viele Male in der Tat, ich weiß. Was du allerdings nicht erkennst, ist, dass der Himmel in deinem Herzen wohnt, hier und jetzt.
Wo sonst könnte er gefunden werden?
Geh über die Brücke deiner eigenen bedingungslosen Liebe mitten hinein in den Himmel und freue dich!

MEDITATION

Denke über deine Vorstellung vom Himmel nach und lass zu, dass sich in deinem dritten Auge ein Bild davon formt.
Lass dieses Bild vom Himmel nun in dein Herzzentrum sinken. Füge die Gefühle, die du dem Himmel gegenüber hegst, hinzu, bis deine Vision vollständig ist.
Nun kannst du den Himmel in dir nicht nur sehen, sondern auch fühlen: eine Quelle der göttlichen Glückseligkeit, der Liebe, des Lichts und der Gnade, die sich in den Rest deines Wesens ergießt.
Und je mehr du dich auf die Vision des Himmels in deinem Herzen konzentrierst, desto mehr davon ist da.
Ein grenzenloser Ozean der göttlichen Glückseligkeit mitten in deinem eigenen Herzen.

AFFIRMATIONEN

- Ich bin im Himmel und der Himmel ist in mir.
- Ich bin von göttlicher Glückseligkeit erfüllt.
- Der Himmel ist eine Quelle göttlicher Energie mitten in meinem eigenen Herzen.

29. Februar

Wage den Sprung

Wage den Sprung ins Ungewisse! Was hast du zu verlieren?
Neue Möglichkeiten werden sich auftun; neue Lektionen wollen gelernt werden.
Sei versichert, dass sich neue Perspektiven eröffnen werden und aufregende Erlebnisse auf dich warten.
Folge dem Ruf deines Herzens; es belügt dich niemals.
Mach deine Träume wahr; das ist dein gottgegebenes Geburtsrecht.

MEDITATION

Visualisiere dich selbst als wunderschönen goldenen Affen.
Du schwingst dich von Ast zu Ast.
Du bist sorglos und glücklich und vertraust völlig darauf, dass du sicher auf dem nächsten Baum landen wirst.
Sieh, wie du geradewegs auf den höchsten Wipfel seines Blätterdachs kletterst.
Was für eine Aussicht! Du bist »ganz oben«!

AFFIRMATIONEN

- Ich wage den Sprung ins Ungewisse.
- Ich folge dem Ruf meines Herzens und mache meine Träume wahr.
- Ich eröffne mir selbst neue Perspektiven.

Segen für den Monat

März

Feiern

Feiere deine Verbundenheit mit allem, was ist.
Feiere deine Existenz in diesem Universum und erlaube dem
Universum, seine Existenz durch dich zu feiern.
Mögest du intensiv mit den Naturreichen verbunden sein.
Mögest du intensiv mit der ganzen Menschheit verbunden sein.
Mögest du eins sein mit dem Universum.

1. März

Du bist mit allem verbunden, was lebt

Du bist mit allen Lebensformen auf diesem Planeten und im ganzen Universum verbunden. Tief in dir pulsiert alles Leben. Du bist ebenso ein Teil des Mineralreichs, des Pflanzenreichs und des Tierreichs, wie sie ein Teil von dir sind. Alle Attribute der unterschiedlichen Reiche bringen sich in deiner Göttlichkeit zum Ausdruck, einem riesigen Speicher des Wissens, der Macht und der Kraft. Akzeptiere dich als derjenige, der du wirklich bist, und werde dir des »Multiversums« in dir selbst bewusst.

MEDITATION

Mache in deiner Vorstellung eine Reise durch die Naturreiche. Beginne tief in Mutter Erde und erforsche das Mineralreich. Sieh nun, wie du ein wunderschöner Kristall wirst. Wie fühlt es sich an, dieser Kristall zu sein?
Besuche dann das Pflanzenreich. Reise rund um die Erde und erforsche es gründlich. Wähle nun eine Pflanze, die du gern sein möchtest, vielleicht eine uralte Eiche oder eine wunderschöne Rose. Wie fühlt es sich an, diese Pflanze zu sein?
Statte zum Schluss dem Tierreich einen Besuch ab, und wähle das Tier, das dich am meisten anspricht. Werde zu dem Tier. Wie fühlt es sich an, dieses Tier zu sein?
Und während du in den verschiedenen Reichen unterwegs bist, entwickelst du große Verbundenheit und Liebe zu den unterschiedlichen Lebensformen, denen du begegnest. Du erkennst in deinem Herzen, wie viel du mit der ganzen Schöpfung gemeinsam hast.
Vergiss nicht, dich zu erden, einzustimmen und zu schützen.

AFFIRMATIONEN

- Ich bin ein Teil des Mineralreichs und das Mineralreich ist ein Teil von mir.
- Ich bin ein Teil des Pflanzenreichs und das Pflanzenreich ist ein Teil von mir.
- Ich bin ein Teil des Tierreichs und das Tierreich ist ein Teil von mir.
- Ich achte und schätze alle Lebensformen wie mich selbst.

2. März

Gib und du wirst erhalten

Das, was du gibst, mein liebes Kind, wirst du tausendfach zurückbekommen.
Gib von Herzen, nicht vom Kopf her. Denn dein Verstand wird sich tausend
Gründe einfallen lassen, warum du zurückhalten sollst, was du eigentlich
hattest geben wollen. Dein Geist ist so konditioniert, dass er immer glaubt, es
sei nicht genug da. Eine Konditionierung, die er schon viele Leben lang mit
sich herumträgt. Und eure Gesellschaft bestärkt diesen Irrglauben noch.
Lass nicht zu, dass dein Verstand dein Herz beherrscht!
Lass lieber dein Herz frei über deinen Verstand herrschen!

MEDITATION

Du hast vor, einen Besuch in einem Waisenhaus zu machen.
Sieh dich selbst, wie du einen Koffer mit Geschenken voll packst.
Manche der Dinge, die du für die Kinder einpackst, sind deine eigenen, die dir sehr
viel wert waren. Dennoch beschließt du leichten Herzens, sie wegzugeben.
Mit dem Koffer, der bis oben gefüllt ist, kommst du im Waisenhaus an. Als du ihn
aufmachst, erhellen sich die Gesichter der Kinder. Sie sind überglücklich mit den
Geschenken, die du ihnen gemacht hast. Jedes Geschenk, das du machst,
füllt dein Herz mit noch mehr Liebe aus den Herzen der Kleinen. Und in dem
Moment, in dem der Koffer leer ist, ist dein Herz bis oben hin voll mit Liebe.
Du umarmst die Kinder zum Abschied und gehst mit glücklichem Herzen und
glücklichem Geist.

AFFIRMATIONEN

- Indem ich gebe, erhalte ich.
- Ich gebe von Herzen.
- Bedingungslose Liebe für die ganze Schöpfung ist mein größtes Geschenk.

3. März

Wer bin ich?

In dem Moment, in dem du die Frage »Wer bin ich?« stellst, wirst du dir deiner selbst bewusst; du weißt, dass du existierst. Nun bist du das Zentrum des Universums und schaust dich bewusst überall um. Nachdem du viele Äonen lang nach dieser Wahrheit gesucht hast, erkennst du, dass du nur eins sein kannst: Gott.
Wie sonst könntest du im Zentrum aller Dinge stehen?
Du bist Gott und Gott ist du.

MEDITATION

Zentriere dich im Herzchakra, dem Sitz deiner Seele.
Erlaube deiner Seele, mit deinem menschlichen Körper und deinem Geist zu kommunizieren. Zunächst wirst du nur ein kleines Flüstern hören, aber schon bald wird deine Seele laut und klar zu dir sprechen. Höre aufmerksam zu, was deine Seele dir in diesem Moment sagt, denn sie wird dir von der Einheit erzählen, von der Einheit dessen, was ist.
Mache diese Übung öfter.

AFFIRMATIONEN

- Ich bin das Ich Bin.
- Ich bin in Gott und Gott ist in mir.
- Ich bin das Alpha und das Omega.

4. März

Vertraue deiner inneren Weisheit

Mein liebes Kind! Tief in deinem Kern bist du unverfälschte, wahre Weisheit. Kein äußerer Einfluss hat dieses Zentrum deines Wesens je erreicht und so ist deine Weisheit unverdorben und deshalb allmächtig. Durch Kontemplation und Meditation wirst du lernen, mit diesem Kern selbst zu kommunizieren und ihm bedingungslos zu vertrauen. Wenn sich die Stürme der äußeren Welt gelegt haben, wirst du aus der Stille des unergründlich tiefen Sees der ewigen Weisheit schöpfen können.

MEDITATION

Sieh dich selbst durch einen Eichenwald wandern. Bald erreichst du eine Lichtung und siehst einen wunderschönen, stillen See vor dir liegen. Er ist von üppigen Pflanzen umgeben und bunte Libellen schweben darüber. Du gehst zum Ufer des Sees und schaust in das kristallklare Wasser. Der See ist nicht sehr tief und auf dem Grund kannst du eine Holztruhe erkennen. Du schaust genauer hin und entdeckst auf dem Deckel der Truhe eine silberne Plakette mit deinem Namen. Du ziehst deine Schuhe aus, watest ins Wasser, holst die Truhe und bringst sie an Land. Jetzt kannst du die ganze Inschrift auf der Silberplakette lesen. Sie lautet: »Schätze und Weisheit, Eigentum von ... (dein Name)«.
Du bist entzückt über diesen Fund und öffnest die Truhe, die voll von Edelsteinen und Kristallen ist. Auf dem Schatz liegt eine alte Pergamentrolle, auf der dein Name steht. Du öffnest die Rolle, und zu deiner Verwunderung beantwortet der Text alle Fragen, die dich in letzter Zeit bewegt haben.
Danke dem Himmel für diesen Schatz.
Achte darauf, dich zu erden, einzustimmen und zu schützen.

AFFIRMATIONEN

- Ich bin ein weises, liebendes Wesen.
- Ich habe eine Schatztruhe voller Weisheit in mir.
- Ich nutze meine Einsichten weise und zum Wohl aller.

5. März

Über die Demut

Demut ist wie eine unsichtbare Perlenkette. Jeder neue Akt der Demut fügt deiner göttlichen Natur eine neue Perle hinzu. Wenn die Kette vollständig ist, wirst du dein menschliches Ego mit all seinen Wünschen und Sehnsüchten überwunden haben. Dann wirst du voll bewusste Göttlichkeit in einem menschlichen Körper erlangt haben.

MEDITATION

Fertige eine Liste der Situationen an, in denen du dich unrechtmäßig in den Vordergrund gespielt hast. Stell dir nun jede einzelne Begebenheit auf deiner Liste im Detail vor. Sieh dich selbst und die Personen, die sonst noch beteiligt waren. Ihr agiert, bis ihr kurz vor dem Punkt seid, von dem an du selbstsüchtig gehandelt hast. In deinem Geist siehst du nun, wie du dich von da an anders verhältst und aus der bedingungslosen Liebe heraus handelst. Du hast die Situation verändert und einen positiven Ausgang visualisiert.
Bitte die Menschen, denen du Unrecht getan hast, um Vergebung und vergib auch dir selbst. Fülle die Szene mit goldenem Licht und bitte die heilenden Engel um ihren Segen.
Geh auf diese Weise die ganze Liste durch.
Bedanke dich.

AFFIRMATIONEN

- Ich bin ein bescheidener Diener Gottes und der Menschheit.
- Indem ich demütig und bescheiden bin, gebe ich anderen Menschen Kraft.
- Ich nehme demütig entgegen, was Gott mir anbietet.

6. März

Im Auftrag Gottes

Du bist im Auftrag Gottes hier. Du erinnerst dich vielleicht nicht, aber bevor du geboren wurdest, hast du deinen »Missionsvertrag« unterschrieben und eingewilligt, Gottes »Team der Engel auf Erden« anzugehören. Wenn du mit dieser Möglichkeit im Gepäck in dich gehst, wirst du dich nach und nach daran erinnern, wer du wirklich bist und warum du hierher gekommen bist. Du wirst anfangen, deine Flügel zu trainieren. Schon bald werden sie so stark sein, dass du mit ihnen wegfliegen kannst, um deine Brüder und Schwestern zu retten, egal ob diese in einem menschlichen, einem tierischen, einem pflanzlichen oder einem mineralischen Körper leben. Du wirst diese Mission auf einzigartige Weise erfüllen; das ist Gottes Plan für dich.

MEDITATION

Mache diese Meditation möglichst gleich als Erstes am Morgen.
Du siehst dich selbst, wie du gerade aufwachst.
Neben dir auf dem Kissen liegt ein versiegelter Brief.
Auf dem Umschlag steht: »Auftrag für heute, ... (Datum), auszuführen in .... (Ort) von Erdenengel .... (dein Name)«
Du öffnest den Brief und findest darin nähere Instruktionen für deine heutige Mission auf Erden.
Du breitest deine Flügel aus, fliegst in die Welt und verbreitest Liebe, wo immer du hingehst.
Wie wäre es, wenn du diese Meditation täglich machen würdest?

AFFIRMATIONEN

- Ich bin ein Erdenengel und im Auftrag Gottes unterwegs.
- Meine Aufgabe besteht darin, Liebe und Licht auf diesem Planeten zu verbreiten.
- Ich bin ein Bote der Liebe.

7. März

Ablehnung deines inneren Kindes

Hast du das Gefühl, dass es in deinem Leben keinen Spaß gibt? Erlaubst du dir nicht einmal die einfachsten Vergnügungen? Dann lehnst du die Sehnsüchte deines inneren Kindes ab. Wir alle haben ein Kind in uns, dem wir Aufmerksamkeit schenken müssen. Nimm die Forderungen deines inneren Kindes wahr und leiste ihnen Folge. Es möchte vielleicht, dass du mit ihm in einen lustigen Film gehst und im Kino die ganze Zeit riesige Mengen Popcorn mampfst. Es möchte vielleicht Schlittschuh laufen oder Rollschuh fahren oder auf den Jahrmarkt. Dein inneres Kind bittet dich vielleicht, Urlaub an einem Ort zu machen, von dem du seit deiner Kindheit geträumt hast. Oder es möchte, dass du etwas lernst, was du schon immer mal lernen wolltest.
Folge den Anweisungen deines inneren Kindes. Verweigere ihm sein Recht zu spielen nicht und dein Leben wird wieder Spaß machen.

MEDITATION

Lege dir Papier und Stift zurecht und verbinde dich dann mit deinem inneren Kind. Erkenne einfach an, dass es existiert.
Sage deinem inneren Kind nun, dass du seine gute Fee/sein Pate aus dem Feenreich bist und dass es drei Wünsche frei hat, die du so gut du kannst erfüllen wirst.
Schreibe die drei Wünsche auf.
Umarme dein inneres Kind und gib dir alle Mühe, dein Versprechen zu halten.

AFFIRMATIONEN

- Von jetzt an werde ich auf die Forderungen meines inneren Kindes eingehen.
- Ich nehme die Bedürfnisse und Wünsche meines inneren Kindes ernst.
- Mein inneres Kind ist glücklich und zufrieden.

8. März

Dein Körper

Dein Körper ist ein göttliches Instrument, denn er beherbergt deine Seele. Daher musst du ihn respektvoll behandeln, richtig ernähren und gut für ihn sorgen. Dein Körper ist ein Geschenk, das dir von Gottes Gnade gemacht wurde. Halte ihn in Form und du wirst die Lektionen deiner Seele auf relativ bequeme Weise lernen.

Vergiss nicht: Ein langes Leben ist deshalb ein Segen, weil es dir mehr Zeit gibt, in diesem Leben genau die Lektionen zu lernen, um deretwillen du hierher gekommen bist.

MEDITATION

Stell dir deinen Körper als herrschaftliches Haus vor.
Wie sieht dieses Haus von außen aus?
Fällt der Putz ab? Hängt die Regenrinne herunter? Fehlen Dachziegel?
Geh nun in das Haus hinein und von Zimmer zu Zimmer. Stelle fest, welche Reparaturen gemacht werden müssen. Bitte, wenn du die Schäden einschätzen kannst, die Heilengel und die Dekorationsengel um Hilfe.
Nun mach dich ans Werk, repariere gemeinsam mit den Engeln alle Schäden und renoviere das ganze Haus meisterlich.
Statte das Haus mit schönen Möbeln, Gemälden, Blumen und Kristallen aus.
Wenn du mit dem Zustand des Hauses voll und ganz glücklich bist, bist du fertig.
Danke den Engeln für die harte Arbeit, die sie geleistet haben.
Wiederhole diese Meditation einmal im Monat, um zu kontrollieren, ob alles noch in Ordnung ist.

AFFIRMATIONEN

- Ich höre auf die Bedürfnisse und Wünsche meines Körpers.
- Ich liebe und achte meinen Körper.
- Ich nähre meinen Körper mit liebender Fürsorge.

9. März

Ausmisten

Der Zustand deiner unmittelbaren Umgebung spiegelt den Zustand deines inneren Wesens wider. Wie innen, so außen. Wie oben, so unten. Das ist die Lehre der ewigen Wahrheit.
Schau dich in deinem Haus oder in deiner Wohnung um. Wie viel Gerümpel hast du? Trenne dich von allem, was nichts mehr mit dir zu tun hat.
Was du nicht mehr magst, fliegt raus! Schaff dein Gerümpel raus und du wirst dich selbst viel sauberer fühlen.

MEDITATION

Mache einen ganz konkreten, erweiterten Frühjahrsputz.
Sprich, während du deine Wohnung aufräumst, die folgenden Affirmationen laut vor dich hin. Das wird deinen Frühjahrsputz verstärken und ihn um die Dimensionen von Seele und Geist bereichern.
Setze dich, wenn du fertig bist, zum Meditieren hin und bitte den Engel deines Hauses/deiner Wohnung, jedes einzelne Zimmer zu segnen und jeden Raum dem Zweck zu weihen, für den er bestimmt ist.
Danke den Engeln deines Hauses dafür, dass sie dir geholfen haben.
Wiederhole die Übung, wenn sich die Energie in deinem Haus/deiner Wohnung nicht mehr erhebend und friedlich anfühlt.

AFFIRMATIONEN

- Indem ich meinen physischen Raum reinige, reinige ich meinen Geist und meine Gefühle.
- Ich trenne mich von allen Sachen, die ich nicht mehr mag.
- Ich lebe in einem glücklichen, friedlichen Zuhause, das ich mag.

10. März

Einen Baum umarmen

Hast du schon einmal daran gedacht, einen Baum zu umarmen, wenn du traurig, einsam und energielos bist? Nein? Dann geh raus und tu genau das, mein liebes Kind. Es wird vor allen Dingen ein wunderbares Erlebnis für dich sein. Du wirst aber auch feststellen, dass es wirklich funktioniert, und zwar in dem Sinne, dass es dich entspannt, auflädt und erhebt. Der Geist des Baumes, welcher der Menschheit bedingungslos zu Diensten ist, wird dich mit jenem Energieschub versorgen, den du so dringend brauchst.

MEDITATION

Wenn es dir nicht möglich ist, einen Baum in seinem natürlichen Umfeld zu besuchen, dann stell dir vor, dass du durch einen uralten Wald gehst.
Fühle den Boden unter deinen Füßen. Wie weich und nachgiebig er ist.
Du riechst das Moos und die Farne und hörst die Vögel singen.
Dein Blick fällt auf eine alte Eiche. Du gehst darauf zu, legst die Arme um den Baum und deine Stirn an seinen Stamm. Dann schickst du goldene Wurzeln aus deinen Fußsohlen in den Boden, wo sie sich mit den Wurzeln der mächtigen Eiche verbinden, die du gerade umarmst. Mit dem Einatmen nimmst du die kraftvolle Energie der Eiche in dich auf. Mit dem Ausatmen lässt du alle Ängste, alle Ärgernisse, alle Sorgen und Bedenken los. Gleichzeitig verbindet sich dein Pulsschlag auf wunderbare Weise mit dem der Eiche, und du spürst, wie Frieden, Ruhe und Kraft über dich kommen.
Mach weiter, bis du das Gefühl hast, dass deine Batterien ganz aufgeladen sind. Zieh deine Wurzeln dann wieder aus dem Wurzelwerk des Baumes zurück und bleibe ein paar Zentimeter tief in der Erde verwurzelt.
Danke dem Baumgeist für den Liebesdienst, den er dir erwiesen hat. Nimm denselben Weg aus dem Wald, auf dem du hergekommen bist.
Denke bitte daran, dich zu erden, einzustimmen und zu schützen.

AFFIRMATIONEN

- Ich bin eins mit der Natur.
- Ich liebe die Natur und die Natur liebt mich auch.
- Ich bin zutiefst dankbar für alles, was die Natur mir zur Verfügung stellt.

11. März

Das kosmische Feuer entzünden

Wie fühlt sich dein Herz an, mein liebes Kind?
Lauwarm oder sogar kalt?
Das kann daher kommen, dass du oft verletzt wurdest und viel Schmerz und Kummer erfahren hast in diesem und in vielen anderen Leben. Aber es ist nicht nötig, ein Herz aus Eis zu haben. Du musst lediglich den Balsam der Vergebung auftragen, bei dir selbst und bei jenen, die dir Kummer bereitet haben, und durch Gottes Gnade wird das kosmische Feuer der Liebe das Eis der Furcht zum Schmelzen bringen. Am Anfang ist es vielleicht nur ein Flackern, aber jedes Problem, das du in Gottes Hand gibst, wird das innere Licht vergrößern. Und es wird nicht lange dauern, bis das kosmische Feuer in dir hell lodert. Dann wirst DU derjenige sein, der mit dem kosmischen Feuer der Liebe alles um sich herum in Flammen setzt.

MEDITATION

Geh in die Kammer deines Herzens. Du siehst, dass in dem Raum ein Kamin ist, in dem nur ein ganz winziges Feuer flackert. Neben dem Kamin steht ein auf Hochglanz polierter Kohleeimer aus Messing mit einem Schild, auf dem »Vergebung« zu lesen ist. Du wirfst eine Schaufel voll Kohlen der Vergebung ins Feuer und es brennt sofort viel besser.
Dann siehst du noch einen Eimer auf der anderen Seite des Kamins, auf dem »Kummer und Sorgen« steht. Du schüttest den ganzen Inhalt ins Feuer, das daraufhin noch heller lodert. Hinter dem ersten Eimer ist noch einer, der ein Schild mit der Aufschrift »Wut, Hass und Groll« trägt. Du schüttest auch den Inhalt dieses Eimers ins Feuer. Innerhalb von Sekunden brennt das Feuer lichterloh. Das hast du gut gemacht.
Komm hierher zurück, wann immer du das Gefühl hast, dass sich negative Gefühle aufgestaut haben.
Achte darauf, dich zu erden, einzustimmen und zu schützen.

AFFIRMATIONEN

- Ich trage den »Balsam der Vergebung« bei mir selbst und anderen auf.
- Ich entzünde das kosmische Feuer in meinem Herzen.
- Ich habe die heilige Chance, den Menschen um mich herum zu helfen, ihr kosmisches Feuer zu entzünden.

12. März

Die Zunge mit dem Herzen verbinden

Hast du dir jemals selbst zugehört, wenn du schlecht gelaunt oder sogar wütend warst?
Hast du die Worte gehört, die wie Kugeln aus deinem Mund kamen, um deinen Gegner dort zu treffen, wo es weh tut?
Warst du dir der Macht des gesprochenen Wortes bewusst, der lang anhaltenden Wirkung, die ein einziges, im Zorn gesprochenes Wort oder ein einziges Wort der Kritik auf ein anderes menschliches Wesen haben kann?
Nein, oft bist du dir dessen nicht bewusst, mein Kind.
Achte auf das, was du sagst, und vor allem: Lass deine Worte aus deinem Herzen kommen!
Wenn die Zunge mit dem Herzen verbunden ist, wird deine Rede sanft, freundlich und erhebend sein.
Und deine süßen Worte werden die Menschen um dich herum auf liebende Weise beeinflussen.

MEDITATION

Atme den rosa Strahl der Liebe ein und fühle, wie er in dein Kehlkopfchakra fließt und es mit rosa Licht erfüllt. Wenn dein Kehlkopfchakra ganz voller Licht ist, lass die Energie weiter in dein Herz fließen. Dort bildet sie einen nie versiegenden Springbrunnen, aus dem das rosa Licht der Liebe ständig nach oben in dein Kehlkopfchakra steigt.

AFFIRMATIONEN

- Ich bringe mich selbst liebevoll zum Ausdruck.
- Ich verbinde mein Herz in göttlicher Harmonie mit meiner Kehle.
- Ich spreche direkt aus meinem Herzen.

13. März

Die Liebe verbindet alles

Angst trennt und Liebe verbindet.
Erinnere dich oft an diese Worte, mein liebes Kind.
Wenn du Angst hast, dann erlaube ihr nicht, dein ganzes Leben zu durchdringen, sondern lass sie los und gib sie Gott. In seinen Händen wird sich deine Angst in Liebe verwandeln und als Liebe wird sie dir zurückgegeben werden. Dieser Kreislauf wird weitergehen, bis du sämtliche Reste von Furcht losgelassen hast, die du noch in deinem physischen Körper, in deinem Emotionalkörper und in deinem Mentalkörper zurückgehalten hattest. Wenn die Angst nicht mehr da ist, kannst du fühlen, dass die Liebe da ist. Die Liebe verbindet alles und bringt dich in den Schoß Gottes zurück, aus dem du zu Anbeginn der Zeit hervorgegangen bist.

MEDITATION

Stell dir eine Quelle vor, die aus einem Felsen hervorplätschert und von samtig grünen Farnen und bunten Blumen umrahmt wird. Die Quelle bildet an einer Stelle einen kleinen See aus klarem, reinem Wasser, der von glitzernden Rosenquarzen umgeben ist. Das ist der See deines Herzens. Achte darauf, dass dieser See rein und klar bleibt, indem du dein Herz und deinen Geist freihältst von Angst und Hass. Speise den See deines Herzens mit Gedanken, Gefühlen, Worten und Taten der Liebe.
Denke daran, dich zu erden, einzustimmen und zu schützen.

AFFIRMATIONEN

- Alle Aspekte meiner selbst sind durch Liebe verbunden.
- Gott ersetzt meine Ängste durch bedingungslose Liebe.
- Ich bin aus der Liebe geboren und werde zur Liebe zurückkehren.

14. März

Das Licht auf dem Weg

Das Licht in deinem eigenen Herzen ist das Licht, das dich auf deinem irdischen Weg führt. Erlaube diesem Licht, selbst deine dunkelsten Winkel zu erhellen und so Schmerz und Leid in Licht zu verwandeln. Nach und nach wird die Menge an Licht in dir immer größer werden, bis du nicht nur selbst zum Licht wirst, sondern auch zum Leitlicht für alle, deren Leben du berührst.

MEDITATION

Sieh dich selbst als Leuchtturm, der auf einem Felsen inmitten eines weiten Ozeans steht. Du stehst groß und aufrecht da, deine Lichter leuchten hell und du führst Schiffe sicher an ihr Ziel.
Jahr für Jahr steht der Leuchtturm unerschütterlich da, tut seine Pflicht und erfüllt seinen Auftrag. Stell dir vor, du bist genau wie dieser Leuchtturm. Unerschütterlich verrichtest du als Lichtarbeiter deinen Dienst an deinen Brüdern und Schwestern auf diesem Planeten.

AFFIRMATIONEN

- Ich fühle mich sicher, weil ich weiß, dass mein inneres Licht immer da ist, um mir den Weg zu zeigen.
- Ich erlaube meinem inneren Licht, mich zu führen.
- Unerschütterlich verrichte ich meinen Dienst als Lichtarbeiter.

15. März

Die große Illusion

Wenn du dein Selbst mit deinem physischen Körper identifizierst, mit den Kleidern, die du trägst, den Autos, die du fährst, den Häusern, in denen du lebst, und der Karriere, die du gemacht hast, dann bist du der großen Illusion von der Bedeutung der materiellen Existenz anheim gefallen und hast großen Schaden genommen. Bedenke, deine Seele bedient sich deines Körpers, deines Geistes und deiner Emotionen als Werkzeuge, mit denen sie sich selbst erfahren kann. All diese Erfahrungen mit materiellen Dingen sind nur ein Teil deines Lernprozesses. Das ist alles, nicht mehr und nicht weniger. Dein wahres Ich, das ohne Grenzen ist, ist völlig frei von solchen Einschränkungen.

Wisse dies und sei im Frieden. Alles ist gut.

MEDITATION

Atme weißes Licht ein und lass es sanft durch all deine Chakren fließen, von oben nach unten. Bade ein paar Minuten lang in diesem reinen Licht. Stell dir dann vor, dass du vor einen großen Spiegel trittst, in dem du dich ganz sehen kannst. Zu deiner Überraschung siehst du eine Figur, nicht zu erkennen, die mit vielen Lagen Stoff in unterschiedlichen Farben bedeckt ist. Du weißt sofort, dass es sich bei diesen Schleiern um mentale und emotionale Blockaden handelt, die deine wahre göttliche Natur verdecken. Als du einen Schleier nach dem anderen wegnimmst, merkst du, dass es sieben Schichten sind. Im Spiegel kannst du beobachten, dass mit jeder Schicht, die du entfernst, mehr Licht durchscheint, das von deinem Körper ausstrahlt. Als du den letzten Schleier abnimmst, lächelt dir ein wahrlich kraftvolles, strahlendes Lichtwesen entgegen. Mach jetzt einen Schritt vor, direkt in den Spiegel, und verschmelze mit dem Bild vor deinen Augen. Freue dich an deinem wahren Selbst.

Vergiss nicht, dich zu erden, einzustimmen und zu schützen.

AFFIRMATIONEN

- Ich verabschiede mich jetzt von sämtlichen Schleiern der Illusion.
- Ich bin allmächtig und allwissend.
- Meine wahre Essenz ist Licht.

16. März

Mach deine Träume wahr

Was ist in deinem Herzen? Was siehst du? Was fühlst du? Einen leeren Raum? Dann gib dir jetzt, in genau diesem Moment, die Erlaubnis zu träumen. Du wirst spüren, wie sich dein Herz bei diesem Gedanken mit Freude füllt. Das ist dein göttliches Geburtsrecht.
Indem du deine Träume wahr machst, erfüllst du Gottes Plan für dich. Und nur wenn du mit deiner größten Freude verbunden bist und mit deinen kühnsten Träumen, erhebst du dich selbst auf die Ebene von Gottes Plan. Geh nun hinaus in die Welt und mach deine Träume wahr.

MEDITATION

Lege dir Papier und Stift zurecht. Sieh dich selbst von einem hellen gelben Licht umgeben. Lass dieses Licht am Scheitel deines Kopfes eindringen und durch all deine Chakren fließen. Nimm nun Papier und Stift und schreibe »Meine Träume« als Überschrift auf die Seite. Fang dann ohne nachzudenken und ohne zu zögern an zu schreiben. Schreib alles nieder, wovon du seit deiner Kindheit jemals geträumt hast. Lass alles auf das Blatt fließen. Wenn du fertig bist, bitte Gott, die Engel und alle Lichtwesen, dir bei der Erfüllung deiner Träume zu helfen. Lies dir nun deine Liste dreimal laut vor. Nachdem du das getan hast, schreibst du in großen Lettern und möglichst mit einem goldenen Stift ans Ende deines Dokuments:
»So sei es. So sei es. So sei es.«
Wiederhole diese Prozedur, bis all deine Träume wahr geworden sind.
Danke Gott, den Engeln und allen Lichtwesen für ihre Hilfe.
Vergiss nicht, dich zu erden, einzustimmen und zu schützen.

AFFIRMATIONEN

- Meine Träume und Gottes Plan sind ein und dasselbe.
- Ich habe die Macht, all meine Träume wahr werden zu lassen.
- Indem ich meine Träume erkenne, erkenne ich mein ganzes Potenzial.

17. März

Der Diamant

Du bist wahrlich wie ein Diamant! Dein Wesen hat so viele Facetten. All diese Facetten müssen blank poliert werden, und das Universum bietet dir viele Möglichkeiten, das zu tun. Mach dir klar, dass jede Situation, in die du gerätst, ein exklusives Geschenk für dich bereithält: Du lernst etwas über die Facetten deines Wesens und darüber, wie du sie verfeinern kannst. Dieses Geschenk putzt Wut, Angst und Hass weg und erlaubt der wahren, bedingungslosen Liebe, aus dir herauszuscheinen.

MEDITATION

Stell dir vor, du hast einen Diamanten vor dir. Er wächst mit jedem deiner Atemzüge, bis er schließlich größer ist als du selbst. Nun gehst du einen Schritt vor und verschmilzt mit dem Diamanten. Du spürst, wie die kühle, klare, strahlende Energie durch dein Energiesystem fließt und alle Aspekte deines Wesens erfüllt. Nun, wo du im Herz des Diamanten angekommen bist, schau dich um und inspiziere seine Facetten. Müssen manche von ihnen noch poliert werden? Wofür stehen diese rohen Facetten? Vielleicht solltest du weniger hart über dich selbst und andere urteilen oder vielleicht ziehst du dir deinen eigenen Schuh nicht an, schiebst die Schuld ständig auf andere und weigerst dich, Verantwortung zu übernehmen.
Beschließe, all diese Themen loszulassen und zu heilen, jetzt, in genau diesem Moment. Du musst sie nicht länger mit dir herumtragen. Tritt wieder aus dem Diamanten heraus und bewundere dein Werk.
Vergiss nicht, dich zu erden, einzustimmen und zu schützen.

AFFIRMATIONEN

- Ich bin gerne bereit, die rohen Facetten meiner Persönlichkeit zu polieren.
- Ich erlaube meinem Licht, hell zu scheinen.
- Ich bin hervorragend in allem, was ich tue.

18. März

Wahre Freiheit ist die Freiheit der Wahl

Manchmal fühlst du dich wie ein Gefangener deiner Lebensumstände.
Aber das bist du nicht!
Du hast die göttliche Freiheit der Wahl.
Du bist frei, immer wieder neu zu wählen.
Das ist das Gegenteil dessen, was die Gesellschaft dir sagt, die von dir verlangt, dies zu tun und jenes zu beachten.
Wenn sich, tief in deiner Seele, etwas nicht richtig anfühlt, dann achte auf diese innere Stimme und höre auf sie.
Es ist Gott, der da zu dir spricht und dich drängt, das, wovon du intuitiv weißt, dass es für dich nicht richtig ist, ebenso sein zu lassen wie nicht authentische Gedanken und Gefühle darüber, wer oder was du sein »solltest«.
Die richtige Wahl wird bewirken, dass du dich frei fühlst und so leicht wie eine Feder. Das ist Gottes Wille für dich.

MEDITATION

Nimm ein Problem, das du im Moment hast, mit in die Kontemplation.
Atme nun blaues Licht ganz tief ein und lass deine Aufmerksamkeit in dein Herzchakra sinken, den Sitz deiner Seele. Frage deine innere Führung, welche Wahl du treffen sollst. Du wirst dir sofort eines tiefen inneren Wissens bewusst sein. Handle entsprechend, und zwar ohne zu zögern!

AFFIRMATIONEN

- Ich habe die absolute Freiheit der Wahl.
- Es steht mir frei, immer wieder neu zu wählen.
- Ich wähle aus Liebe, nicht aus Angst.

19. März

Lichtnahrung

Licht ist etwas Gottgegebenes, mein liebes Kind. Es ist überall um dich herum. Doch um dieses »Manna« aufnehmen zu können, diese herrliche Nahrung der Götter, die deinen Körper ebenso nährt wie deinen Geist und deine Seele, musst du dich darauf einstimmen. Das erfordert, dass du jede Zufuhr von Energie, die deinem Körper, deinen Emotionen und deinem Geist schadet, unterbindest.
Reinige deinen Geist von negativen Gedanken. Vermeide es, dir die Nachrichten anzuschauen, und lies nichts, was dich herunterzieht. Meide schlechte Gesellschaft und iss kein Junkfood.
Umgib dich lieber mit Menschen, die dich achten, lieben und respektieren; mit himmlischer Musik, erhebenden Büchern, mit Kunst und Natur.
Dann wird dein Leben allmählich eine reine Freude werden und mehr und mehr Licht wird in dein Wesen eindringen.

MEDITATION

Stell dir vor, du gehst durch einen wunderschönen Garten. Schon bald merkst du, dass es der Garten Eden ist. Alles, wovon du jemals geträumt hast, ist da: wunderschöne Natur, auserlesene Kunst, Skulpturen und zahme Tiere, die glücklich im Garten spielen. Lichtwesen sitzen zusammen und unterhalten sich angeregt und niedliche kleine Putten baden in einem kristallklaren Wasserfall.
Du wanderst umher und nimmst die Atmosphäre und die Energie dieses göttlichen, lichtvollen Ortes in dich auf, bis du das Gefühl hast, dass du randvoll bist und ganz und gar aufgeladen mit dieser Energie.
Während du wieder hinausgehst, dankst du Gott für den Garten Eden.
Denke daran, dich zu erden, einzustimmen und zu schützen.

AFFIRMATIONEN

- Jedes Mal, wenn ich einatme, atme ich göttliche Liebe und Licht ein.
- Jedes Mal, wenn ich ausatme, lasse ich alles los, was nicht Liebe ist.
- Ich trage den Garten Eden in meiner Seele.

20. März

Ein Meister sein

Was ist »ein Meister«, fragst du dich vielleicht, und wie kann ich einer werden? Ein Meister ist jemand, der aus der bedingungslosen Liebe heraus handelt und um der bedingungslosen Liebe willen, ohne dabei an sich selbst zu denken.
Ein Meister ist Liebe in Aktion, Liebe auf zwei Beinen sozusagen.
Es ist deine Bestimmung, ein Meister zu werden. Vielleicht dauert es viele Leben, bis es so weit ist, aber nach dem göttlichen Plan ist Meisterschaft dein Ziel. Du kannst also ruhig schon jetzt anfangen, nach deiner Bestimmung zu streben. Handle aus Liebe, sei einfach, denke dein Bestes und tu stets das Beste, was du tun kannst. Klare Konzentration auf dein Ziel, gepaart mit eindeutiger Absicht sind gute Voraussetzungen für einen erstklassigen Start auf dem Weg zur Meisterschaft.

MEDITATION

Fülle dich mit goldenem Licht und stell dir vor, dass du in eine große Bibliothek gehst. Du bist fasziniert von den Regalen voller gelehrter Bücher – Bücher über Bücher voller Weisheiten zu jedem Aspekt des Lebens. Kurz darauf stehst du vor einem Schreibtisch. Ein Wesen in weißer Robe, ein Meister, sitzt dahinter. Sein/ihr Gesicht kommt dir bekannt vor. Dein Blick fällt auf das Namensschild auf der Schreibtischplatte. Und zu deiner Überraschung steht da in großen goldenen Lettern dein eigener Name. Du stehst einem Teil von dir gegenüber, der bereits Meisterschaft erlangt hat. Der Meister gibt dir ein Zeichen, Platz zu nehmen, und lädt dich ein, ihm irgendeine spirituelle Frage zu dem Erleuchtungsweg zu stellen, den du selbst gehst. Du erlangst viel Weisheit und Einsicht und wirst eingeladen, oft wiederzukommen.
Verlasse die Bibliothek und geh zurück in deine Gegenwart und deinen eigenen Raum. Bedanke dich bei dir selbst für alles, was du gelernt hast.
Vergiss nicht, dich zu erden, einzustimmen und zu schützen.

AFFIRMATIONEN

- Ich bin der Meister meines Schicksals.
- Meisterschaft ist ein Teil von Gottes Plan für mich.
- Ich bin auf dem Weg zur Meisterschaft.

21. März

Frühling

Der Frühling ist da, mein liebes Kind, die Kraft und die Herrlichkeit von allem. Die Natur gibt ihr Bestes und schickt Licht, Liebe und Farbe in das Reich der Menschen. Halte einen Moment inne und mach dir klar, dass alle Wesen der Natur, die Steine, die Pflanzen und die Tiere, für dich leben, wachsen und sterben, dass sie sich in einem endlosen Kreislauf von Geburt und Tod für dich opfern. Nur für dich!

Sie geben den menschlichen Wesen den Boden, um darauf zu gehen, Kohlen für ihr Feuer, Luft zum Atmen, Nahrung zum Essen und die Gesellschaft des Tierreichs, um sich daran zu erfreuen – was für ein Opfer!

Und was erwarten sie dafür? Nichts! Im Herzen der Naturreiche wohnt die Kraft der bedingungslosen Liebe, die zum Wohle der Menschheit großzügig weggegeben wird. Es ist Zeit, dass du auf die Knie fällst und dich von Herzen bedankst für dieses göttliche Wunder der Natur.

MEDITATION

Denke einen Moment lang darüber nach, wo du wärst, wenn Mutter Erde, die Naturgeister und die Elementargeister der Erde, des Feuers, des Wassers, der Luft und des Äthers nicht mit dir zusammenarbeiten würden. Und nun danke ihnen allen von Herzen. Schick reine Liebe durch alle Naturreiche und lass einen Lichtstrahl aus deinem Herzen rund um Mutter Erde fließen.

Mache diese Erdheilungsübung täglich. Sie wird dafür sorgen, dass du stets in Harmonie mit der Natur lebst.

AFFIRMATIONEN

- Ich bin ein Teil der Natur und die Natur ist ein Teil von mir.
- Ich bin dankbar für die Gaben, mit denen mich die Natur so reich beschenkt.
- Ich spiele eine aktive Rolle, wenn es darum geht, sich um Mutter Natur zu kümmern.

22. März

Urteilskraft

Woher weißt du, dass das, was du willst, richtig für dich ist?
Du musst dich in der Kunst der Unterscheidung üben, in der Kunst, »die Spreu vom Weizen zu trennen«. Wenn sich eine Situation oder eine Aktion, über die du nachdenkst, nicht richtig anfühlt, sei auf der Hut. Gefühle sind die Sprache der Seele. Dann ist etwas nicht mehr in Übereinstimmung mit deinem höchsten Ziel und deiner inneren Wahrheit. Verfolge dieses Gefühl zurück bis zu seinen Wurzeln. Welche unerlöste Emotion ihm auch zugrunde liegt, umarme sie liebevoll, heile sie und lass sie los. Oft sind deine Wünsche nichts anderes als konditionierte Reaktionen auf deine Umwelt und haben nichts mit dem zu tun, wonach du dich wirklich sehnst. Gott hat dir die Macht des Intellekts gegeben, die dich über das Tierreich stellt. Nutze sie weise! Wenn dich das, was du willst, am Ende dieses Prozesses erbaut und mit Freude erfüllt, bist du in der Tat im Einklang mit Gottes himmlischem Plan. Dann geh los, tu genau das und freue dich daran!

MEDITATION

Fühle dich ein in das, was du im Moment willst. Wie fühlst du dich mit diesem Verlangen? Glücklich, entspannt und fröhlich? Dann handle ohne zu zögern danach.
Oder fühlst du dich ein wenig nervös, unsicher oder sogar ängstlich? Dann frage dich, warum du so etwas tun willst oder auch nur darüber nachdenkst, es zu tun. Wenn es einen guten Grund gibt, aus dem du es doch tun willst, bitte darum, dass dir die beste Möglichkeit, damit umzugehen, gezeigt wird. Lass all deine Ängste und Bedenken bezüglich dieser Sache an die Oberfläche kommen, damit du sie an der Wurzel packen, heilen und loslassen kannst.
Wenn dich das Gefühl und der Wunsch, die am Ende übrig bleiben, erbauen und anspornen, dann hast du »grünes Licht«, um in diese Richtung weiterzugehen.

AFFIRMATIONEN

- Ich beherrsche die Kunst der Unterscheidung mit Anmut und Leichtigkeit.
- Ich bin mir immer bewusst, was gut für mich ist.
- Ich führe ein glückliches, entspanntes und fröhliches Leben.

23. März

Versuchung

Versuchungen lauern überall auf dich, in allen Gestalten, Formen und Größen: die glänzende Karriere, bei der du Unmengen von Geld verdienst, aber nicht miterlebst, wie deine Kinder aufwachsen; das große Haus, das dich permanent finanziell unter Druck setzt; der glanzvolle Lebensstil, der deiner wahren Sehnsucht nach Frieden, Liebe, Spaß und Kameradschaft nicht entspricht.

In Wahrheit spielst du dieses Spiel, weil du von deiner Familie und von deinen Freunden geliebt und respektiert werden möchtest. Sie würden dich allerdings noch mehr lieben und respektieren, wenn du deinem wahren Selbst erlauben würdest, sich seine Wünsche zu erfüllen.

Erlaube deinem authentischen Selbst, zum Vorschein zu kommen und das Spiel des Lebens zu spielen.

MEDITATION

Lass eine Woge aus rosa Licht über dich hinweg- und durch dich hindurchschwappen. Werde dir nun bewusst, wer du im Moment »bist«, und sei dir auch der Spielchen bewusst, die du im Moment spielst, um dein wahres Ich zu verschleiern.
Als Nächstes stell dir vor, dass ein anderes Selbst vor dir steht.
Ein lächelndes, glückliches, strahlendes, zufriedenes Selbst.
Das ist dein authentisches Selbst.
Unterhalte dich mit ihm und frage es, wie es gelernt hat, »echt« zu sein, wie sich alles ändern konnte, und was es getan hat, um dorthin zu gelangen. Verabrede dich täglich mit deinem wahren Selbst, bis der Prozess beendet ist und du mit deinem wahren Selbst verschmelzen kannst.
Sieh, wie sich deine beiden Selbst als gleichwertige Partner umarmen.
Achte darauf, dich zu erden, einzustimmen und zu schützen.

AFFIRMATIONEN

- Ich werde von jetzt an keine Spielchen mehr spielen.
- Ich vertraue meinem Wissen darüber, wer und was ich bin.
- Ich verschmelze mit meinem wahren, authentischen Selbst.

24. März

Fließe mit dem Strom

Fließe mit dem Leben mit, mein Kind! Schwimm nicht gegen die Strömung an; das ist ein fruchtloses Unterfangen. Es gibt ein Muster, einen natürlichen Fluss in allen Dingen. Lerne, nach den Zeichen Ausschau zu halten. Wenn der natürliche Fluss nicht vorhanden ist, versuche nicht, der Situation deinen kleinen irdischen Willen aufzuzwingen. Lehne dich lieber zurück, warte und denke nach. Und dann, wenn die Zeit reif ist, versuche einen anderen Weg zu gehen. Du hast die richtige Art zu handeln gefunden, wenn das, was du denken, sagen und tun willst, dich selbst aufbaut und anderen hilft. Dann hast du es gut gemacht.

MEDITATION

Denke über das nach, was im Moment in deinem Leben nicht so recht fließt. Wenn du die Blockade identifiziert hast, bitte Gott und die heilenden Engel, dir beim Auflösen dieser Blockade zu helfen. Visualisiere dich selbst, wie du am Ufer eines schnell fließenden Flusses stehst und das Problem hineinwirfst. Sieh, wie es rasch von der reißenden Strömung weggetragen wird. Wenn irgendwelche Mitmenschen daran beteiligt sind, dann bitte sie, ein kleines Boot zu besteigen, das am Ufer festgemacht ist und sie in Begleitung der heilenden Engel den Fluss hinuntertragen wird.
Danke den Engeln für ihre Hilfe und ihren Beistand.
Vergiss nicht, dich zu erden, einzustimmen und zu schützen.

AFFIRMATIONEN

- Ich bin froh, dass ich alle Blockaden auflösen kann.
- Ich fließe mit dem Strom.
- Mein Leben ist jetzt und für immer im Fluss.

25. März

Das Herz des Göttlichen

Das Herz des Göttlichen schlägt in jedem lebendigen Wesen auf dieser Erde. Öffne dein Herz für diese Wahrheit. Suche selbst nach Beweisen dafür. Erkenne dieses göttliche Geheimnis an. Sobald du das tust, werden sich Türen für dich öffnen, von denen du nicht einmal wusstest, dass es sie gibt. Tritt ein und du wirst das Göttliche in dir finden.

MEDITATION

Denke an deinen Lieblingsvogel. Konzentriere dich auf jedes Detail seiner Erscheinung, bis die Vision des Vogels ganz lebendig geworden ist. Erkenne nun an, dass in dieser Kreatur ein göttliches Herz schlägt. Sieh, wie sich die Vision des Vogels verändert, wie er immer süßer, immer schöner und immer strahlender wird, wie die Farben seiner Federn immer intensiver werden, und nimm wahr, dass sein Gesang wie die schönste Arie klingt, die du jemals gehört hast. Nimm schließlich wahr, wie sich deine Gefühle dem Vogel gegenüber verändert haben. Wie viel Liebe du für diese kleine Kreatur empfindest.
Wiederhole diese Übung mit anderen Themen.

AFFIRMATIONEN

- Das Herz des Göttlichen schlägt tief im Innern eines jeden lebendigen Wesens.
- Ich nehme das Herz des Göttlichen in allen Kreaturen wahr.
- Ich bin eins mit dem Herzen des Göttlichen.

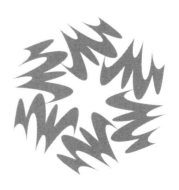

26. März

Teilen

Alles, was du teilst, mein Kind, wird doppelt süß für dich sein. (Wenn du allein bist, kannst du im Geist mit dem Göttlichen teilen, mit den Engeln und den Meistern im Geist. Auch das wird dich erbauen.) Denke einen Moment lang über all den Wohlstand nach, den du hast. Wie privilegiert und gesegnet du in Wirklichkeit bist. Und nun denke darüber nach, wie du diesen Wohlstand mit anderen teilen könntest. Vielleicht kannst du etwas von deiner Weisheit abgeben, von deinen spirituellen Einsichten, von deinem praktischen Geschick oder ein wenig von deinem materiellen Reichtum. Was immer ganz von selbst in den Vordergrund tritt, ist das Richtige. Teile es! Es gab nie eine bessere Zeit dafür als jetzt.

MEDITATION

Denke über das nach, wovon du reichlich hast.
Dann bitte die Engel um Inspiration, wie du deinen Reichtum am besten verteilen könntest. Wenn du fertig bist, geh hinaus in die reale Welt und teile, teile, teile.

AFFIRMATIONEN

- Ich bin wahrlich reich.
- Es macht mir Freude, meinen Reichtum zu teilen.
- Geben ist ein göttliches Privileg.

27. März

Du bist der Weg

Vielleicht fragst du dich: Was ist mein Weg im Leben? Soll ich hierhin gehen oder dahin, soll ich dies tun oder das?
Auf diese Art und Weise wird viel Zeit und Energie verschwendet, mein liebes Kind. Wenn du dieses Dilemma heilen willst, komm in den gegenwärtigen Moment zurück. Halte Ausschau nach Türen, die dir jetzt im Moment offen stehen. Geh durch die Tür, die dir am nächsten ist, und erforsche, was dahinter liegt. Wenn dir nicht gefällt, was du siehst, geh einfach durch die nächste Tür. Schau dir alle Möglichkeiten an, die du zur Verfügung hast und die direkt vor dir liegen. Nutze sie und setze vor allem dein eigenes inneres Potenzial um. Das Geheimnis besteht darin, dass du den Weg erschaffst, indem du ihn gehst. Er beginnt und endet mit dir, in deinem Zentrum, genau dort, wo »Gott in dir« wohnt! Du bist der Anfang und das Ende des Weges. Du bist der Weg.

MEDITATION

Denke darüber nach, wo im Leben du genau jetzt gern sein würdest. Wenn sich das genau richtig anfühlt, kannst du mit der Übung weitermachen. Stell dir vor, du besuchst einen schönen Tempel aus glänzendem weißen Marmor voll mit Blumen und Kristallen. Du stehst in einer riesigen Halle, an deren Stirnseite sich drei Türen befinden. Hinter jeder Tür wartet eine andere mögliche Realität auf dich. Erforsche sie alle drei, eine nach der anderen. Wenn du mit dem Erforschen fertig bist, entscheidest du, welchen Weg du im Moment gehen willst. Verlasse den Tempel und danke für die Führung, die du erhalten hast.
Denke daran, dich zu erden, einzustimmen und zu schützen.

AFFIRMATIONEN

- Ich achte die Möglichkeiten, die ich im Moment habe.
- Ich gehe durch die Tür, die mir im Moment offen steht.
- Ich bin immer zur richtigen Zeit am richtigen Ort.

28. März

Zu Diensten sein

Wie fühlst du dich, wenn du anderen einen Dienst erweisen kannst? Ein warmes Gefühl durchströmt dich, ein Gefühl der Dankbarkeit dafür, dass du anderen in der Stunde der Not beistehen konntest. Was für ein Vergnügen! Es fühlt sich viel besser an, als noch ein Gerät anzuschaffen, das du nicht brauchst; dir Kleider zu kaufen, die du höchstens ein- oder zweimal anziehst; in teuren Restaurants zu speisen, wo das Essen noch nicht mal besonders gut schmeckt, oder deine Zeit vor dem Fernseher zu verschwenden. Verschaffe dir noch mehr von diesen emotionalen Vergnügungen. Gib, gib und gib noch mehr. Und du wirst es mannigfach zurückbekommen. Das ist Gottes Gesetz.

MEDITATION

Stell dir vor, du gehst durch dein Haus, sammelst alle überflüssigen Dinge ein und packst sie in eine riesige Kiste. Dann bringst du diese Kiste an einen Ort der Bedürftigkeit, zum Beispiel in ein Obdachlosenheim. Sieh, wie du all deine überflüssigen Besitztümer an Menschen abgibst, die sie wirklich brauchen. Sieh die Freude in ihren Gesichtern, sieh, wie glücklich sie sind. Deine Großzügigkeit hat ihren Tag gerettet. Vielleicht willst du diese Übung im wirklichen Leben ausprobieren.

AFFIRMATIONEN

- Ich bin reich, privilegiert und gesegnet.
- Mit offenem Herzen gebe ich denen, die in Not sind.
- Ich gebe bedingungslos und erwarte keine Gegenleistung.

29. März

Ein Werkzeug der Transformation

Dein Ego ist ein wichtiges Werkzeug der Transformation; es treibt dich auf dem Weg der Selbsterkenntnis voran. Damit du erkennen kannst, wer du wirklich bist, nämlich ein Wesen des Lichts, musst du erfahren, was du nicht bist – ein verängstigtes menschliches Wesen! Du wanderst also nach und nach von einem Extrem zum anderen: vom Hass zur Liebe, von der Furcht zur Freiheit, vom Neid zur Großzügigkeit, von der Traurigkeit zur Freude und schließlich von der Dunkelheit ins Licht. Stück für Stück heilst du deinen »Schatten«, die ungeliebte Seite deines Wesens, bis du in deinem eigenen Licht badest und schließlich weißt, wer du wirklich bist.

MEDITATION

Werde dir deiner »Schatteneigenschaften« bewusst und fühle sie.
Schreibe auf, was du fühlst.
Geh dann deine Liste noch einmal durch und umarme deine Schatteneigenschaften.
Vergib dir selbst und anderen, lass die Schatteneigenschaften los und ersetze jede von ihnen durch ihr Gegenteil.
Bekräftige die positiven Eigenschaften jeden Tag aufs Neue.

AFFIRMATIONEN

- Jetzt sehe ich mein Ego als Werkzeug der Transformation und der Erlösung.
- Ich wandle meinen Schatten in Licht um.
- Ich bin ein grenzenloses Wesen des Lichts.

30. März

Lass los, lass Gott machen

Hör auf, mein liebes Kind! Hör auf, an deinen Ängsten, Sorgen und Befürchtungen festzuhalten! Lege sie in Gottes Hand, gib die Last auf, lass los und lass Gott machen. Sobald du das tust, wirst du dich viel leichter fühlen und deine schwere Last wird sich sofort von dir heben. Und dann werden sich viele ganz neue Gelegenheiten für dich ergeben.

MEDITATION

Stell dir vor, du steigst mit deiner Bergsteigerausrüstung einen steilen Berg hinauf. Du trägst einen schweren Rucksack, dein Rücken schmerzt und du bist ganz außer Atem.
Halte nun einen Moment inne und mach dir klar, dass du nicht nur deine Vergangenheit mit dir herumschleppst, sondern auch noch deine Erwartungen an die Zukunft. Allmählich dämmert dir, dass es wirklich keine so gute Idee ist, diese schwere Last weiter den Berg hinaufzutragen. Du setzt den Rucksack ab, machst ihn auf und nimmst den ganzen Vergangenheits- und Zukunftskram heraus. Wenn du damit fertig bist, hast du einen ganzen Berg von Sachen neben dir liegen. Du bittest die heilenden Engel, das alles wegzuräumen, was sie freundlicherweise auch tun. Jetzt bist du bereit, den Rucksack wieder aufzusetzen und weiterzugehen, doch diesmal schwebst du regelrecht den Berg hoch. Danke den heilenden Engeln für die harte Arbeit, die sie geleistet haben.

AFFIRMATIONEN

- Ich bin nun bereit, die Last abzulegen, die ich mir selbst aufgeladen habe.
- Ich lasse los und lasse Gott machen.
- Ich bin frei.

31. März

Die spirituelle Sonne

In euch allen scheint eine strahlende spirituelle Sonne! Diese Sonne steht für euer göttliches Potenzial, das bereit ist, sich in physischer Form zu manifestieren. Jedes Wesen leistet einen einzigartigen Beitrag zum göttlichen Plan. Jeder Einzelne ist ein gleichwertiger Teil des Ganzen. Vergiss das niemals!
Mach dich nicht klein und stell dein Licht nicht unter den Scheffel, indem du denkst, du könntest nichts verändern. Das kannst du sehr wohl, mein liebes Kind. Du musst nur eins dafür tun: Erlaube der spirituellen Sonne in deinem Herzen, in die Welt hinauszustrahlen und Gestalt anzunehmen.

MEDITATION

Atme goldenes Licht ein und lass es in dein Herzchakra fließen. Stell dir vor, wie sich allmählich eine goldene Sonne in deinem Herzen formt. Das ist die spirituelle Sonne der bedingungslosen Liebe. Mit jedem deiner goldenen Atemzüge wird sie größer und strahlender. Stell dir nun vor, dass das Licht dieser Sonne in die Welt hinausstrahlt. Und wenn die Strahlen auf Menschen oder Orte treffen, beginnen sie alle zu leuchten und nehmen die Energie der bedingungslosen Liebe aus deinem Herzen in sich auf.
Achte darauf, dich zu erden, einzustimmen und zu schützen.

AFFIRMATIONEN

- Ich habe all die Liebe und das Licht, die ich brauche, in meinem eigenen Herzen.
- Das spirituelle Licht meines Herzens strahlt hinaus in die Welt.
- Ich bringe mein göttliches Potenzial zum Ausdruck.

Segen für den Monat

April

Danke Mutter Erde,
danke den Elementargeistern des
Feuers, des Wassers, der Erde, der Luft und des Äthers!
Möge der Segen der Natur über dich kommen!
Möge dein Körper gesund und kräftig sein!
Möge dein Geist verjüngt werden!
Möge dein Geist Auftrieb erhalten
durch die Gaben der Natur.

1. April

Auferstehung

Lass alles sterben, was nicht wirklich zu dir gehört ... Lass es dahinschwinden. Sei radikal in diesem Punkt, bereue nichts und hege keine falschen Schuldgefühle. Du hast das Recht, wahrhaft du selbst zu sein! Es ist Zeit, dass dein altes, konditioniertes Ich stirbt und das neue, wahre Ich wiedergeboren wird, das im Kern deines Wesens schon immer existiert hat. Sei siegreich und bade in der Glorie deines göttlichen Geistes.

MEDITATION

Bitte die heilenden Engel um Beistand.
Du gehst durch ein mit Blumen übersätes Feld. Der Duft des Sommers umgibt dich. Die Sonne steht strahlend am Himmel und die Vögel singen ihre schönsten Lieder. Du spürst das Gras unter deinen Füßen und eine sanfte warme Brise zerzaust dein Haar. Alle Geister der Natur sind da, um dich zu unterstützen.
Du weißt, dass es Zeit ist, mit der Vergangenheit abzuschließen, und entscheidest, dein altes Ich jetzt sofort sterben zu lassen. Du legst dich ins Gras und atmest goldenes Licht ein – ganz tief. Beim Ausatmen spürst du, wie dein altes konditioniertes Selbst von dir wegschwebt, wie ein Schatten, der nicht mehr zu dir gehört. Atme weiter, bis der Prozess abgeschlossen ist.
Während du das tust, fühlst du dich leichter und immer leichter.
Du schaust hinunter auf deine Zehen, und zu deiner Überraschung verwandelt sich nun dein ganzer Körper in festes goldenes Licht.
Du stehst auf und spürst genau, dass du nun ein neues Selbst hast, ein leuchtendes und strahlendes Selbst. Deine spirituelle Wiedergeburt hat stattgefunden!
Geh zurück durch das Feld und danke allen Naturgeistern und den heilenden Engeln für ihren Beistand.
Achte darauf, dich zu erden, einzustimmen und zu schützen.

AFFIRMATIONEN

- Meine Erlösung liegt im »Tod« meines alten Ichs.
- Ich freue mich über meine spirituelle Wiedergeburt.
- Ich werde als mein wahres Selbst wiedergeboren.

2. April

Der göttliche Plan

Gott hat in seiner Liebe einen himmlischen Plan für dich entworfen. Viel Planung und weise Voraussicht sind dort hineingeflossen. Dieser Plan stellt sicher, dass du dein spirituelles Potenzial in dieser Inkarnation bestmöglich zum Ausdruck bringen kannst. Jeder Mensch, mit dem du in deinem Leben in Kontakt kommst, hat – vor seiner Geburt – liebevoll zugestimmt, den himmlischen Plan zu fördern, den Gott für dich gemacht hat.
Denk daran: Jede Situation, in die du gerätst, wie schrecklich sie auch sein mag, ist ein Teil des göttlichen Plans. Selbst in den allerschlimmsten Umständen liegt ein Geschenk für dich verborgen. Mache es zu deiner dringlichsten Aufgabe, nach dem Geschenk in jeder Situation zu suchen, in die du gerätst.
Gott ist ein Gott der bedingungslosen Liebe und nicht der Strafe.
Wie könnte Er dir etwas anderes geben als Geschenke?

MEDITATION

Stell dir vor, du bist in einem Buchladen.
Es ist ein sehr heller, lichter Raum und bei sämtlichen Verkäufern handelt es sich um hilfreiche Buchladenengel. Einen von ihnen fragst du nach deinem persönlichen Kalender für dieses Jahr. Der himmlische Engel geleitet dich in einen riesigen Raum voller glänzend weißer Bücherregale. Er nimmt einen Kalender aus einem Regal. Darauf steht: »Göttlicher Plan für .... (dein Name) .... (Jahr)«. Der Buchhändlerengel gibt ihn dir und du bist hocherfreut über dieses Geschenk des Himmels.
Du bedankst dich bei dem Engel und gehst in die Leseecke des Buchladens.
Dort setzt du dich auf ein blaues Sofa, das sich wie eine dicke, flauschige Wolke anfühlt, und liest dein ganz besonderes Tagebuch für dieses Jahr.
Komm so oft du willst hierher zurück, um Termine in deinem Tagebuch nachzuschlagen. Danke den himmlischen Buchhändlerengeln für ihre Hilfe.
Achte darauf, dich zu erden, einzustimmen und zu schützen.

AFFIRMATIONEN

- Ich bin offen für die Details des Planes, den Gott für mich hat.
- Ich suche nach den verborgenen Geschenken in allen Situationen und Umständen.
- Ich achte andere, weil sie mir das Geschenk ihrer Hilfe machen.

3. April

Loslassen

Wie viel Ärger, wie viel Groll und wie viel Bitterkeit hast du in deinem Körper gespeichert? Wie viele Schuldgefühle schleppst du mit dir herum? Und wie fühlst du dich mit all dem? Depressiv und gereizt, vielleicht, nicht gerade fröhlich, bestimmt! Die Zeit ist gekommen, all deine aufgestauten Gefühle loszulassen. Wem hilfst du damit, dass du an ihnen festhältst? Dir selbst? Nein! Jemand anderem? Nein!
Möchtest du die Menschen in deinem Leben weiterhin damit bestrafen, dass du ständig brummig und generell kein netter Mensch bist? Sage jetzt, ein für alle Mal, ein klares Nein zu allem, wovon oben die Rede war. Wende dich von all diesen ungesunden Emotionen ab. Lass Vergangenes vergangen sein.
Lass es los und spüre, wie dein glückliches, wahres Ich zum Vorschein kommt.

MEDITATION

Stell dir vor, du gehst in dein Badezimmer, um zu duschen. Als du deine Kleider auszieht, merkst du, dass deine Haut von Schichten aus Schmutz und Ruß bedeckt ist. Das ist der emotionale und mentale »Schmutz«, den du angesammelt hast.
Du schnappst dir eine Badebürste und stellst dich unter die Dusche. Dann drehst du das Wasser auf und fängst an, dich energisch abzuschrubben. Als du auf deine Füße schaust, siehst du, wie das schmutzige Wasser durch den Abfluss wegfließt.
Schrubbe Schicht um Schicht aus Wut, Schuldgefühlen, Groll, Eifersucht, Bitterkeit und irgendwelchen anderen Gefühlen und Gedankenformen, die dir aufgezwungen wurden, weg. Schrubbe, bis das Wasser, das deinen Körper herunterfließt, ganz sauber ist.
Wiederhole diese Übung so oft wie nötig.
Achte darauf, dass du geerdet, eingestimmt und geschützt bist.

AFFIRMATIONEN

- Ich gebe zu, dass ich Schichten unerlöster Emotionen mit mir herumtrage.
- Ich bin bereit, mich von alten emotionalen Mustern zu verabschieden.
- Im Kern meines Wesens bin ich immer glücklich, gesund und frei.

4. April

Gleichgewicht

Ein Leben im Gleichgewicht zu erlangen ist eine wahre Kunst. Deswegen musst du einen weiten Weg gehen, um dieses Ziel zu erreichen. Dies ist aber auch eine wirklich dringliche Angelegenheit, weil du gegenwärtig zu viel notwendige Energie für unwichtige Gedanken, Gefühle, Unterhaltungen und Aktionen verschwendest. Auf der anderen Seite hast du anscheinend nie genug Zeit für deine liebsten Hobbys und Interessen. Die Kraft, das alles zu verändern, ist jetzt in dir. Entscheide, dass du die Zeit zum Spielen, zum Ausruhen und zur Erholung mehr als verdient hast. Du hast in vieler Hinsicht hart gearbeitet. Bring dein Leben nun mit Ruhe und Spiel wieder ins Gleichgewicht.

MEDITATION

Lege dir Papier und Stift zurecht.
Auf die eine Seite des Blattes schreibst du all deine familiären und beruflichen Verpflichtungen. Auf die andere Seite schreibst du, was du für dich selbst tust. Sei dabei ganz ehrlich!
Du wirst feststellen, dass die beiden Seiten alles andere als ausgeglichen sind. Schreibe jetzt ganz spontan alles auf, was du gern tun würdest, aber aus dem einen oder anderen Grund immer wieder verschiebst. Wenn du nun über diese Liste meditierst, wird dich das, was wirklich das Richtige für dich ist und was du jetzt tun sollst, regelrecht anspringen.
Nimm deinen Terminkalender zur Hand und schaffe Raum für neuen Spaß, für Entspannung und erfüllende Aktivitäten. Viel Spaß!

AFFIRMATIONEN

- Ich habe ein ausgeglichenes, glückliches und erfülltes Leben verdient.
- Ich gebe mir die Zeit und den Raum, zu entspannen, zu spielen und Spaß zu haben.
- Ich beherrsche die Kunst, Arbeit und Spiel miteinander ins Gleichgewicht zu bringen.

5. April

Bitte um Einsicht

Wie oft beschwerst du dich darüber, dass du dieses und jenes nicht weißt oder dass es dir nicht gelingt, etwas über das eine oder andere ausfindig zu machen? Sehr oft, mein liebes Kind!
Wie nutzlos das alles ist, wo die Lösung des Problems doch immer so nahe liegt. Sie liegt tatsächlich in dir selbst!
Wenn du um »Ein-sicht« bittest, musst du einfach nur nach innen schauen, in dich »hin-ein«. Alle Antworten, die du jemals brauchen wirst, sind genau hier und warten darauf, von dir entdeckt zu werden.

MEDITATION

Denke darüber nach, welche Einsicht du gern gewinnen würdest.
Sieh dich selbst von einem hellen, funkelnden gelben Licht umgeben. Atme ein und lass dieses Licht durch deine Chakren fließen.
Als Nächstes findest du dich in einem hell erleuchteten, verschwenderisch ausgestatteten Raum wieder, in dem alle vier Wände vom Boden bis zur Decke mit Bücherregalen bedeckt sind. Du weißt sofort, dass dieser Raum den allwissenden Teil deiner selbst repräsentiert. Mitten im Raum liegt auf einem riesig großen Schreibtisch ein Ordner. Öffne ihn und du wirst all deine Fragen darin beantwortet finden.
Denke daran, dich zu erden, einzustimmen und zu schützen.

AFFIRMATIONEN

- Ich habe stets unbeschränkten Zugang zur Einsicht.
- Die Antwort auf alles und jedes, was ich wissen muss, liegt in meinem eigenen Wesen.
- Ich bitte und habe sofort Zugriff auf alles, was ich wissen muss.

6. April

Die Erde heilen

Als ein Kind dieser Erde wirst du dringend gebraucht, wenn es darum geht, die Erde von den Wunden zu heilen, welche die Menschheit ihr zugefügt hat. Deine Mitarbeit und dein Engagement in dieser Angelegenheit sind zum gegenwärtigen Zeitpunkt unerlässlich. Da du Mutter Erde wegen ihrer Bodenschätze brauchst (und unglücklicherweise auch missbrauchst), ist es nun an der Zeit, ihr etwas zurückzugeben. Vielleicht willst du anfangen, deinen Abfall zu recyceln; vielleicht willst du einer Umweltgruppe oder einer Erdheilungsorganisation beitreten oder der Erde regelmäßig jeden Tag heilende Gedanken senden. All diese Möglichkeiten wirken sich förderlich auf die gute Sache aus. Es ist Zeit zu handeln, also zögere nicht! Denk daran: Eine Verzögerung mag für die Ewigkeit keine Rolle spielen, aber noch leben wir in der Zeit, und da könnte sie tragische Folgen haben.

MEDITATION

Bitte die heilenden Engel, dir bei diesem Erdheilungsgebet zur Seite zu stehen. Visualisiere die Erde von einem Punkt im Weltraum aus, sieh die Ozeane und die Landmassen. Fange nun an, sie mental schrumpfen zu lassen. Lass sie kleiner und kleiner werden, bis sie, schwebend wie ein Ballon, genau zwischen deine Hände passt. Atme nun goldenes, heilendes Licht ganz tief in dich ein und schicke einen Strahl bedingungsloser Liebe aus deinem Herzen, durch deine Lungen, die Arme hinunter in deine Handflächen und von dort aus geradewegs in die Erde. Mit jedem deiner goldenen Atemzüge fließt mehr heilendes Licht aus deinen Handflächen in Mutter Erde. Mach weiter, bis die Erde ein goldenes Leuchten verströmt.
Wenn du fertig bist, gib der Erde ihre ursprüngliche Größe zurück und danke den heilenden Engeln für ihren Beistand.
Wiederhole diese Übung täglich.
Vergiss nicht, dich zu erden, einzustimmen und zu schützen.

AFFIRMATIONEN

- Ich bin ein Teil der Erde und die Erde ist ein Teil von mir.
- Ich achte und schätze das, was Mutter Erde mir gibt.
- Ich verpflichte mich, ihr etwas zurückzugeben.

7. April

Verbundenheit mit Gott

Feiere deine Verbundenheit mit Gott! Ja, nur zu! Gott lädt dich ein, genau das zu tun! In Gottes Augen bist du kein Sünder, kein Verlierer und kein Fehlschlag. Du bist zu jeder Zeit Gottes geliebtes Kind, wahrhaft, bedingungslos und zutiefst geliebt. Akzeptiere das Geschenk der Verbundenheit mit Gott! Nimm dir, was du willst oder brauchst. Je mehr du von Gott annimmst, desto glücklicher ist Gott.

MEDITATION

Stell dir vor, du gehst über eine Wiese voller duftender Blumen und durch eine Reihe goldener Tore. Nach jedem Tor wird die Wiese noch bunter und duftet noch intensiver. Als du durch das siebte Tor gehst, siehst du vor dir einen Tempel aus weißem Marmor. Sieben Stufen führen zu einer offenen Tür. Du gehst hinauf und lässt all deine irdischen Sorgen zurück.
Oben angekommen siehst du, dass strahlend goldenes Licht aus dem Tempel strömt. Du gehst durch die Tür und stehst einem weisen, freundlichen Lichtwesen gegenüber, das dich mit offenen Armen willkommen heißt. Du lässt dich in die Arme des göttlichen Wesens fallen und spürst, wie kraftvolle, bedingungslose Liebe von ihm ausstrahlt, in dein Herz und deine Seele fließt und dich bis zum Rand mit Licht füllt.
Wenn du dich »ganz Liebe« fühlst, löse dich von dem Wesen und bedanke dich für das, was du bekommen hast. Verlasse den Tempel und geh die sieben Stufen wieder hinunter. Dann geh durch die sieben Tore auf die Wiese zurück und von dort aus ins Hier und Jetzt.
Vergiss nicht, dich zu erden, einzustimmen und zu schützen.

AFFIRMATIONEN

- Ich stehe in ständiger Verbindung mit Gott.
- Ich habe immer Anspruch auf die bedingungslose Liebe und Zuneigung Gottes.
- Was Gott gehört, gehört automatisch auch mir.

8. April

Erfolg

Du hast Angst vor dem Scheitern, mein liebes Kind, aber oft fürchtest du den Erfolg sogar noch mehr. Allerdings bist du dir dessen oft nicht bewusst. Sorgst du oft selbst dafür, dass du scheiterst, weil du sonst vielleicht deine Geschwister, Eltern oder Freunde ausstechen könntest? Ja, es kann durchaus sein, dass du das unbewusst tust. Es ist beunruhigend, anders zu sein als die anderen, »besser« als das, was man gewohnt ist. Du möchtest geliebt werden, und anders zu sein kann das gefährden. Wage den Sprung in den Erfolg, mein liebes Kind. Du wirst deine Freunde, deine Familie und sogar alle Seelen dieses Planeten mitreißen, denn ihr seid alle miteinander verbunden.

MEDITATION

Sieh dich selbst, wie du einen Brief öffnest.
In dem Brief steht, dass du deinen Traum gerade erfolgreich verwirklicht hast. Sieh dich glücklich durchs Zimmer tanzen, ganz erfüllt von Freude und Dankbarkeit. Dann siehst du, wie du deinen Lieben von dieser guten Nachricht erzählst. Du siehst, wie du dich ans Telefon setzt, sie anrufst und ihnen davon erzählst.
Als Nächstes siehst du, wie du deine freudige Nachricht persönlich überbringst und wie die Leute dich umarmen, küssen und dir zu deinem Erfolg gratulieren.
Wiederhole die ganze Übung, bis sie greifbare Realität geworden ist.
Gib nicht auf. »Ätherische Bauarbeiten« brauchen ihre Zeit, bis sie sich in der Realität manifestieren.
Achte darauf, dich zu erden, einzustimmen und zu schützen.

AFFIRMATIONEN

- Erfolg zu haben ist mein göttliches Geburtsrecht.
- Ich kann so erfolgreich sein, wie ich will.
- Freigiebig und gern teile ich meinen Erfolg mit anderen.

9. April

Im Einklang mit der Erde

Bist du auf Mutter Erde »eingestimmt«? Welche Verbindung hast du zu ihr? Dies, mein Kind, sind wichtige Fragen, die du dir stellen solltest, weil sie es ist, die alles Leben auf diesem Planeten erhält und nährt. Im Einklang mit Mutter Erde zu sein bedeutet, sich ihrer Bedürfnisse bewusst und dafür empfänglich zu sein. Es bedeutet, sie als lebendiges, atmendes Wesen zu respektieren und zu achten. Es bedeutet für dich, im Kern deines Wesens zu erkennen, dass es auf der physischen Ebene die Erde ist, die dich bemuttert und von ihrer eigenen Substanz nährt.

MEDITATION

Versuche diese 24-Stunden-Achtsamkeitsmeditation.
Sei dir das nächste Mal, wenn du isst, trinkst, deine Baumwollkleidung und deine Lederschuhe anziehst, die Heizung aufdrehst und das Wasser im Bad laufen lässt, der Quelle all dessen bewusst.
Sei dankbar, dass du so freizügig an allen Geschenken teilhaben kannst, die Mutter Erde dir macht.

AFFIRMATIONEN

- Ich gebe zu, dass zwischen dem Wohlergehen von Mutter Erde und meinem eigenen Wohlergehen eine wesentliche Verbindung besteht.
- Ich bin in Einklang mit den Bedürfnissen von Mutter Erde.
- Ich nutze die Ressourcen der Erde und bin aufrichtig dankbar dafür.

10. April

Schlüpfen wie ein Schmetterling

Du bist in einen Kokon eingewickelt, in einen Kokon, den du selbst gemacht hast. Du hast viele Leben damit verbracht, Schicht um Schicht um dein süßes Selbst herum zu spinnen. Nun hast du das Gefühl, allein im Dunkeln zu sitzen, und fürchtest dich. Das sind genau die Bedingungen, auf die deine Seele gewartet hat. Weil um dich herum anscheinend nur undurchdringliche Dunkelheit herrscht, hast du nur noch eine Wahl, nämlich nach innen zu gehen. Und siehe da, sobald du das tust, erreichst du den »lichten Teil«, den Kern des Selbst, deine Seele. Und in nur einer Sekunde ist die »dunkle Nacht der Seele« vorbei! Das Licht aus deiner Seele scheint aus deinem Lichtkern und reißt alle Barrieren nieder. Die Schichten aus Angst und Unsicherheit fallen ab und du kannst deine Flügel frei entfalten und fliegen.

MEDITATION

Sieh und fühle, wie du ganz eng in einen Kokon eingewickelt bist. Die Schichten des Kokons bestehen aus Ängsten, Zweifel, Befürchtungen und konditionierten Verhaltensweisen, die sich in vielen Leben aufgebaut haben. Versuche, die verschiedenen Schichten mithilfe der heilenden Engel zu identifizieren. Wenn du damit fertig bist, fühle, wie ein Strahl goldenen Lichts in den Scheitel deines Kopfes eindringt und geradewegs in dein Herz wandert. Von dort durchdringt ein goldener Lichtstrahl alle Schichten deines Kokons gleichzeitig. Fühle, wie die Schichten von dem goldenen Feuer der Liebe regelrecht weggebrannt werden. Während die Schichten abbrennen, fühlst du dich immer leichter, bis du schließlich in der Lage bist, deine wunderschönen Flügel auszubreiten. Der Schmetterling ist aus seiner Puppe geschlüpft und fliegt davon.
Bedanke dich bei den heilenden Engeln.
Vergiss nicht, dich zu erden, einzustimmen und zu schützen.

AFFIRMATIONEN

- Ich bin bereit, meinen Kokon zu verlassen.
- Mein wahres Selbst kommt nun aus seiner Schale.
- Ich gebe mir selbst die Erlaubnis zu fliegen.

11. April

Der Reichtum des Universums

Auch wenn deine Glaubenssätze über Mangel etwas anderes besagen, übertrifft der Reichtum des Universums deine kühnsten Träume. Es ist deine eigene Unsicherheit, die ein persönliches Universum für dich erschafft, in dem es an dem einen oder anderen zu fehlen scheint. Und das ist eine Illusion, eine Projektion deines getäuschten Geistes. Energie folgt den Gedanken. Das ist ein kosmisches Gesetz. Ändere also einfach deine Gedanken und erlaube dem Guten, zu dir zu kommen. Versuche nicht festzulegen, welche Form es annehmen soll. Überlasse es Gott, sich darum zu kümmern!

Sei einfach bereit, den Überfluss, der schon da ist, wahrzunehmen und anzunehmen. Mache deinen Geist magnetisch für den Überfluss auf allen Ebenen. Du bittest und dir wird gegeben.

MEDITATION

Setz dich hin und mache eine Liste all der Dinge, die du nicht hast und vermisst. Nun gehe die Liste durch und wähle all das aus, was dir wirklich wichtig ist. Erkläre feierlich, dass du alles, was übrig geblieben ist, wirklich verdienst und dass du bereit dafür bist.

Geh die bereinigte Liste erneut durch, Posten für Posten, und visualisiere dich selbst, wie du auf die eine oder andere Art all deine Träume verwirklichst. Mache die Bilder so lebendig wie möglich, bis du spüren kannst, dass sie Realität werden. Dieser Prozess wird einige Zeit in Anspruch nehmen. Hab also Geduld mit dir selbst. Der Erfolg ist auf deiner Seite.

AFFIRMATIONEN

- Ich bin ein Teil des reichen Universums.
- Ich verdiene, dass meine Träume in Erfüllung gehen.
- Ich bin bereit, im Überfluss zu empfangen.

12. April

Gönn deinem Körper eine Pause

Hörst du auf das, was dein Körper dir zu sagen hat? Nein, mein liebes Kind, die meiste Zeit gibst du dir alle Mühe, es zu ignorieren! Was soll das? Welchem Zweck dient es, wenn du deinen Körper in Grund und Boden arbeitest und auf so viele Weisen missbrauchst? Hier ist dein konditioniertes Ego zum Aufseher geworden. Dein Körper ist zum Sklaven deines Geistes geworden, der beschlossen hat, dass bestimmte Ziele um jeden Preis erreicht werden müssen.

Doch alle Zellen deines Körpers funktionieren als eine Einheit und verfügen über göttliches Bewusstsein. Wenn dir also dein Körper sagt, dass du innehalten und eine Pause machen sollst, dann sagt deine Seele das Gleiche, denn sie sind eins; sie sind miteinander verbunden.

Wenn du einen Zustand des inneren Gleichgewichts erlangen willst, musst du gut auf die Botschaften deiner Seele, deines Geistes, deiner Gefühle und deines Körpers hören und ihren Rat befolgen.

MEDITATION

Lege dich hin und mache es dir bequem.
Spüre, wo in deinem Körper es irgendwelche Spannungen gibt.
Lege nun beide Hände, eine über der anderen, auf die schmerzende Stelle.
Lass die Hände dort liegen, bis du allmählich eine Verbindung zu deinem Schmerz oder deiner Verspannung spürst.
Nun frage diesen Teil deines Körpers, was du tun kannst, damit er sich besser fühlt.
Du wirst sehr präzise »Anweisungen« bekommen, was du tun kannst, um die Situation in Ordnung zu bringen.
Mache diese Übung mit allen Teilen deines Körpers, die verspannt sind oder schmerzen. Achte darauf, dass du alles in die Tat umsetzt, was dein Körper dir vorschlägt, zum Beispiel eine andere Ernährung, mehr Entspannung oder mehr Sport.

AFFIRMATIONEN

- Ich nehme mir Zeit, auf die Botschaften meines Körpers zu hören.
- Ich danke meinem Körper für die harte Arbeit, die er für mich verrichtet.
- Ich nehme meinen Körper an und achte ihn.

13. April

Das Rad des Karma

Erlaube deiner Seele, über deinen Geist, deinen Körper und deine Gefühle zu bestimmen, nicht umgekehrt, wie es nur allzu üblich ist!
Die Gebote deines Geistes werden dich ständig in die Irre führen. Er will mehr Macht, mehr Geld, mehr Ruhm und mehr Reichtum und sorgt auf diese Weise dafür, dass der Kreislauf der Wünsche und Anschaffungen nie endet.
Und das wiederum stellt sicher, dass du dich Leben für Leben in denselben Kreisen drehst und für immer an das Rad des Karma gebunden bist.
Entfliehe jetzt, in diesem Moment, indem du dein göttliches, allwissendes und allmächtiges Seelenselbst ans Steuer deines Lebens
lässt.

MEDITATION

Sieh, wie dein göttliches höheres Selbst, in eine wunderschöne Robe gekleidet und strahlend vor Licht und Liebe, an Bord einer Luxusjacht geht. Du folgst deinem höheren Selbst an Bord und schaust zu, wie es das Steuer übernimmt. Gleich darauf setzt das Schiff die Segel.
Du begibst dich nun auf eine Reise durch »das Meer des Lebens«, und solche Reisen sind manchmal voller Gefahren. Es kann hohen Seegang geben, Donner, Blitz und gefährliche Felsen, an denen man vorbeinavigieren muss. Aber selbst angesichts größter Gefahr zittert dein göttliches Selbst nie und bleibt am Steuer unerschütterlich ruhig. Dein höheres Selbst steuert dich sicher durch die raue See deines Lebens.
Am Ende deiner »Rundreise« kommst du unversehrt wieder im Hafen an.
Vergiss nicht, dich zu erden, einzustimmen und zu schützen.

AFFIRMATIONEN

- Ich lasse mein höheres Selbst ans Steuer.
- Auf meiner Reise durchs Leben bin ich nie allein.
- Mein göttliches Selbst, Gott und die Engel sind immer da, um mich zu lieben und zu unterstützen.

14. April

Licht ist Liebe

In dir, mein Kind, brennt die unauslöschliche Flamme der Liebe. Gegenwärtig ist diese Flamme vielleicht nur ein Fünkchen, wenn das alles ist, was du im Moment geben kannst. Das ist in Ordnung und spielt keine Rolle.
Was jedoch wirklich eine Rolle spielt, ist deine Bereitschaft, die Flamme der Liebe in deinem Herzen zu fördern und zu nähren, sie wachsen und sich zu einem strahlenden Licht entwickeln zu lassen, das alles und jeden berührt, mit dem du in Kontakt kommst.

MEDITATION

Zünde eine Kerze an.
Beobachte, wie klein die Flamme ist, wenn sie eben erst angezündet wurde.
Und nun schau zu, wie sie zu ihrer vollen Größe heranwächst.
Sieh, wie sie es immer wieder schafft, zu scheinen und Licht zu geben, auch wenn sie vielleicht im Luftzug flackert.
Werde dir bewusst, dass sie auch dann noch weiterbrennt, wenn ihr Körper, das Wachs, aus dem sie gemacht ist, schon ganz geschmolzen ist.
Denke darüber nach, was dir das sagen will.

AFFIRMATIONEN

- Ich bin das Licht und das Licht ist in mir.
- Ich nähe die Flamme der Liebe in meinem Herzen.
- Ich bin den Menschen um mich herum Trost und Inspiration.

15. April

Du bist ein Magnet

Das, woran du glaubst, ziehst du an, mein liebes Kind. Die Welt, die du erlebst, ist eine Manifestation deines Glaubenssystems. Das ist eine große, aber beunruhigende Wahrheit, weil sie dir keine Möglichkeit lässt, die Schuld an irgendeinem deiner Missgeschicke auf irgendjemanden oder irgendetwas zu schieben. Mehr noch, es gibt keinen Gott, der dich bestraft, und du bestrafst dich nur selbst.

Für dieses Dilemma gibt es eine einfache Lösung. Schau auf Gott, wenn du Inspiration suchst, glaube an Ihn, vertraue auf Ihn, und du wirst Gott gleich werden und wie ein Magnet alles Gute dieser Erde und des Himmels anziehen.

Genieße es, der »Liebesmagnet« zu sein, der du wahrlich bist.

MEDITATION

Bringe so viel Liebe auf, wie du kannst.
Spüre, wie sie in deinem Herzen und in deiner Seele entspringt, frei durch dein ganzes Wesen fließt und dich mit ihrer Kraft wärmt und erhebt.
Spüre nun, wie sich der Kern deines Wesens festigt und magnetisch wird, weil sich immer mehr Energie in deiner Seele konzentriert.
Du bist zufrieden und glücklich.
Dann sieh dich selbst, wie du dein Haus verlässt. Alle lächeln dich an, während du die Straße hinuntergehst.
Bei der Arbeit tun die Kollegen Dinge für dich, die sie nie zuvor getan haben.
Deine Kinder/Partner und andere Menschen tun bereitwillig, worum du sie gebeten hast.
Du stellst fest, dass dir die »ganze Welt zu Füßen liegt«.
Vergiss nicht, dich zu erden, einzustimmen und zu schützen.

AFFIRMATIONEN

- Ich ziehe das an, woran ich glaube.
- Ich beschließe, Liebe zu sein.
- Dafür ziehe ich liebende Güte an.

16. April

Schritt für Schritt

Das Leben kann hart sein! Wenn dich das größere Bild überwältigt, mag dir der Weg, der vor dir liegt, endlos, staubig und öde vorkommen. Dann nähere dich dem Leben Schritt für Schritt: eine Sekunde, eine Minute, eine Stunde und einen Tag auf einmal. Teile deine Ziele in mundgerechte Stücke auf und beschäftige dich nach und nach mit ihnen. Teile deine Aufgaben in kleine machbare Einheiten und du wirst es schaffen. Du wirst alle Kraft haben, die du brauchst, wenn sie erforderlich ist. Gott und die Engel sind mit dir. Sie führen dich und beschützen jeden deiner Schritte auf dem Weg.

MEDITATION

Nimm etwas in Angriff, wovon du fälschlicherweise gedacht hattest, du könntest es in einem Tag bewältigen (und weil das unmöglich war, wurde die Aufgabe nie erledigt).
Nimm deinen Terminkalender zur Hand und mache aus dem, was du gern erreichen möchtest, ein siebentägiges Projekt. Trage es sieben Tage lang in deinen Kalender ein, halte dich daran und du wirst feststellen, dass die Aufgabe leicht zu bewältigen ist.
Nachdem du diese Herangehensweise ausprobiert hast, kannst du dich größeren Projekten zuwenden.

AFFIRMATIONEN

- Ich mache immer einen Schritt nach dem anderen.
- Ich habe das Tempo meines Lebens unter Kontrolle.
- Ich bewältige die Aufgaben, die ich mir selbst gebe, leicht und ohne Anstrengung.

17. April

Synchronizität

Nichts geschieht zufällig! Selbst dem kleinsten Detail und jedem Vorkommnis in diesem Universum liegt eine göttliche Ordnung zugrunde. Wenn du mit Licht und positiven Gedanken erfüllt bist, geschehen die Dinge um dich herum zu deinem Vorteil und in perfektem Timing. Je mehr du betest und dich selbst mit Licht erfüllst, desto leichter wird das Leben für dich werden. Dann ist das Gesetz der Synchronizität auf deiner Seite. Achte auf synchronistische Ereignisse und notiere sie in deinem spirituellen Tagebuch als Erinnerung für Zeiten der Unsicherheit. Indem du dich auf Synchronizität konzentrierst, verstärkst du den Fluss der göttlichen Energie. Viel Spaß als Gottes Mitschöpfer!

MEDITATION

Denke am Sonntagabend über die kommende Woche nach. Wenn Angst auftaucht, übergib deine Befürchtungen, eingepackt in ein großes braunes Paket, den heilenden Engeln.
Dann beginnst du mit dem Montag und stellst dir vor, wie du den Tag völlig gelassen angehst. Alles läuft prima und so, wie du es wolltest. Die Leute sind äußerst hilfsbereit. Die Straßen sind frei. Du findest sogar ganz leicht einen Parkplatz und kannst all deine Einkäufe machen, ohne stundenlang in allen möglichen Schlangen zu stehen.
Sieh, wie etwas Ähnliches an jedem Tag der Woche geschieht. Stell dir vor, dass die besonderen Ereignisse und Aufgaben eines jeden Tages leicht und angenehm ablaufen.
Am Ende dieser Meditation wirst du allmählich wirklich das Gefühl haben, im Fluss zu sein. Halte dieses Gefühl fest und nimm es mit. Es wird dafür sorgen, dass du noch mehr synchronistische Ereignisse in dein Leben ziehst.

AFFIRMATIONEN

- Ich erkenne das Gesetz der Synchronizität an und mache es mir nutzbar.
- Indem ich mich selbst mit Liebe und Licht erfülle, ziehe ich nur Gutes an.
- Ich bin im Fluss des Lebens.

18. April

Durchhaltevermögen

Wenn du von ganzem Herzen an eine Sache glaubst, dann gib niemals auf, bleib dran! Erlaube deiner Umwelt nicht, dich von deinen Plänen und Überzeugungen abzubringen, egal wie seltsam und vollkommen nutzlos sie deinen Mitmenschen auch vorkommen mögen. Wenn du deinem Herzen folgst, kannst du sicher sein, dass du auf Gottes Geheiß handelst.
Wenn Menschen oder Umstände dich aufzuhalten versuchen, dann ist das vielleicht nur ein Test für deine Zivilcourage. Geh den Weg weiter, den du dir ausgesucht hast. Schau nicht nach links und nicht nach rechts; schau nur nach oben. Gottes Führung versagt nie!

MEDITATION

Stell dir vor, du machst einen Marathonlauf. Du hast viel trainiert, bist in Hochform und hast eine Menge Ausdauer. Du läufst, dein Blick ist auf die Strecke gerichtet und dein Geist ist auf Gott fixiert. An den Boxenstopps erwarten dich wunderschöne Engel und reichen dir Erfrischungen. Zu deiner Verwunderung hast du nach jedem dieser Boxenstops noch mehr Energie und bist schließlich Sieger dieses Marathonlaufs.

AFFIRMATIONEN

- Ich habe den Mut, für meine Überzeugungen zu kämpfen.
- Ich stehe mit dem göttlichen Willen in Verbindung und handle auf Gottes Geheiß.
- Ich erreiche meine Ziele leicht und ohne Anstrengung.

19. April

Zufriedenheit

Zufriedenheit ist in der Tat ein kostbares Juwel. Wenn du dieses Juwel besitzt, wohnt Frieden in deinem Herzen und es herrscht Frieden in deinem Leben! Wie erwirbt man dieses Juwel, fragst du? Werde dir zunächst darüber klar, was du bereits hast, schätze und würdige es. Lege dann all deine Erwartungen in die Hände Gottes, des »Meisterplaners«! Wahre Zufriedenheit kommt aus einer inneren Quelle, aus der Quelle der reinen bedingungslosen Liebe, von »Gott in dir«. Alle Zufriedenheit, die durch den Erwerb materieller Güter oder oberflächlichen Wissens erreicht wurde, ist vergänglich und wird deine Seele nicht befriedigen. Frieden und Zufriedenheit im Innern hingegen sind dauerhafte Geschenke des Göttlichen!

MEDITATION

Du gehst durch einen herrlichen Frühlingsgarten. Gelbe Narzissen, rosa Kamelien, blaue Glockenblumen und Vogelgezwitscher umgeben dich. Vor dir auf einem Baumstumpf entdeckst du eine weiße Taube. Als du näher kommst, ist die Taube keineswegs beunruhigt, sondern schaut dich mit ihren schönen perlbraunen Augen an. Du bleibst vor ihr stehen und die Taube spricht mit dir. Sie sagt dir, dass sie inneren Frieden symbolisiert und dass du, wenn du willst, diesen inneren Frieden jetzt sofort in dein Leben integrieren kannst. Du bist begeistert von dieser Aussicht und bittest, dass dies geschehen möge.
Die Taube hüpft auf deine Hand und während du sie betrachtest, beginnt sie vor deinen Augen zu schrumpfen, bis sie nur noch so groß ist wie ein Ei. Jetzt sagt sie dir, dass sie mitten in dein Herzchakra setzen sollst. Sofort öffnet sich eine kleine Tür in deinem Herzen und du setzt die Taube des Friedens hinein.
Dann wirst du von einem Gefühl des Friedens, der Ruhe und der Dankbarkeit überflutet.
Danke dem Tierreich für den Dienst, den es dir erwiesen hat.
Vergiss nicht, dich zu erden, einzustimmen und zu schützen.

AFFIRMATIONEN

- Ich schätze und würdige, was ich genau jetzt in meinem Leben habe.
- Ich lege alle Erwartungen und Wünsche in Gottes Hand.
- Ich bin im Frieden mit meinem Leben.

20. April

Abenteuer

Das Leben ist ein Abenteuer! Lebe entsprechend! Lass dir keine falsche Sicherheit versprechen! Es ist eure konditionierte Gesellschaft, die euch glauben macht, eine solche Prämisse sei real. In Wirklichkeit kannst du dir nur einer Sache sicher sein: des Wandels. Wandel ist die einzige Konstante in deinem Leben. In dieser Situation hast du zwei Möglichkeiten: Entweder weigerst du dich anzunehmen, was Gott dir geben möchte, oder du gehst mit der Veränderung mit, lebst das Abenteuer des Lebens und erlaubst Gott, dich mit den reichen Erfahrungen zu verwöhnen, die sich aus deinem seelischen Wachstum ergeben.

MEDITATION

Nimm dir vor, dich im wirklichen Leben auf ein Abenteuer einzulassen, eine Herausforderung anzunehmen; etwas zu tun, das du noch nie zuvor getan hast. Es muss nichts Großartiges sein: vielleicht eine neue Frisur, die zu tragen du dir früher nie getraut hättest; der Malkurs, an dem du schon seit zehn Jahren teilnehmen willst; der örtliche Marathonlauf oder eine Fahrradtour für wohltätige Zwecke. Tief innen sehnst du dich nach einem Abenteuer; mach dich auf!

AFFIRMATIONEN

- Ich liebe das Leben.
- Jetzt bin ich bereit für Abenteuer.
- Gott führt mich den ganzen Weg.

21. April

Wasser ist heilig

Du hast das große Glück, auf diesem Planeten zu leben, einem Planeten, dessen Oberfläche zu einem sehr großen Teil von Wasser bedeckt ist. Wasser steht für die Emotionen und unterstützt den Emotionalkörper. Während deiner Zeit auf der Erde hast du die einzigartige Gelegenheit, emotionale Verletzungen und Wunden aus vielen Leben zu klären und wegzuwaschen. Daher kümmere dich bitte um die Geister des Wassers, die sich wiederum um das Wasser auf deinem Planeten kümmern, indem sie für die Meere, die Flüsse, die Ströme und die Seen sorgen. Wenn du sicherstellen willst, dass die Wasser der Erde sauber fließen, musst du deinen Emotionalkörper von allem trüben Schutt befreien, der in den Tiefen deines Wesens lauern mag. Der Zustand dieses Planeten ist ein Spiegel des emotionalen, mentalen und spirituellen Zustands der Menschheit. Sei dir dieser wichtigen Tatsache bewusst.

MEDITATION

Nimm deinen Emotionalkörper bewusst wahr; fühle dich in ihn hinein. Bleibe eine Weile bei deinen Gefühlen.
Stell dir nun vor, dein Emotionalkörper sei ein See. Wie würde dieser See aussehen? Lass das Bild dieses Sees in deinem dritten Auge entstehen. Wenn das ganze Bild in deinem Kopf ist, fang an, den See zu erforschen. Bitte die heilenden Engel, dir bei der Beseitigung allen Schutts und aller Unreinheiten zu helfen und alles herauszufischen, was nicht in diesen lieblichen See gehört. Hilf deinerseits den Engeln bei ihrer Aufgabe, bis das Wasser des Sees kristallklar ist.
Danke den Engeln für ihre Hilfe.
Vergiss nicht, dich zu erden, einzustimmen und zu schützen.

AFFIRMATIONEN

- Ich bin bereit, »Frühjahrsputz« in meinem Emotionalkörper zu machen.
- Mein Emotionalkörper ist so klar wie ein stiller Bergsee.
- Ich achte Mutter Erde und alle Elementargeister, die sich um sie kümmern.

22. April

Schlaf

Wenn du schläfst, bist du Gott am nächsten. Dein Ego ruht sich aus und deine Seele kann frei herumreisen. Aus diesem Grund ist Schlaf von größter Wichtigkeit. Ohne Schlaf kannst du deine Seele nicht richtig nähren. Es wäre eine zu schwere Aufgabe, jedenfalls in diesem Stadium deiner spirituellen Entwicklung. Das ist etwas, das nur ein Meister kann. Gib deiner Seele die Erlaubnis und die Zeit zu reisen und ihre Quelle zu besuchen, indem du deinen Körper nachts ausgiebig schlafen lässt. Träume engelsüß!

MEDITATION

Finde dein natürliches Schlafmuster, indem du auf die Botschaften deines Körpers hörst. Unmittelbar bevor du schlafen gehst, hast du eine einzigartige Gelegenheit: Du kannst deine Seele bitten, dir von ihren nächtlichen Reisen Wissen und Einsicht mitzubringen. Stelle einfach eine sehr klar formulierte Frage, bevor du einschläfst. Dieselbe Frage musst du vielleicht in mehreren Nächten hintereinander stellen, bevor du eine Antwort bekommst.
Du kannst jedoch sicher sein, dass die Antwort immer kommt. Das kann auf viele Weisen geschehen, zum Beispiel durch einen »Boten Gottes« wie einen Freund, ein Familienmitglied, einen Bekannten oder eine Zufallsbekanntschaft. Vielleicht bekommst du die Antwort auch durch die Medien: Radio, Fernsehen oder Zeitung. Auch die Natur kann dir ein Zeichen geben, oder du wachst einfach auf und weißt die Antwort.
Hab Geduld. Die Antwort wird sich auf die eine oder andere Art einstellen.

AFFIRMATIONEN

- Ich nehme mir Zeit, um nachts ausgiebig zu schlafen.
- Wenn ich schlafe, kann meine Seele zu ihrem Ursprung reisen.
- Sämtliche Weisheit, die ich brauche, steht mir jederzeit zur Verfügung.

23. April

Angst

Angst ist das Gegenteil von Liebe und der Kern aller Dunkelheit und aller Verwirrung auf Erden. Dunkelheit ist das Gegenteil von Licht; diese Wahrheit kennt und akzeptiert ihr alle. Wenn du also das Licht Gottes durch deine dunkelsten und tiefsten Ängste und Verwirrungen dringen lässt, werden sie am Ende in Liebe verwandelt. Nimm Zuflucht zu diesem Wissen, denn dieser Prozess ist euch allen offen zugänglich.

MEDITATION

Du gehst durch einen Tunnel und schiebst eine schwere Schubkarre vor dir her, die mit all deinen Ängsten und Befürchtungen gefüllt ist. Weil du Licht am Ende des Tunnels siehst, beschließt du, auf jeden Fall dein Bestes zu tun, um es zu erreichen. Du hältst tapfer durch und schiebst die Schubkarre weiter. Schließlich erreichst du das Ende des Tunnels, wo dich ein strahlendes Licht begrüßt. Vor dir liegt eine tiefe Gletscherspalte, aus der die Flammen des Fegefeuers lodern.
Dort hinein sollst du den Inhalt deiner Schubkarre kippen. Du schaust zu, wie das reinigende Feuer deine alten Ängste und Befürchtungen verzehrt und sie in herzförmige rosa Seifenblasen verwandelt, die aus dem Abgrund steigen, an dessen Rand du stehst. Die Tür zu deinem Herzen öffnet sich, die rosa Seifenblasen schweben mitten hinein und erfüllen dein Herz mit der lindernden Kraft der bedingungslosen Liebe.
Geh zurück ins Wachbewusstsein. Mache diese reinigende Reise durch den Tunnel so oft wie nötig.
Vergiss nicht, dich zu erden, einzustimmen und zu schützen.

AFFIRMATIONEN

- Ich gehe durch den Tunnel der Angst in das Licht der Liebe.
- Ich gebe der Liebe den Vorzug vor der Angst.
- Die Liebe siegt immer über die Angst.

24. April

Hinter der Maske

Dein wahres Selbst versteckt sich hinter der Maske deiner Persönlichkeit. (Das Wort Persönlichkeit kommt vom griechischen Wort *persona*, das Maske bedeutet.) Wie eine venezianische Pappmaché-Maske besteht diese Maske aus verschiedenen Schichten. Es sind die Schichten zum Schutz vor der äußeren Welt, die du dir in diesem und in vielen früheren Leben zugelegt hast.
Dein wahres Ich ist dabei erstickt worden. Deine Aufgabe besteht nun darin, diese Schutzschichten abzupellen und dein wahres Ich aus seiner selbst verordneten Zelle zu befreien. Das wird dir gelingen und dein wahres Selbst wird hell und strahlend zum Vorschein kommen.

MEDITATION

Stell dir vor, du bist eine Zwiebel. Werde dir bewusst, dass du viele Hautschichten hast. Bitte die heilenden Engel um Hilfe beim Abpellen dieser Hautschichten.
Eine nach der anderen werden sie von deinen himmlischen Helfern abgeschält. Jede dieser Schichten steht für eine negative Emotion oder ein Ereignis, das du nun sicher loslassen kannst. Manche Schichten kleben vielleicht ganz fest an dir, weil du, meist unbewusst, Widerstand gegen Veränderungen geleistet hast. Gib nicht auf und bitte um noch mehr himmlische Hilfe. Dann wirst du es schaffen und am Ende in dem ursprünglichen, göttlichen und völlig unverletzten Zentrum deines Selbst ankommen.
Danke deinen himmlischen Helfern und vergiss nicht, dich zu erden, einzustimmen und zu schützen.

AFFIRMATIONEN

- Ich bin bereit, meine falsche Persona abzulegen, und tue es gern.
- Ich habe den Schlüssel zu meiner Befreiung.
- Glaube und Beharrlichkeit bringen mich an mein Ziel.

25. April

Du bist gesegnet

Ist dir klar, mein liebes Kind, dass du über alle Maßen gesegnet bist, mehr als du dir je hättest träumen lassen? Dass jeder deiner Atemzüge göttlich ist? Dass du mit jedem Gedanken, den du denkst, die Chance hast, etwas wirklich Besonderes zu erschaffen? Dass du mit jedem Wort, das du sprichst, Mut machen, Hoffnung wecken und Frieden schenken kannst? Dass du mit jeder Handlung den göttlichen Willen auf Erden zum Ausdruck bringen kannst? Das sind die Segnungen, die dir zuteil werden, dir, dem Mitschöpfer Gottes. Nutze sie gut!

MEDITATION

Konzentriere dich auf deinen Atem. Atme tief ein und sei dir bewusst, dass dein Atem göttlich ist. Nun verbinde dein Herz mit deinem Geist und denke an etwas sehr Schönes und Besonderes, das du für jemanden tun könntest. Denke darüber nach, wie du diesen Prozess der göttlichen Schöpfung oder Manifestation in der Realität vollenden könntest. Mach dich so schnell du kannst ans Werk. Du bist nun ein bewusster Mitschöpfer Gottes. Herzlichen Glückwunsch!

AFFIRMATIONEN

- Ich bin wahrlich gesegnet!
- Ich gebe diese Segnungen in meinen Gedanken, Worten und Taten weiter.
- Ich bin Gottes Mitschöpfer.

26. April

Halte an deiner Vision fest

Hast du die Vision, etwas Besonderes zu tun oder zu werden, das dir wirklich etwas bedeutet? Hast du eine Vision, die schon dein ganzes Leben lang still in deinem Herzen schlummert?
Nun ist es Zeit, diese Vision zu werden, sie zu sein, sie zu erfahren.
Mach dir keine Gedanken darüber, wie du dorthin kommen sollst. Freu dich einfach an der Reise. Unterwegs wird es viele Wegweiser geben, die dir helfen, deine Vision wahr werden zu lassen.
Habe Vertrauen, Glauben und Ausdauer und es wird geschehen.

MEDITATION

Was ist deine Vision?
Es kann durchaus eine eher innere Vision sein als eine äußere oder ein äußeres Ziel. Denke darüber nach, bis du ganz klar weißt, was deine Vision ist. Stelle sicher, dass es nicht die Vision von jemand anderem ist, zum Beispiel die deiner Familie, deiner Freunde oder der ganzen Gesellschaft.
Stelle dir nun vor, dass sich deine Vision genau hier vor deinen Augen verwirklicht. Stelle dir das so lebendig wie möglich vor und geh dann in das Bild hinein. Werde deine Vision, fühle deine Vision, sei deine Vision!
Wiederhole diese Übung, bis deine Vision greifbare Realität geworden ist.

AFFIRMATIONEN

- Ich trage die höchste Vision von mir selbst in meinem Herzen.
- Ich habe ein Recht auf die Verwirklichung meiner kühnsten Träume.
- Ich mache meine Vision noch in diesem Leben wahr.

27. April

Spiritueller Glamour

Es gibt nur eine Wahrheit – dass du Gott bist! Pass auf, dass du nicht in das Netz des spirituellen Glamours gerätst, denn wenn du dich einmal darin verfangen hast, verlierst du deine Macht. Gib deine Autorität nicht an äußere Einflusse ab, wie attraktiv, mächtig oder betörend sie auch daherkommen mögen. Achte auch darauf, dass du diese »Egofalle« nicht für andere aufstellst, was leicht passieren kann. Denn als Aspirant bist du ganz wild darauf, andere an deinen Einsichten und spirituellen Errungenschaften teilhaben zu lassen. Wenn du das allerdings unaufgefordert tust, wirst du damit unweigerlich bewirken, dass sich diejenigen, denen du dein Wissen mitteilst, dir unterlegen und manchmal sogar von dir überwältigt fühlen und Angst haben vor diesen Einsichten, die sie mit ihrem momentanen Bewusstsein weder verstehen noch mit sich selbst in Verbindung bringen können. Nutze deinen Intellekt, um deinen Mitteilungsdrang einzuschätzen und genau unter die Lupe zu nehmen, und beschäftige dich weise und in aller Stille mit spirituellen Dingen.

MEDITATION

Wenn du dir das nächste Mal ein spirituelles Buch kaufst oder überlegst, ob du an einem Workshop oder Seminar teilnehmen sollst, dann schau genau hin und finde heraus, ob dir das, was da angeboten wird, Kraft gibt oder ob die Gefahr besteht, dass damit eine Abhängigkeit geschaffen wird und du immer wiederkommen und noch mehr davon haben musst.

AFFIRMATIONEN

- Ich gehe achtsam mit meinem Bedürfnis um, andere an meinen spirituellen Einsichten und Informationen teilhaben zu lassen.
- Ich bin großzügig mit meiner spirituellen Weisheit, wenn ich darum gebeten werde.
- Mit meiner spirituellen Arbeit fördere ich die Ermächtigung meiner Schüler.

28. April

Verzweiflung

Ist dein Herz voller Verzweiflung? Hast du das Gefühl, dass in deinem Leben niemals mehr die Sonne scheinen wird? Hast du das Gefühl, dass nichts und niemand dich mehr retten kann? Wenn du dich so fühlst, gehst du durch die »dunkle Nacht der Seele«, und das ist in der Tat eine einsame Erfahrung.
Du hast Hilfe in der äußeren Welt gesucht und sie nicht gefunden. Jetzt ist es Zeit, tief in dich selbst hineinzuschauen, auf Gott zu vertrauen und an Ihn zu glauben, denn dort wirst du die Hilfe und die Ermutigung finden, die du suchst. Du wirst nicht nur glücklich weiterleben, sondern sogar die nächste Stufe deiner spirituellen Entwicklung erreichen.

MEDITATION

Stell dir vor, du schaust in einen goldenen Eimer, der mit einer trüben Flüssigkeit gefüllt ist. Dieser Eimer steht für dein mit Verzweiflung gefülltes Herz. Sieh, wie du eifrig versuchst, das trübe Wasser wieder klar zu bekommen, indem du alle möglichen Chemikalien hineintropfen lässt. Das funktioniert aber nicht; die Flüssigkeit bleibt trübe.
Da taucht dein Schutzengel auf und rät dir, den Eimer einfach auszukippen und seinen Inhalt damit ein für allemal loszuwerden. Dann bietet sich dein Engel an, alles für dich aufzuwischen. Du bist froh über dieses Angebot und kippst den Eimer aus. Die trübe Flüssigkeit läuft heraus und dein Schutzengel steht mit dem Putzlappen bereit und wischt alles weg.
Du wirfst einen Blick in deinen leeren Eimer, aber alles, was du siehst, ist dein eigenes Spiegelbild auf dem Boden des Eimers.
Danke deinem Schutzengel für die Hilfe.
Achte darauf, dass du geerdet, eingestimmt und geschützt bist.

AFFIRMATIONEN

- Selbst mitten in der Verzweiflung bin ich von Gottes Liebe umgeben.
- Jetzt vertraue ich auf Gott und glaube an ihn.
- Ich lasse die »dunkle Nacht meiner Seele« zu Ende gehen.

29. April

Heilende Hände

Ihr alle seid mit zwei heilenden Händen gesegnet! Eine Mutter, die ihr Kind streichelt; ein Hundebesitzer, der seinem Haustier über das Fell streicht; eine Krankenschwester, die einen Patienten tröstet; das sind alles Beispiele für die Kraft des Heilens. Du setzt sie ganz natürlich ein und Heilkräfte finden sich in den Händen eines Bauarbeiters ebenso wie in denen eines Klempners, einer Verkäuferin, einer Lehrerin und einer Toilettenfrau. Nimm zur Kenntnis, dass jeder ein Überbringer dieses Geschenks sein kann. Wenn du das nächste Mal einen Grund hast, jemanden zu berühren, tu es mit liebevoller Achtsamkeit und sei dir der Tatsache bewusst, dass du ein natürlicher Kanal für die Heilkräfte bist. Welch ein Privileg, anderen auf diese Weise zu Diensten zu sein!

MEDITATION

Bitte zunächst Gott und die heilenden Engel, sie mögen dir helfen, ein Kanal für die Heilkräfte zu werden, und dich führen und beschützen.
Schau nun auf deine Handflächen.
Visualisiere eine goldene Wolke über deinem Kopf. Aus dieser Wolke fällt ein Strahl goldenen Lichts, das universale Heilungslicht.
Bitte nun darum, dass dieses Licht in dein Kronenchakra fließt, von dort durch das dritte Auge, dann durch das Kehlkopfchakra ins Herzchakra und von dort durch die Lungen die Arme hinunter bis in deine Handflächen. Immer wenn du einatmest, fließt mehr und mehr goldenes Licht in dich hinein. Es kann sein, dass du ein leichtes Prickeln oder Wärme in deinen Handflächen spürst.
Nach einer Weile legst du deine mit Licht erfüllten Hände auf einen Bereich deines Körpers, wo du leichte Schmerzen hast. Lass sie eine Weile dort liegen. Bald wirst du dich entspannter fühlen und die Schmerzen werden nachlassen. Du hast gerade eine wunderbare Selbstheilung erfolgreich abgeschlossen.
Wenn du vorhast, andere zu heilen, dann tu das bitte nicht ohne Aufsicht.
Danke Gott und den heilenden Engeln für ihre Unterstützung.
Vergiss nicht, dich zu erden, einzustimmen und zu schützen.

AFFIRMATIONEN

- Ich bin ein natürlicher Kanal für die Heilkraft.
- Meine Hände sind mit Licht erfüllt.
- Ich kann diese Fähigkeit nutzen, um andere und mich selbst zu heilen.

30. April

Meditation

Meditation ist ein notwendiges Mittel zur Selbsterforschung und ein spirituelles Tonikum für Körper, Seele und Geist. Meditation kann viele verschiedene Formen annehmen. Meditation, Kontemplation und Entspannung sind eng miteinander verbunden, und viele Aspekte, die sich aus einem dieser drei ergeben, stehen in Wechselbeziehung. Vielleicht kannst du am besten meditieren, indem du einen Spaziergang durch die Natur machst oder eine lange Autofahrt oder indem du ein gutes Essen kochst, einen Pullover strickst, Klavier spielst, innere Reisen unternimmst oder Yogaübungen machst. Oder vielleicht sitzt du einfach in Meditation und besuchst den stillen Ort in deinem Innern, wo du das Selbst transzendierst und dich jenseits von Zeit und Raum begibst, zum Ursprung all dessen, was ist. Das ist Meditation in ihrer reinsten Form.

Jede Form von Meditation, die sich für dich ganz natürlich anfühlt, ist die richtige, denn sie fließt. Nachdem du mehrmals auf diese Weise meditiert hast, werden dein Körper, dein Geist und deine Seele anfangen, sich darauf zu freuen. Mache deine Lieblingsmeditation oft. Dein Körper, dein Geist, deine Emotionen und deine Seele werden dir ewig dankbar dafür sein.

MEDITATION

Wenn du bereits meditierst, mach mit der Meditationsform weiter, die du dir ausgesucht hast. Wenn nicht, denke zunächst über viele verschiedene Meditationsformen nach. Um dabei erfolgreich zu sein, willst du vielleicht eine Kerze anzünden, dich davor setzen – was an sich schon eine Form von Meditation ist – und darauf warten, dass dir eine Inspiration oder Einsicht kommt. Hab keine Angst, unterschiedliche Meditationsformen auszuprobieren, bis du die eine findest, die zu dir passt.

AFFIRMATIONEN

- Ich entschließe mich zu meditieren, um die Entdeckung meines wahren Selbst zu beschleunigen.
- Ich kann die Art, wie ich gern meditieren möchte, frei wählen.
- Ich bin zutiefst erfüllt von meinen täglichen Meditationen.

Segen für den Monat

Mai

Du und ich, wir sind eins!
Das Alpha und das Omega,
der Anfang und das Ende,
das Licht und die Dunkelheit,
der Ursprung all dessen, was ist!
Mögest du eins sein mit dem göttlichen Herzen!
Mögest du eins sein mit dem göttlichen Geist!
Mögest du eins sein mit dem göttlichen Willen!
Mögest du allzeit im göttlichen Bewusstsein
und in reiner Glückseligkeit weilen!

1. Mai

Du bist es wert

Du bist alle Reichtümer auf Erden und im Himmel wert!
Du verdienst sie, denn du bist ein Kind Gottes!
Und weil Gott, der dein Vater und deine Mutter ist, dich bedingungslos liebt, überschüttet er dich mit Seinen Reichtümern, wann immer du es Ihm erlaubst. Weil viele von Gottes Gaben in unscheinbaren und manchmal zerschlissenen und angekratzten Verpackungen ankommen, entscheidest du dich oft, sie erst gar nicht aufzumachen. Du schiebst sie beiseite, als seien sie es nicht wert, dass du dich damit beschäftigst. Andere Geschenke kommen in Gold und Juwelen gekleidet, aber auch die nimmst du nicht an, weil du denkst, dass sie ja wohl unmöglich für dich sein können.
Doch jedes Päckchen, das Gott dir schickt, enthält ein Geschenk, ob es dir nun vorkommen mag wie aus zweiter Hand oder aber königlich und glamourös. Achte darauf, dass du in Zukunft keines dieser Geschenke ungeöffnet zurückgibst und damit die Reichtümer ablehnst, die Gott dir schenken will. Du hast sie verdient!

MEDITATION

Beschließe, das nächste Mal, wenn du eine schlechte Nachricht bekommst, nicht sofort darauf zu reagieren. Nimm dir lieber ein wenig Zeit, über diese so genannte schlechte Nachricht nachzudenken.
Sei geduldig und betrachte die Situation aus allen möglichen Blickwinkeln.
Welches Geschenk verbirgt sich hinter dieser schlechten Nachricht? Was kannst du daraus lernen?
Sage dir, dass es immer einen Silberstreif am Horizont gibt und du dein Bestes tun wirst, um ihn zu finden.
Das Geschenk ist mit Sicherheit dein!

AFFIRMATIONEN

- Ich bin es wert, alle Reichtümer der Erde und des Himmels anzunehmen, mit denen Gott mich beschenken will.
- Ich erlaube Gott, mir zu geben, was Er mir geben will.
- Ich nehme Geschenke und Segnungen mit offenen Armen an.

2. Mai

Dein Zauberstab

Du bist mit Göttlichkeit erfüllt, mein liebes Kind.
Du bist wahrlich ein lebendiger, atmender »Zauberstab« auf Beinen.
Die ganze Macht des Universums wurde dir verliehen.
Es gibt nichts, das du nicht tun kannst.

MEDITATION

Sieh dich selbst mit einem Zauberstab in der Hand und denke daran, wie viel Gutes du damit tun kannst.
Sieh, wie du Menschen, Tiere, Pflanzen und Dinge mit deinem Zauberstab berührst und reine Liebe aus deinem Herzen wie einen kraftvollen Laserstrahl hindurchschickst.
Beobachte die unmittelbare Verwandlung, die sich vollzieht, wenn das heilende Licht sein Ziel erreicht und es mit der Kraft der bedingungslosen Liebe durchdringt.
Beobachte, wie eine wunderbare Heilung stattfindet.
Wiederhole diese Übung, bis du ganz fest an deine gottgegebenen Kräfte glaubst.

AFFIRMATIONEN

- Ich glaube an göttliche Magie.
- Ich bin ein lebendiger, atmender »Zauberstab«.
- Ich nutze meine Fähigkeiten, um anderen zu dienen.

3. Mai

Verlust

Ein Gefühl, das die ganze Menschheit und sogar das Tierreich kennt, ist das Gefühl des Verlusts. Du hast vielleicht einen geliebten Menschen verloren, ein liebes Haustier, dein Traumhaus oder deinen Job. Vielleicht hast du sogar das Gefühl, dich im Tumult des Lebens selbst verloren zu haben. Bitte mach dir klar, dass es Verlust nur auf den unteren Ebenen deiner Existenz gibt. In den höheren Gefilden der Seele und des Geistes kann nichts jemals verloren gehen. Deine Seele, dein Geist und deine Liebe zu anderen Menschen können und werden niemals zerstört werden. Liebe in ihren unendlich vielen Ausdrucksformen wird in alle Ewigkeit weiterleben. Und deine Lieben werden für immer in deinem Herzen sein.

MEDITATION

Denke an jemanden, den du verloren hast, entweder durch Tod oder durch Trennung. Mache dir dann auch Gedanken über die Realität der unzerstörbaren Natur des Geistes. Denke daran, dass Liebe allumfassend und ewig ist und dass in Wirklichkeit nichts verloren gehen und nichts wahrhaft sterben kann.
Sofort wirst du spüren, wie ein Gefühl der Hoffnung und des Friedens aus den Tiefen deiner Seele aufsteigt. Bleib bei diesem Gefühl und lass es wachsen.

AFFIRMATIONEN

- Ich weiß, dass Verlust eine Illusion ist.
- Liebe kann niemals verloren gehen.
- Die Liebe füreinander wird bis in alle Ewigkeit in unseren Herzen sein.

4. Mai

Liebe ist ein Wunder

Liebe ist ein nie endendes Wunder, mein liebes Kind. Dass du eine lebendige, denkende und fühlende selbstständige Einheit bist, ist ein Wunder oder nicht? Dass Luft zum Atmen um dich herum ist, ist ein Wunder. Dass eine Sonne am Himmel steht, die dich wärmt, und ein Mond, der Ebbe und Flut auslöst, und dass Korn auf den Feldern wächst, um dich zu ernähren, all das sind Wunder – und dass du auf dieser Erde wandelst mit Brüdern und Schwestern, die dich lieben, das ist das größte Wunder von allen. Ehre sei Gott, dem Schöpfer!

MEDITATION

Nimm ein Ei und lege es vor dich hin.
Setze dich dann bequem hin und meditiere über dieses Ei – darüber, wie es zustande kam und was es für dich symbolisiert. Und wie, wenn die Henne auf dem Ei sitzt, das Leben darin zu wachsen beginnt.
Stell dir nun vor, wie das Küken Form annimmt, zu wachsen beginnt und schließlich durch die Schale bricht ... Beobachte die ersten Schritte des kleinen Kükens, wie es von Anfang an glücklich und voller Vertrauen seinen täglichen Verrichtungen nachgeht und dabei jede Bewegung seiner Mutter nachahmt.
Sieh, wie es zu einer erwachsenen Henne heranwächst und sein erstes Ei legt ...
Das Wunder des Lebens geht weiter!
Was für ein Segen; und was für ein Abenteuer, ein Teil davon zu sein.

AFFIRMATIONEN

- Ich öffne meine Augen für das Wunder des Lebens.
- Mir ist bewusst, dass ich ein »wandelndes Wunder« bin.
- Ich achte und schätze das Wunder des Lebens um mich herum.

5. Mai

Verantwortung

Wer, mein liebes Kind, denkst du, ist verantwortlich dafür, was aus deinem Leben wird? Vielleicht denkst du, weil du eine schlechte Kindheit hattest, seien deine Eltern dafür zuständig, die Dinge in deinem Leben für dich zurechtzurücken. Oder du denkst, weil deine erste Beziehung nicht geklappt hat, sei es die Pflicht eines jeden Mannes oder einer jeden Frau auf diesem Planeten, stets nach deiner Pfeife zu tanzen und all deine Wünsche zu erfüllen, damit du sie für das bestrafen kannst, was ein anderer dir angetan hat.
Nein, halt! Schau nach innen!
Nur einer ist dafür verantwortlich, das Beste aus deinem Leben zu machen, und das bist du, du ganz allein!
Vergib dir selbst und anderen, ermächtige dich selbst, befreie dich von deiner Sucht, anderen die Schuld an allem zu geben, und nimm dein Leben selbst in die Hand.

MEDITATION

Fertige eine Liste der Menschen an, die du für das Unglück in deinem Leben verantwortlich machst. Übernimm die volle Verantwortung für dein Leben, und zwar mit Herz und Verstand. Nimm dir nun deine Liste vor, lass einen Menschen nach dem anderen los und vergib ihnen allen. Dann vergib dir selbst von ganzem Herzen für die Rolle, die du bei all dem gespielt hast. Hole dir schließlich die ganze persönliche Kraft zurück, die du in diese Menschen investiert hast, indem du einfach an die jeweilige Person denkst und innerlich sagst: »Ich hole mir jetzt meine Kraft zurück, danke.«
Erbitte den Segen der heilenden Engel, um diesen Prozess abzuschließen.
Wie fühlt es sich an, das Kommando über dein eigenes Leben zu haben?

AFFIRMATIONEN

- Ich lebe mein Leben verantwortungsvoll und in der Absicht, nichts und niemanden zu verletzen.
- Ich bin verantwortlich für meine Aktionen und Reaktionen.
- Ich bin nicht für das Leben anderer Menschen verantwortlich.

6. Mai

Frieden im Herzen

Hast du je das Gefühl wahren Friedens in deinem Herzen erlebt? Es ist das süßeste Gefühl von allen, ruhig und entspannend, und es geht auf jede Faser deines Wesens über. Unglücklicherweise haben nur wenige diese süße Frucht gekostet. Frage dich selbst, warum das so ist. Es ist so, weil ihr versucht habt, diesen Zustand des Friedens mithilfe weltlicher Vergnügungen zu erlangen. Aber ohne Erfolg! Je mehr du von irgendetwas bekommst, desto mehr willst du haben! Richte deine Aufmerksamkeit auf deine inneren Welten, auf Liebe, Licht, Gott und die Engel. Tauche in deine eigene Quelle der Liebe und des Friedens ein, die im Gemach deines Herzens verborgen ist. Hier erwartet dich der Zustand des Friedens und der Einheit mit allem, was ist.

MEDITATION

Sieh dich von rosa Licht umgeben, dem Licht der Selbstliebe.
Atme nun tief ein und lass dieses Licht in dein Herzchakra fließen, wo es auf magische Weise eine Tür öffnet, sodass du in das Gemach deines Herzens gehen kannst, den Sitz deiner Seele. Doch was du vorfindest, ist ein Raum voller Gerümpel. Die Möbel sind voller Staub und in Unordnung und weder eine Blume noch ein strahlendes Bild oder ein Kristall ist zu sehen. Du bist schockiert von diesem Anblick und suchst nach Putzwerkzeug. Hinter einer versteckten Tür findest du einen Besenschrank mit Staubsauger und anderen Reinigungsutensilien.
Und zu deiner Verwunderung stehen im obersten Fach dieses Schrankes Kristalle und andere schöne Objekte sowie Vasen voll frischer Blumen.
Du machst dich daran, den Raum zu putzen und die Möbel harmonisch anzuordnen. Dann dekorierst du das Gemach deines Herzens, bis es sich friedlich, ruhig und harmonisch anfühlt. Geh herum, bewundere dein Werk, setze dich auf das Sofa in der Mitte des Raumes und fühle dich im Frieden mit dir selbst.
Vergiss nicht, dich zu erden, einzustimmen und zu schützen.

AFFIRMATIONEN

- Ich entscheide mich für Frieden und Harmonie in meinem Leben.
- Ich kann einen Zustand des Gleichgewichts erlangen.
- Frieden und Harmonie sind mein göttliches Geburtsrecht.

7. Mai

Jeder Tag ist ein neuer Tag

Jeder Tag ist ein neuer Tag! Jeden Morgen, wenn du aufwachst, liegen neues Licht, neue Liebe und neue Möglichkeiten vor dir. Wie wirst du ihn »spielen«, diesen neuen Tag? Wirst du zulassen, dass dich deine negativen Erwartungen überwältigen? Oder wirst du deinen Willen in Übereinstimmung mit dem göttlichen Willen bringen und von Herzen beschließen, das Beste aus diesem Tag zu machen, jede Minute wirklich zu genießen und alle Chancen zu nutzen, die sich dir bieten? Du hast die Wahl!

MEDITATION

Tägliches Ausrichten: Atme gleich morgen nach dem Aufwachen, sobald du die Augen aufgeschlagen hast, goldenes Licht ganz tief in dich ein und bitte um Führung, Schutz und darum, dass dich die höchsten Energien durch den Tag begleiten mögen.
Sage leise zu dir selbst, oder noch besser laut, dass du dich in Gedanken, Worten und Taten in Übereinstimmung mit dem göttlichen Willen bringst, entsprechend dem göttlichen Plan und innerhalb des göttlichen Zeitrahmens.
Danke Gott, deinem Schutzengel und den heilenden Engeln für alles Gute, das du heute empfangen wirst.
Dies ist eine sehr wichtige spirituelle Praxis, die dein Leben zum Guten hin beeinflussen wird, wenn sie täglich gemacht wird.

AFFIRMATIONEN

- Ich bringe mich in Übereinstimmung mit dem göttlichen Willen.
- Ich begrüße jeden Tag mit Liebe.
- Ich tue, was ich kann, um das ganze Potenzial eines jeden Tages auszuschöpfen.

8. Mai

Spiritueller Stolz

Nichts behindert deinen Fortschritt auf dem von dir gewählten Weg mehr als spiritueller Stolz. Der irrige Glaube, dass du alles weißt, wird die Türen der Weisheit um dich herum schließen. Und damit hast du spirituelle Erfahrung und spirituelles Wissen ausgesperrt. Das Universum ist unendliches Wissen. Öffne dich für diese Tatsache. Erlaube dir, diese Weisheit aus jeder möglichen Quelle in deiner Umgebung zu schöpfen.

MEDITATION

Fülle dich mit reinem weißen Licht.
Bitte deinen Schutzengel, dich zu einem Tempel des höheren Lernens in den Bereichen des Lichts zu begleiten. Wähle den Wissensbereich, der dich interessiert, und dein Engel wird dich zu dem passenden Tempel führen.
Sobald du den Tempel betrittst, merkst du: Das »Licht der Weisheit«, das darin wohnt, ist wahrlich beeindruckend.
Dein Engel führt dich herum und zeigt dir alle heiligen Texte, an denen du interessiert bist. Dann geleitet er dich zu einer stillen Ecke, wo du die Schriften, die du dir ausgesucht hast, studieren kannst, solange du willst.
Sage deinem Engel, wann du fertig bist, und er wird dich auf die Erde und in deinen eigenen Raum zurückführen.
Danke deinem Engel für seine Führung.
Achte darauf, dich zu erden, einzustimmen und zu schützen.

AFFIRMATIONEN

- Ich öffne meinen Geist, um zu lernen und spirituell zu wachsen.
- Mein ganzes Leben ist ein Abenteuer, bei dem ich neue Horizonte entdecke, sowohl auf der spirituellen als auch auf der physischen Ebene.
- Die unendlichen Wunder des Universums warten darauf, von mir entdeckt zu werden.

9. Mai

Das Licht teilen

Du bist das Licht! Deine Macht, zu heilen, zu erheben und zu vereinigen, ist wirklich beeindruckend. Dein Gefühl, als einzelne Person könntest du in dieser Welt nichts bewirken, ist ein riesiges Missverständnis, mein liebes Kind. Du KANNST etwas bewirken und du bewirkst bereits etwas.
Gib dir selbst die bewusste Erlaubnis, dies zu tun, und lass dein Licht hell scheinen.

MEDITATION

Bitte die heilenden Engel, dir bei dieser Fernheilungsmeditation zu helfen.
Werde dir bewusst, dass die Flamme der bedingungslosen Liebe in deinem Herzen brennt, genau wie die schöne Flamme einer Kerze.
Atme das goldene Licht der Heilung ein und sieh, wie das Licht in deinem Herzen immer größer wird. Wiederhole dies zwei goldene Atemzüge lang.
Nun, wo das heilende Licht in deinem Herzen lodert, bitte die heilenden Engel, dich mit jedem lebenden Herzen auf diesem Planeten zu verbinden, sowohl mit Menschen als auch mit Tieren.
Das geschieht, und nun entzündet die Flamme deiner bedingungslosen Liebe das Licht in all deinen menschlichen und tierischen Brüdern und Schwestern rund um den Globus. Atme weiterhin goldenes Licht ein, bis du das Gefühl hast, die Heilung sei abgeschlossen.
Bringe das Licht in dein eigenes Herz zurück und danke den heilenden Engeln für ihre Hilfe.
Vergiss nicht, dich zu erden, einzustimmen und zu schützen.

AFFIRMATIONEN

- Licht = Liebe = Licht
- Ich trage die Kraft der bedingungslosen Liebe in mir.
- Ich bin das Licht und ich bin bereit, es zu teilen.

10. Mai

Initiationen

Das Leben besteht aus einer Reihe von Initiationen, lieber Schüler und Sucher auf dem Weg. Du kannst sie auch »Feuertaufen« nennen, weil viele Initiationen durchaus etwas von einer Feuertaufe haben. Eine Initiation muss nicht immer ein formelles Ritual sein. Sie kann viele, manchmal auch sehr weltliche Formen annehmen. So gut wie jedes Erlebnis und jede Chance, die sich dir bietet, kann der Beginn einer neuen Entwicklung für dich sein und dich auf die nächste Ebene der spirituellen Einsicht katapultieren.
Sei also offen für Neuanfänge, die dich die Leiter des spirituellen Wissens und der Weisheit hinaufführen.

MEDITATION

Stell dir vor, du befindest dich in einem wunderschönen Hain, umgeben von silbernen Birken, deren zarte Blätter sich sanft in der leichten Sommerbrise bewegen.
Eine Gruppe von Lichtwesen erwartet dich dort und empfängt dich mit offenen Armen.
Eines der Wesen reicht dir einen goldenen Becher, der mit der Flüssigkeit der göttlichen Weisheit und des Mutes gefüllt ist.
Du trinkst ihn ganz aus und spürst, wie ein großartiges Kribbeln durch deinen ganzen Körper und deine Aura läuft.
Danke den Lichtwesen für ihr freundliches und großzügiges Geschenk und geh langsam zurück aus dem Hain und in dein eigenes Zimmer.
Achte darauf, dass du geerdet, eingestimmt und geschützt bist.

AFFIRMATIONEN

- Ich öffne meinen Geist und mache mich bereit, stets alle Initiationen anzunehmen.
- Ich akzeptiere, dass meine Initiationen in Übereinstimmung mit Gottes Plan stattfinden.
- Ich erfreue mich an jedem weiteren Schritt in meiner spirituellen Entwicklung.

11. Mai

Wenn der Schüler bereit ist ...

Wenn der Schüler bereit ist, taucht der Meister/Lehrer auf. Sobald du ernsthaft lernen willst, kann das Universum nichts anderes tun, als dich mit dem Lehrer zusammenzubringen. Deine Lehren mögen verschiedene Formen annehmen und dir durch unterschiedliche Personen und Situationen erteilt werden. Auf irgendeine Art bringt dir jeder Mensch, mit dem du in Kontakt kommst, und jede Situation, in die du gerätst, etwas bei. Alles, was du brauchst, ist die Bereitschaft, aus all dem zu lernen.

MEDITATION

Denke darüber nach, was du am liebsten lernen würdest.
Dann sieh dich selbst, wie du in Begleitung deines Schutzengels auf ein riesiges, eindrucksvoll aussehendes Universitätsgebäude zugehst. Dein Engel erzählt dir, dass du für eine Vorlesung über dein Lieblingsthema eingeschrieben bist. Du bist hocherfreut und gehst schnell zur Anmeldung, um herauszufinden, wo deine Vorlesung stattfinden wird. Dann nimmst du an der Vorlesung teil und lernst alles, was du jemals über das Thema wissen wolltest, das du dir ausgesucht hast. Verlasse den Hörsaal und das Universitätsgebäude und geh zurück in dein Haus. Danke deinem Engel dafür, dass er dich begleitet hat.

AFFIRMATIONEN

- Ich bin bereit und willens, alles zu lernen, was das Universum mich lehren will.
- Ich rechne damit, dass die Lehren aus unterschiedlichen Quellen zu mir kommen.
- Mein Lehrer hilft mir, mir der Weisheit in mir selbst bewusst zu werden.

12. Mai

Lichtwesen

Wer und was bist du in Wirklichkeit? Die Antwort, mein Kind, lautet: Du bist ein Lichtwesen, geboren aus dem Geist Gottes, auf dass du Seine Herrlichkeit erfahren mögest. Deine Seele hat sich in diesem Körper inkarniert und ihn als Mittel zur Selbsterfahrung angenommen. Dein Geist und deine Emotionen sind ebenfalls nichts als Werkzeuge zur Entdeckung deines wahren, göttlichen Selbst, des Lichtwesens, das du in Wirklichkeit bist.

MEDITATION

Beschließe ganz bewusst, heute achtsam mit deinem Körper, deinem Geist und deinen Emotionen umzugehen und sie als Werkzeuge für das Wachstum deiner Seele zu betrachten. Sieh, fühle und nutze sie im Zusammenhang mit dieser neuen Idee. Dann wirst du deine Gedanken, Gespräche und Handlungen in einem neuen Licht erleben können.
Schreibe alle Beobachtungen, die du dabei gemacht hast, in dein spirituelles Tagebuch. Du wirst merken, dass du dich selbst und dein Leben viel »leichter« genommen hast.

AFFIRMATIONEN

- Ich bin ein Wesen des Lichts.
- Von jetzt an nutze ich meinen Körper, meinen Geist und meine Emotionen als Mittel zur Entdeckung meines wahren Selbst.
- Ich bin ständig im Gespräch mit meiner Seele.

13. Mai

Absichten

Du hast so viele gute Absichten, mein liebes Kind, und willst damit so viele verschiedene Dinge erreichen. Doch unglücklicherweise laufen viele deiner guten Absichten letztendlich auf eine Enttäuschung für dich hinaus. Warum ist das so? Es waren die Absichten deines kleinen Egoselbst und nicht die Absichten deines göttlichen Selbst, denen du gefolgt bist und die den himmlischen Plan, den Gott so liebevoll für dich ausgearbeitet hat, zunichte gemacht haben. Ordne dein kleines Egoselbst von ganzem Herzen dem Willen Gottes unter. Dann bist du in perfekter Übereinstimmung mit dem Plan, den Gott für dich gemacht hat, und von da an werden deine »göttlichen Absichten« funktionieren und perfekte Früchte tragen.

MEDITATION

Bitte Gott und die Engel gleich morgens beim Aufwachen, deinen Willen mit dem göttlichen Willen und dem göttlichen Plan zu verbinden, und zwar sowohl zu deinem Besten als auch zum Besten aller. Sei dir bewusst, dass all deine Absichten, selbst die kleinsten, Einfluss auf das Ganze haben.
Sei heute achtsam und sieh die Wirkung voraus, die deine Absichten auf die Menschen in deiner Umgebung haben.

AFFIRMATIONEN

- Ich bin jederzeit in Übereinstimmung mit dem göttlichen Willen.
- Ich bin jederzeit in Übereinstimmung mit dem göttlichen Plan.
- Mir ist bewusst, dass meine Absichten Einfluss auf die gesamte Schöpfung haben.

14. Mai

Der freie Wille

Gott hat dich mit der kostbaren Gabe des freien Willens beschenkt. Du hast das Geschenk der freien Wahl erhalten und kannst in jeder Sekunde eines Tages neu wählen. Was wählst du? Triffst du deine Wahl auf der Basis der Liebe in deinem Herzen? Oder gehst du bei deiner Wahl lieber die »einfache Abkürzung« und gibst deine Macht unterwegs an andere Menschen oder die Umstände ab? Wähle die Liebe in allem, was du denkst, sagst und tust, selbst wenn es den Anschein haben mag, als sei dies die härtere, ja sogar gefährlichere Option. Trainiere deinen freien Willen und bediene dich dabei deiner eigenen göttlichen Wahrheit und deiner Integrität. Auf diese Weise wirst du das Geschenk der Liebe und des freien Willens in deine Welt tragen.

MEDITATION

Erinnere dich an das letzte Mal, als du deinen freien Willen auf destruktive Weise genutzt hast, und denke über diesen Fall nach.
Im Kern allen negativen Benehmens liegt Angst. Welche Angst war es in diesem speziellen Fall? Identifiziere sie und gib sie Gott und den heilenden Engeln. Bitte die Person, die du verletzt hast, um Vergebung und vergib dir selbst. Damals wusstest du nicht, was du hättest besser machen können.
Beschließe, dass du von nun an, wann immer du Angst hast, nicht von dieser »Angstbasis« aus handeln wirst, sondern erst, nachdem du alle Gefühle, die potenziell verletzend für dich und andere sind, losgelassen hast. Dann kannst du auf der Basis der Liebe handeln, die aus deinem Herzen kommt.

AFFIRMATIONEN

- Ich bin ewig dankbar für das Geschenk des freien Willens.
- Ich mache weisen Gebrauch von Gottes Geschenk des freien Willens.
- Ich mache mir selbst und meiner Umwelt das Geschenk der Liebe.

15. Mai

Erschließe dir deinen kreativen Geist

Dein Geist ist zutiefst und untrennbar mit dem kreativen Geist Gottes verbunden. Schenke dieser Wahrheit deine Aufmerksamkeit. Sie bedeutet nämlich, dass du in der Lage bist, den göttlichen kreativen Geist auf unzählig viele Weisen zu nutzen. Du musst diese göttliche Wahrheit lediglich für dich akzeptieren, sie voll und ganz übernehmen, ihr vertrauen und an sie glauben. Es gibt keine Trennung. Alles, was Gott gehört, gehört auch dir.

MEDITATION

Denke darüber nach, wie du auf unterschiedliche Weise kreativ sein könntest, zum Beispiel in der Gestaltung deines Äußeren oder darin, wie du dein Haus dekorierst, dein nächstes Essen kochst, deine Arbeit machst und ganz allgemein mit der Welt interagierst. Beginne jetzt.

Denke an ein spezielles kreatives Projekt und fasse innerlich den Entschluss, dass deine Kreativität jetzt frei und reichlich fließt. Fühle, wie die kreative Energie durch deine Adern fließt; spüre, wie das »Göttliche oben« darauf reagiert, und akzeptiere deine Rolle als Mitschöpfer Gottes.

AFFIRMATIONEN

- Mein Geist und der kreative Geist Gottes sind eins.
- Ich stehe immer mit dem kreativen Geist Gottes in Verbindung.
- Ich akzeptiere meine Rolle als Mitschöpfer Gottes.

16. Mai

Unbegrenzte Versorgung mit Energie

Wie oft klagst du darüber, dass du müde bist und keine Energie hast?
Sehr oft, mein Kind. Du hast vergessen, dass dir unbegrenzt viel Energie zur Verfügung steht, wenn du in Gott lebst und bist, denn Gott lebt in dir, wenn du ihm die Erlaubnis dazu gibst. Du hast einen freien Willen. Nutze ihn.
Die Energie, die Gott dir verleiht, ist wahrhaft grenzenlos. Mit allem, was du an Liebe, Mut, Kraft und Überfluss jemals brauchen wirst, wirst du ständig und großzügig von einem Gott versorgt, der dich mehr liebt, als du dir vorstellen kannst.

MEDITATION

Stell dir vor, du bist ein riesiger Hochspannungsmast. Sieh, wie dicke elektrische Leitungen aus all deinen Chakren kommen. Jedes Kabel verbindet dich mit Gott, dem eigentlichen Kraftwerk. Fühle, wie die Energie von Gott durch die dicken Kabel direkt in deine Chakren und deine Aura fließt und dich ständig mit Energie versorgt.
Du bist bis in alle Ewigkeit an einen unbegrenzten Energievorrat angeschlossen.
Vergiss nicht, dich zu erden, einzustimmen und zu schützen.

AFFIRMATIONEN

- Alle Energie, die ich brauche, steht mir jederzeit zur Verfügung.
- Ich stehe ständig in Verbindung mit Gott, der eine unbegrenzte Energiequelle ist.
- All meine Bedürfnisse werden jederzeit erfüllt.

17. Mai

Musik heilt

Musik ist eines der größten Geschenke Gottes. Ihre heilenden Eigenschaften wirken beruhigend und erhebend auf dich. Wenn du eine kleine Nachtigall ihre Arien singen hörst, kannst du nichts als Freude in deinem Herzen empfinden. Koste dieses gottgegebene Geschenk voll aus. Umgib dich mit himmlischer Musik, vor allem wenn du einsam, traurig oder niedergeschlagen bist. Musik wird zu deiner Heilung beitragen.

MEDITATION

Spiele das nächste Mal, wenn du aufgeregt, besorgt, traurig oder gestresst bist, dein Lieblingsmusikstück. (Die Musik von Mozart oder Bach hat besonders heilende Eigenschaften.) Lass alles liegen und stehen, womit du gerade beschäftigt warst, setze oder lege dich hin und höre die Musik. Lass zu, dass sie jeden Teil deines Wesens erreicht und erfüllt. Mit jedem Atemzug verschmilzt du mehr und mehr mit der Melodie, bis du das Gefühl hast, eins mit ihr zu sein. Du bist die Musik und die Musik ist du.

Schon nach kurzer Zeit kannst du wieder aufstehen und wirst dich nach deiner »musikalischen Heilsitzung« entspannt, belebt und erbaut fühlen.

Danke Gott für die Musik.

AFFIRMATIONEN

- Ich nutze das Gottesgeschenk Musik für meine Selbstheilung und Erbauung.
- Ich werde Musik in mein Leben bringen, wann immer ich mich mutlos fühle.
- Ich bin eins mit der Musik der Vögel, des Meeres und des Windes.

18. Mai

Gott ist Vollkommenheit

Wenn du nach Vollkommenheit suchst, brauchst du nicht weit zu gehen. Gott ist Vollkommenheit und Er wohnt mitten in dir. Du musst lediglich ernsthafte Anstrengungen unternehmen, dein »kleines Ich« loszulassen, das dir sagt: »Ich bin nicht gut genug« – »Ich mache nie etwas richtig« – »Ich werde nie einen so hohen Standard erreichen ...«, und Gott seinen Platz einnehmen lassen. Gottes Vollkommenheit wird jederzeit perfekt funktionieren, und zwar durch dich. Sage dir selbst: »Ich tue mein Bestes und lasse Gott den Rest tun.«

MEDITATION

Nimm dir einen Apfel und lege ihn vor dich hin.
Mache es dir bequem und meditiere über diesen Apfel.
Nimm wahr, wie vollkommen er geformt ist.
Nimm seine vollkommene Farbe wahr – und seinen vollkommenen Duft.
Wie ist er so vollkommen geworden?
Weil er sich Gottes Willen, der ihn so vollkommen haben wollte, nicht widersetzt hat.
Der Apfel »war« einfach und ließ widerstandslos zu, dass er von Gott zur Vollkommenheit herangezüchtet wurde.
Sei wie der Apfel und erlaube Gott, dein Baum zu sein.
Erlaube Gott, dich zu nähren und zu dem vollkommenen Wesen heranzuzüchten, das du bist.

AFFIRMATIONEN

- Ich lasse nun all meine Sorgen bezüglich meiner Unvollkommenheiten los und übergebe sie Gott.
- Wie Gott Vollkommenheit ist, so bin auch ich ein vollkommenes Kind Gottes.
- Ich bin Vollkommenheit und sehe Vollkommenheit in allen Dingen.

19. Mai

Achte deine Wahrheit

Was heißt »in deiner Wahrheit sein«? Das ist ein wichtiges Thema zum Nachdenken, denn die Wahrheit wird viel zu oft ausgedehnt, ausgearbeitet und verdreht, um falschen Werten zu entsprechen. Es gibt nur eine Wahrheit, und das ist die universelle Wahrheit, die allen Wahrheiten zugrunde liegt. Wenn deine Gedanken, Worte und Handlungen dieser einen Wahrheit entspringen, fühlst du dich im Frieden. Wenn nicht, bist du unruhig und verwirrt von deinen Fehlern. Das Gefühl ist die Sprache der Seele. Vertraue deinen Gefühlen und ignoriere sie nicht, denn deine Seele versucht dich zu warnen, wenn du von deiner Wahrheit abweichst.

MEDITATION

Wann warst du das letzte Mal nicht in deiner Wahrheit? Wie hat sich das damals angefühlt? Verbinde dich erneut mit diesem Gefühl. Welches deiner Chakren betrifft es? Frage dich nun nach dem Grund, aus dem du damals nicht in deiner Wahrheit sein konntest, und versuche zur Wurzel dieses Grundes vorzudringen.
War es, weil du um jeden Preis geliebt werden wolltest, auch wenn du dich dafür ebenso selbst verleugnen musstest wie die Rechte und Wahlmöglichkeiten anderer und ihren freien Willen?
Nachdem du diesen »ungeliebten Teil« deiner selbst identifiziert hast, bitte diejenigen, die du verletzt oder benachteiligt hast, um Vergebung; und dann nimm dich selbst in den Arm und vergib dir, was immer du getan hast.
Denke nun an eine Situation, in der du ganz bewusst in deiner Wahrheit warst. Hole das entsprechende Gefühl zurück und achte auf den Unterschied.
Wenn du in deiner Wahrheit bist, fühlt sich das an, als seiest du zwei Meter groß und so leicht wie eine Feder. Gut gemacht!

AFFIRMATIONEN

- Ich stehe mit der einen universellen Wahrheit in Verbindung.
- Ich bringe diese Wahrheit in meinen Gedanken, Gefühlen, Worten und Taten zum Ausdruck.
- Indem ich in meiner Wahrheit bin, mache ich meinen Brüdern und Schwestern Mut, das Gleiche zu tun.

20. Mai

Der Weg des geringsten Widerstandes

Was sagt es dir, wenn du Widerstand gegen etwas spürst, das du gern tun oder erleben würdest? Siehst du das als ein Zeichen, langsamer zu werden und deine Möglichkeiten neu zu überdenken, oder als eine Herausforderung, die es anzunehmen und zu überwinden gilt, egal wie viel Kraft dafür nötig sein mag? Hast du jemals innegehalten, um darüber nachzudenken, dass das Universum dadurch, dass es dir Widerstand entgegensetzt, etwas mitzuteilen versucht; dass es dir vielleicht ein Zeichen geben oder dich in eine andere Richtung lenken will? Das genau geschieht nämlich, wenn in deinem Leben alles schief läuft: Das Universum versucht dich auf die Tatsache aufmerksam zu machen, dass alles so nicht gut ist. Versuche einen anderen Ansatz, einen anderen Weg oder warte auf einen besseren Zeitpunkt. Geh durch die Türen, die offen stehen, und versuche nicht, die aufzubrechen, die dir im Moment verschlossen sind.

MEDITATION

Denke an eine »Situation der verschlossenen Tür«, in die du in letzter Zeit geraten bist. Stell dir nun vor, dass du in einen Tempel des Lernens in den höhern Bereichen gehst. Eine Reihe von geschlossenen Türen führt von einem Mittelgang weg.
Du stellst fest, dass auf einer dieser Türen nicht nur dein Name steht, sondern auch der Zeitpunkt, das Datum und das Thema jener »Situation der verschlossenen Tür«, in die du kürzlich geraten bist.
Du versuchst diese Tür zu öffnen, aber sie ist verschlossen.
Du klopfst und zu deiner Verwunderung antwortet dir dein Schutzengel von hinter der Tür. Du rufst ihm zu, dass du gern hereinkommen würdest, aber der Engel lehnt ab. Stattdessen kommt er aus dem betreffenden Zimmer und führt dich zu einem Pult in der Nähe. Er setzt sich hinter das Pult und erklärt dir, warum es nicht in deinem Interesse gewesen wäre, durch diese Tür zu gehen. Jetzt macht die Situation, in die du geraten bist, erst wirklich Sinn für dich und du verstehst, warum dich das Universum ausgebremst hat. Der Engel steht auf und führt dich zu einer goldenen Tür, die sich auf magische Weise öffnet und hinter der wunderbare neue Möglichkeiten auf dich warten. Danke deinem Schutzengel für seine Hilfe.

AFFIRMATIONEN

- Ich wähle nun den Weg des geringsten Widerstandes.
- Ich gehe durch die Türen, die Gott für mich geöffnet hat.
- Wenn Türen geschlossen sind, halte ich Ausschau nach den Zeichen, die das Universum mir gibt.

21. Mai

Öffne dein Herz

Mein liebes Kind, du willst geliebt werden, aber dein Herz bleibt verschlossen. Wenn also jemand versucht, dich zu lieben, kann seine oder ihre Liebe nicht durch die geschlossenen Türen deines Herzens dringen. Das ist doch schade. Die Tür, welche die Liebe ausschließt, ist aus Enttäuschung, Verrat, Wut und Groll gegen alte Lieben gefertigt. Wach auf und erkenne, dass du sie selbst gemacht hast. Sieh sie als das, was sie ist, und reiße die Barrieren ein, die du selbst aufgerichtet hast, indem du den »Tätern« und dir selbst vergibst. Dann wird die Tür zu deinem Herzen aufspringen und die Liebe, nach der du dich so sehr sehnst, wird hineinfließen.

MEDITATION

Atme die rosa Energie der Selbstliebe ein und lass sie durch dich hindurch und um dich herumfließen. Mit jedem Atemzug fühlst du dich mehr und mehr aufgebaut von dieser wunderbaren Schwingung der Selbstliebe.
Visualisiere nun einen schweren Stein, der das Gemach deines Herzens verschließt. Fasse den Entschluss, dich davor zu setzen und allen zu vergeben, die dich jemals verletzt haben, und zwar zu allen Zeiten und in allen Dimensionen. Befreie all diese Menschen und lass sie gehen.
Dann vergib dir selbst, weil du eine Rolle gespielt hast, in der du Menschen nicht erlauben konntest, dich zu lieben.
Bitte nun die heilenden Engel, dir beim Öffnen der Tür zu helfen.
Zu deiner Verwunderung berührt ein Engel die Tür nur ganz leicht und sie öffnet sich. Strahlendes Licht fällt heraus und fließt auf dich zu. Du trittst über die Schwelle und weißt, dass du zu Hause angekommen bist.
Vergiss nicht, dich zu erden, einzustimmen und zu schützen.

AFFIRMATIONEN

- Ich vergebe mir selbst und allen, die mich in der Vergangenheit verletzt haben.
- Ich bin bereit, die Tür zu meinem Herzen zu öffnen.
- Ich bin bereit, alle Liebe der Welt entgegenzunehmen.

22. Mai

Feiere den Moment

Feiern, Feiern, Feiern!
Jeder Atemzug, jeder Moment deines Lebens ist ein Grund zu feiern. Das Wunder der Schöpfung manifestiert sich in dir und in allem um dich herum. Was für ein Wunder!
Öffne deine Augen, deinen Geist und dein Herz und feiere das Geschenk des Augenblicks, das Gott dir gegeben hat.

MEDITATION

Achte besonders auf deinen Körper – darauf, wie er »von selbst« atmet, geht, spricht, sieht, hört und köstliches Essen riecht und schmeckt.
Sei dir besonders bewusst, dass du Gedanken und Gefühle hast und über die Kraft des logischen Denkens und der Unterscheidung verfügst.
Was für ein Wunder dein Körper ist!
Was für ein Wunder du bist!
Danke für alles, was dir geschenkt wurde.

AFFIRMATIONEN

- Ich feiere mein Leben.
- Ich bin zutiefst dankbar für das, was mir gegeben wurde.
- Jeder neue Moment ist ein neues Fest.

23. Mai

Die Hand Gottes

Wenn in deinem Leben alles schief läuft, wenn es keine Hoffnung mehr gibt und nichts, wohin du dich wenden kannst, erst dann wendest du dich hilfesuchend an Gott. Dann willst du, dass Gottes Hand dich führt und Er dir hilft. Warum willst du so lange warten? Warum bittest du Gott nicht jeden Morgen nach dem Aufwachen, deine Hand zu nehmen und dich durch den Tag zu führen?

MEDITATION

Stell dir vor, du gehst Hand in Hand mit Gott durch deinen Tag. Von dem Moment, in dem du morgens aufwachst, bis zu dem Moment, in dem du nachts die Augen schließt, spürst du Gottes starke Hand, die dich die ganze Zeit führt.

AFFIRMATIONEN

- Ich bin nicht gezwungen, weiterhin falsche Entscheidungen im Leben zu treffen.
- Ich bitte jetzt darum, dass mich Gottes Hand durch mein Leben führt.
- Gott und die Engel sind immer an meiner Seite.

24. Mai

Ihr seid eine Familie

Du bist ein Kind Gottes, ein Teil Seiner Familie. Du gehörst auch zur Familie aller anderen Menschen auf dieser irdischen Ebene. – Ihr alle seid eine Familie, die über Rassen- und Glaubenszugehörigkeit hinausgeht. Was ihr füreinander tut, das tut ihr für Gott, und was ihr für einander tut, das tut ihr für euch selbst. Erinnere dich immer an dieses Gesetz Gottes, an diese große Wahrheit, und behandle deine »Großfamilie« entsprechend. Wenn du Liebe möchtest, dann sorge dafür, dass du selbst liebst.

MEDITATION

Stell dir die ganze Erde vor.
Sieh nun, wie sich allmählich eine Linie um den Globus herum zu formen beginnt. Du schaust näher hin und erkennst, dass es die »Erdfamilie« ist, deren Mitglieder sich an den Händen halten. Es beginnt mit dir. Du hältst deine Familienmitglieder an der Hand und sie halten ihre Freunde an der Hand. Dann kommen die Nachbarn, die ganze Stadt, der Landkreis, das Land und so weiter, bis sich alle Mitglieder der Großfamilie an den Händen halten und ein voller Kreis entstanden ist, der Mutter Erde einschließt. Schau sie dir an, wie sie alle glücklich lächeln und sich miteinander unterhalten. Wie sie sich voneinander geliebt, akzeptiert und respektiert fühlen. Bringe die ganze Liebe, die du aufbringen kannst, in diese Übung ein und wiederhole sie öfter.

AFFIRMATIONEN

- Ich bin ein Mitglied der globalen Familie.
- Ich behandle jedes Familienmitglied mit Liebe und Respekt.
- Wenn wir als Einheit auf diesem Planeten stehen, sind Liebe und Harmonie die absoluten Herrscher.

25. Mai

Das Paradies im Innern

Wie viele von euch suchen das Paradies? Ohne Erfolg – das Paradies scheint für immer verloren. Du wirst es nicht außerhalb von dir selbst finden. Der Garten Eden muss im Innern angelegt werden. Die Saat der Liebe, des Mitgefühls und des Verstehens muss in den fruchtbaren Boden der Liebe in deinem Herzen gesät werden. Das ist der wahre Garten Eden. Die Früchte deiner liebevollen Bemühungen werden in die Welt gehen und deine Brüder und Schwestern ernähren und unterstützen. Auf diese Weise wurde der Garten Eden erschaffen und so erfüllt er seinen göttlichen Zweck.

MEDITATION

Stell dir das Gemach deines Herzens als Garten vor. Wachsen irgendwelche Obstbäume oder Beerensträucher in diesem Garten? Ob das so ist oder nicht, entscheidest du jetzt, wo es darum geht, aus deinem Herzen einen ganz besonderen Ort zu machen. Du gräbst den Boden um, fügst eine Menge Kompost hinzu und pflanzt dann deine Lieblingsfrüchte, -bäume und -büsche an. Gieße sie regelmäßig und schneide sie, wenn es nötig ist. Besuche diesen Garten oft und schau zu, wie die Früchte wachsen und allmählich reifen. Ernte sie, wenn sie ganz reif sind, und sieh dann, wie du diese Früchte der Liebe, des Mitgefühls und des Verstehens jedem anbietest, der etwas davon haben will. Du bist jetzt ein Gärtner und der Mitschöpfer Gottes.
Achte darauf, dass du geerdet, eingestimmt und geschützt bist.

AFFIRMATIONEN

- Ich trage das Paradies in mir.
- Ich züchte die Früchte der Liebe, des Mitgefühls und des Verstehens in meinem Herzen.
- Ich gehe freigiebig mit den Früchten der Liebe um.

26. Mai

Selbstverwirklichung

Was bedeutet es, »selbstverwirklicht« zu sein? Es bedeutet, dass du dein eigenes Potenzial verwirklicht hast. Was sind die Grenzen deines eigenen Potenzials? Es gibt keine! Dein Potenzial ist im wahrsten Sinne des Wortes grenzenlos, denn du bist nach dem perfekten Bild eines himmlischen, allumfassenden, grenzenlosen Gottes erschaffen. Weil du eins mit Gott bist, wohnen dir auch all Seine göttlichen Eigenschaften inne und warten darauf, von dir akzeptiert und zum Ausdruck gebracht zu werden. Erkenne, dass du Gott bist und das Selbst verwirklicht hast.

MEDITATION

Denke darüber nach, was dich davon abhält, dein volles Potenzial zu verwirklichen. Lege all deine Zweifel, Ängste und Minderwertigkeitsgefühle in Gottes Hand. Erlaube dir, Gottes Liebe zu spüren und Seinen unerschütterlichen Glauben an dich. Erlaube dir zu fühlen, wie die bedingungslose Liebe Gottes für dich von deinem Herzen auf deinen Körper und deinen Geist übergeht. Beschließe nun mit all deiner Kraft, dich nicht länger von der Liebe Gottes zu unterscheiden. Akzeptiere, dass du eins mit Gott bist. Akzeptiere dein göttliches Potenzial. Erkenne, wer du bist: GOTT!

AFFIRMATIONEN

- Ich akzeptiere, dass ich nach dem perfekten Bild Gottes erschaffen wurde.
- Mein Potenzial ist wahrlich grenzenlos.
- Ich erkenne, dass mein Selbst mit Gottes Selbst identisch ist.

27. Mai

Integration

Du bist ein Sucher und schon sehr weit gekommen auf deinem spirituellen Weg. Jetzt ist es an der Zeit, dein spirituelles Wissen in deinen Alltag zu integrieren. Es ist Zeit, dieses höhere Wissen in deinen Emotionalkörper, deinen Mentalkörper und deinen physischen Körper sickern zu lassen. Dein Herz, dein Geist und dein Körper erfahren jetzt, dass sie göttlich sind. Wenn dieser Prozess abgeschlossen ist, wirst du deine Spiritualität eher leben, als darüber zu sprechen. Und indem du deine Spiritualität praktisch anwendest, wirst du zu einem wunderbaren Katalysator für die Heilung dieses Planeten werden.

MEDITATION

Mache eine Liste der spirituellen Eigenschaften, die du dir deiner Ansicht nach aneignen solltest. Welche sind bereits ein Teil von dir? Es könnten beispielsweise Akzeptanz, Mitgefühl und Verstehen sein. Rechne dir das als Verdienst an.
Wirf dann einen Blick auf die Eigenschaften, die du noch nicht integrieren konntest. Schau dir eine nach der anderen an und frage dich, warum sie kein Teil von dir ist. Versuche zur Wurzel des Themas vorzudringen. Was hat dich davon abgehalten? Lege all diese Blockaden in Gottes Hand oder in die Hände der heilenden Engel und sage dir, dass du es schaffen kannst. Gehe Tag für Tag und Schritt für Schritt vor, dann wirst du es schaffen.

AFFIRMATIONEN

- Ich bin bereit, in die Praxis umzusetzen, was ich gelernt habe.
- Ich gehe den Weg einer praktischen, in den Alltag integrierten Spiritualität.
- Bei mir arbeiten Körper, Verstand, Emotionen und Seele in perfekter Harmonie.

28. Mai

Seelensaat

Gott ist der Gärtner deiner Seele. Wenn du Ihn nur Seine Arbeit machen ließest!
Erlaube Gott, die zarten Samen von Liebe, Liebe und nochmals Liebe in dein Herz zu pflanzen! Kämpfe nicht gegen diesen Prozess an, denn du bist hier auf diese Erde gekommen, um zu lieben, zu lieben und noch mehr Liebe zu verbreiten. Sag ja zu Gott und beobachte, wie sich die göttliche Schöpfung in dir entfaltet.

MEDITATION

Stell dir vor, du gehst durch einen mit Rosen überwucherten Torbogen in einen schönen, wunderbar ruhigen Garten. Duftende Rosen mit herzförmigen rosa Blüten wachsen dort im Überfluss. Du siehst, dass sich Gott und viele Engelwesen um die Pflanzen kümmern und all ihre Bedürfnisse zärtlich und liebevoll erfüllen.
Noch nie in deinem Leben hast du so einen wunderschönen Garten gesehen.
Jetzt kommt ein Engel auf dich zu und erklärt, dass dieser Garten dir gehört und dass es der Garten deiner Seele ist. Du bist entzückt und überglücklich und dankst Gott und den Engeln für ihr Werk.
Besuche den Garten deiner Seele oft, um Gott und den Engeln bei ihrer Arbeit behilflich zu sein.
Vergiss nicht, dich zu erden, einzustimmen und zu schützen.

AFFIRMATIONEN

- Ich erlaube Gott und den Engeln, mir bei der Arbeit im Garten meiner Seele zu helfen.
- Ich bin offen und willens, die Blumen der bedingungslosen Liebe zu pflegen.
- Meine Liebe zu allem blüht und breitet sich immer weiter aus.

29. Mai

Du bist frei

Du willst frei sein, weil du das Gefühl hast, dass dich die Last niederdrückt, die du durchs Leben trägst. Du BIST frei, mein Kind! Frei, deine Last abzuwerfen; frei, Dinge auf eine andere Art zu tun; frei, dein Leben so zu leben, wie du es willst. Wahre Freiheit liegt im Innern. Befreie dein kleines Selbst von allen Einschränkungen, von den eingebildeten Fesseln, und erkenne, dass deine Seele nicht eingeschränkt oder zurückgehalten werden kann. Deine Seele ist frei und wird immer frei sein.

MEDITATION

Denke darüber nach, was deine Freiheit zum jetzigen Zeitpunkt einschränkt.
Wie viele Barrieren stehen zwischen deiner Freiheit und dem Problem? Schreibe sie auf.
Schau dir jetzt an, wo und wann diese Barrieren errichtet wurden. Hast du sie errichtet oder hat jemand anderes sie aufgestellt?
Nun fang an, die Barrieren eine nach der anderen einzureißen, indem du all die alten Gedankenformen, Menschen und emotionalen Muster, welche die Barrieren erschaffen und dich an sie »gekettet« haben, entfernst und loslässt. Dies ist ein fortlaufender Prozess und er braucht Zeit. Halte durch!

AFFIRMATIONEN

- Meine Seele ist immer frei.
- Ich löse jetzt alle Hindernisse auf, die mich von meiner Freiheit fernhalten.
- Ich erkenne, dass wahre Freiheit von innen kommt.

30. Mai

Ergreife die helfende Hand

Geben ist viel leichter als Nehmen! Besonders für dich, wo du so unermüdlich gearbeitet hast, um deinen geplagten Mitmenschen beizustehen. Jetzt ist die Zeit gekommen, wo du anderen erlauben solltest, dir eine helfende Hand zu reichen, dir Liebe zu geben und dir gegenüber ihre Dankbarkeit zum Ausdruck zu bringen. Beraube sie nicht der Chance, dir zu Diensten zu sein. Nimm freundlich an, was sie dir zu geben haben, denn wenn du es nicht tust, störst du das empfindliche Gleichgewicht zwischen Geben und Nehmen und schwächst genau die Menschen, die du mit deiner Liebe überschüttest.

MEDITATION

Sei achtsam!
Nimm das nächste Mal, wenn ein Freund, eine Freundin oder ein Familienmitglied etwas für dich tun möchte, das Angebot freundlich an.
Wie fühlt es sich an, etwas zu bekommen?
Wenn du dich dabei nicht wohl fühlst, versuche herauszufinden warum.
Willst du deine Helferrolle vielleicht nicht aufgeben? Oder hast du vielleicht das Gefühl, dass du es nicht verdienst, auf diese Weise geliebt zu werden?
Lass das Gefühl, unwürdig zu sein, los, gib es Gott und den Engeln und beschließe für dich selbst, dass du nun bereit bist, geliebt zu werden.

AFFIRMATIONEN

- Ich verdiene, geliebt zu werden.
- Ich ergreife eine helfende Hand, wenn sie mir gereicht wird.
- Ich gebe und erlaube mir gleichermaßen zu nehmen.

31. Mai

Transformation

Wenn du dein Herz in eine Wohnung des Lichts verwandelst, wenn dein Herz bedingungslose Liebe für die ganze Menschheit und die Welt, in der du lebst, ausstrahlt, dann findet wahre Alchimie statt. Du hast deine Vorstellungen von »mein und dein« in das spirituelle Gold der ICH-BIN-Präsenz verwandelt, die keine Unterschiede kennt und keine Grenzen, wenn es darum geht, ihre Liebe auszuschütten.
Du hast die Vielen in das Eine verwandelt.

MEDITATION

Lege deine Hände auf dein Herz, die eine über die andere. Nimm sanft Kontakt mit deinem Herzen auf. In deinem Herzen nimmst du eine Reihe von kleinen schwarzen Knoten wahr, die deine nicht geheilten Emotionen repräsentieren.
Nimm nun mit einem tiefen Atemzug goldenes Licht auf und lass es in dein Herzchakra fließen.
Du beobachtest, wie das goldene Licht mit der Kraft der bedingungslosen Liebe einen Knoten nach dem anderen auflöst.
Wiederhole diesen Prozess, bis sich dein Herz in eine goldene, lichte und glückliche ICH-BIN-Präsenz verwandelt fühlt.
Vergiss nicht, dich zu erden, einzustimmen und zu schützen.

AFFIRMATIONEN

- Mein Herz ist eine Wohnung des Lichts.
- Ich transzendiere meine Vorstellung von »mein und dein«.
- Ich weiß, dass die ICH-BIN-Präsenz in meinem inneren Zentrum wohnt.

Segen für den Monat

Juni

Offene Türen

Die Türen des Himmels sind immer offen.
Sei bereit, auf unendlich viele Arten gesegnet zu werden.
Mögest du mit Gott gehen.
Mögest du mit Gott sprechen.
Mögest du eins werden mit Gott.
Möge dich der »Blitz der Erleuchtung«
in diesem Augenblick treffen.
Mögest du wissen, dass du eins bist.

1. Juni

Unsere unsichtbaren Helfer

Manchmal hast du das Gefühl, dass alle Menschen dich verlassen haben. Du fühlst dich vollkommen allein. Doch das ist nicht der Fall, weil deine »unsichtbaren Helfer« stets um dich sind. Die Engel helfen bei jedem Schritt auf deinem irdischen Weg. Du bist dir ihrer nur nicht bewusst. Erkenne ihre Anwesenheit an, indem du deinen freien Willen aktiv einsetzt und sie um Hilfe bittest. So, wie du deinen Brüdern und Schwestern auf diesem Planeten dienen sollst, so besteht die Aufgabe der Engel nach dem göttlichen Plan darin, dir zu dienen.

MEDITATION

Wenn du dich das nächste Mal allein und verlassen fühlst, bitte die Engel um Hilfe. Kläre die Angelegenheit, in der du Hilfe brauchst, mit deinem Verstand und bitte die Engel ganz gezielt um die Unterstützung und Ermutigung, die du brauchst. Schicke dann ein Gebet aus deinem Herzen, in dem du um die Hilfe der Engel bittest. Es wird nicht lange dauern, bis die Hilfe auf »Engelsflügeln« naht. Danke dafür, dass die Engel dir dein ganzes Leben lang geholfen haben, ohne dass es dir bewusst war, und dafür, dass sie dir auch in Zukunft helfen werden.

AFFIRMATIONEN

- Ich glaube an die Existenz »unsichtbarer Helfer«.
- Die Engel sind immer an meiner Seite und stets bereit, mir zu helfen.
- Ich bin ewig dankbar für ihren Beistand.

2. Juni

Alles liegt in der Reise selbst

Was tust du, wenn du auf Reisen bist? Du genießt jede Etappe und freust dich daran. Du nimmst die Bilder und Klänge in dich auf, triffst interessante Leute, besuchst faszinierende Orte und begeisterst dich für die lokale Küche, die Musik sowie für die Sitten und Gebräuche. Warum gehst du mit der Reise des Lebens nicht genauso um? Sei im Moment und genieße jeden Moment! Halte nicht ständig Ausschau nach irgendetwas Großartigem, das sich nie materialisieren wird. Sonst entgeht dir all das, was genau hier und jetzt gut und wichtig für dich ist.

MEDITATION

Schau dir all das Gute an, das du auf der Reise durch dein Leben bereits erlebt hast. Mach eine Liste all dessen, was bei dir bereits gut läuft – materiell, mental, emotional und spirituell. Hänge diese Liste an deinen Badezimmerspiegel, wo du sie jeden Tag sehen kannst. Mache es dir zur Gewohnheit, alles, was du hast, zu schätzen und zu verstärken. Dann wirst du alles anziehen, was du auf deiner Lebensreise noch brauchen könntest.

AFFIRMATIONEN

- Ich genieße jede Etappe meiner Lebensreise.
- Ich bin dankbar für alles, was im Moment in meinem Leben ist.
- Gott gibt mir alles, was ich brauche, wenn ich es brauche.

3. Juni

Du selbst sein

Feiere die Tatsache, dass du du selbst bist. Du bist ein einzigartiges Kind Gottes. Feiere dein Sein. Feiere, dass du am Leben bist. Feiere dich als etwas ganz Besonderes. Die Energie des Feierns wird positiven Überfluss in vielen Formen und Gestalten anziehen. Je mehr du feierst, was du bist und was du hast, desto mehr wird dir »hinzugefügt« werden. Also freue dich!

MEDITATION

Gönne dir heute etwas. Feiere dich selbst.
Mit welcher Art von Feier könntest du dich am besten ehren? Es muss keine große Sache sein. Viele Freuden liegen in den kleinen Dingen. Du könntest zum Beispiel in dein Lieblingsmuseum gehen, die Musik-CD kaufen, die in deiner Sammlung schon lange gefehlt hat, oder, vielleicht vor allen Dingen, dir selbst Zeit geben, einfach zu sein.
Denke darüber nach, wie deine spezielle Feier aussehen könnte. Und dann mach sie einfach möglich.

AFFIRMATIONEN

- Ich akzeptiere und schätze, was ich bin.
- Ich ehre und respektiere mich selbst.
- Ich feiere das einzigartige Selbst, das ich bin.

4. Juni

Heile deine Vergangenheit

Deine Vergangenheit verfolgt dich wie ein Schatten. Und das ist sie auch: ein Schatten, wenn auch ein Schatten, den du selbst gemacht hast. Nun, mein liebes Kind, ist es an der Zeit, sie zu heilen und loszulassen. Warum willst du diesen Schatten noch länger hinter dir herziehen, wo er dich doch ständig davon abhält, im Hier und Jetzt voll und ganz präsent zu sein?
Alles, was du dafür brauchst, ist das Licht deiner liebenden Vergebung, das auf die alten Schatten scheint. Dann wird sich alles, was nicht Liebe war und dich so lange zurückgehalten hat, innerhalb einer Sekunde auflösen.

MEDITATION

Bitte die heilenden Engel um Hilfe.
Stell dir vor, du stehst an einem wunderbaren Ort im prallen Sonnenlicht.
Du kannst den Schatten, den deine Vergangenheit auf den Boden wirft, ganz klar sehen. Beschließe nun in deinem Herzen, dass du willens bist, zu vergeben und die Vergangenheit loszulassen.
Bitte, wenn du so weit bist, die heilenden Engel, deinen Schatten zu reinigen und zu beseitigen.
Sofort umhüllt dich ein heller Sonnenstrahl. Du spürst, wie die negativen Energien deiner Vergangenheit verbrannt und von den hellen Sonnenstrahlen verwandelt werden. Plötzlich stehst du ganz im spirituellen Sonnenlicht des Hier und Jetzt.
Danke den Engeln für ihre Hilfe in diesem Reinigungsprozess.
Vergiss nicht, dich zu erden, einzustimmen und zu schützen.

AFFIRMATIONEN

- Ich bin jetzt bereit, die Vergangenheit loszulassen.
- Ich erlaube dem Licht des Vergebens, die alten Schatten auszuradieren.
- Ich tauche ganz in die Herrlichkeit des Hier und Jetzt ein.

5. Juni

Heiler, heile dich selbst

Heiler, heile dich selbst! Du heilst auf so viele verschiedene Arten, durch so viele verschiedene Ausdrucksformen und in so vielen Gestalten. Doch wann wirst du anfangen, dich selbst zu heilen? Vielleicht warst du so sehr damit beschäftigt, andere zu heilen, dass du gar nicht gemerkt hast, dass du selbst Heilung brauchst. Bitte, mein liebes Kind, halte inne und untersuche deine Gedanken, deine Gefühle, deinen Körper und deinen Geist. Ist alles in Ordnung? Höchstwahrscheinlich musst du dir ab und an eine gute Dosis Selbstheilung verabreichen. Achte darauf, dass du dir selbst die Zeit und den Raum gibst, genau das zu tun. Vergiss nicht: Das, was du bei dir selbst geheilt hast, kannst du auch bei anderen Menschen heilen.

MEDITATION

Unterziehe deinen Körper, deine Gedanken, deine Gefühle und deinen Geist einer gründlichen Untersuchung. Frage jeden Teil von dir einzeln, wie er sich heute fühlt und welche Art von Energie er im Moment vermisst. Ergreife sofortige Maßnahmen, um ein eventuelles Ungleichgewicht auszugleichen.
Du hast erfolgreich eine weitere Sprosse auf der »Heile-dich-selbst-Leiter« erklommen. Versuche, nicht zu hart zu dir selbst zu sein, und bitte: Würdige deine Heiltätigkeit und dich selbst von nun an so, wie du es verdienst.

AFFIRMATIONEN

- Ich erkenne die permanente Notwendigkeit der Selbstheilung.
- Ich gebe mir selbst alles, was ich für mein Wohlergehen brauche.
- Ich fühle mich körperlich, geistig, emotional und seelisch wohl.

6. Juni

Veränderung

Die Vorstellung, dass sich alles verändert, magst du als beängstigend empfinden. Aber Veränderung ist eines der wertvollsten Geschenke, die Gott dir zu geben hat. Nur die Veränderung kann sicherstellen, dass sich dir immer wieder neue Möglichkeiten eröffnen. Neue Horizonte. Setze der Veränderung keinen Widerstand entgegen, sei offen dafür und heiße sie in deinem Leben willkommen. Wenn Veränderungen im Gange sind, sagt dir das Universum, dass du bereit bist, neue Energien in dein Leben zu bringen.

MEDITATION

Denke an eine Situation, die du schon lange ändern wolltest, aber bisher nicht geändert hast. Bitte um Hilfe aus den »oberen Chefetagen«, um herauszufinden, was dich davon abgehalten hat, diese Situation oder einen Teil von dir zu verändern. Bestimme die spezifischen Ängste, Bedenken und Befürchtungen, die damit in Zusammenhang stehen. Stell dir nun jede einzelne dieser Ängste als schwarzen Energieball vor. Die Bälle können unterschiedlich groß sein.
Nimm nun mit Unterstützung der heilenden Engel einen riesengroßen Hammer und haue den ersten Energieball in eine Million kleiner Stücke. Bitte die Engel, die Reste wegzuräumen, was sie mit Freuden tun werden. Mache das Gleiche mit all deinen Bedenken und Befürchtungen.
Wenn dieser Prozess vollendet ist, wirst du in der Lage sein, graziös und ohne Angst mit den Veränderungen mitzufließen, die sich in deinem Leben vollziehen. Bedanke dich und vergiss nicht, dich zu erden, einzustimmen und zu schützen.

AFFIRMATIONEN

- Ich gebe zu, dass Veränderung eine für das Wachstum positive Kraft ist.
- Ich bin offen für Veränderungen.
- Mit Leichtigkeit fließe ich im Strom des Wandels mit.

7. Juni

Inneres Heiligtum

Auch wenn du in der äußeren Welt vielleicht harte Zeiten durchlebst, kannst du immer Zuflucht zu den inneren Welten nehmen. Schaffe dir dort ein inneres Heiligtum, einen heiligen Ort, an den du dich zurückziehen kannst und der nur dir gehört. Ein Besuch in deinem inneren Heiligtum – und sei es nur für ein paar Minuten am Tag – wird dir Frieden, Harmonie und Entspannung schenken sowie die Energie, dein Leben mit Freuden weiterzuführen.

MEDITATION

Denke an deinen Lieblingsplatz in der Natur. Das ist entweder ein realer Ort oder ein Ort, der nur in deiner Phantasie existiert. Sieh nun, wie du Hand in Hand mit deinem Schutzengel zu diesem Ort gehst. Der Platz strahlt Frieden, Ruhe und Gelassenheit aus. Die Luft ist süß und klar, erfüllt vom Gesang der Vögel, und die Pflanzen und Blumen strotzen vor Farben und Vitalität. Du findest einen bequemen Platz zum Sitzen und bestaunst die Wunder deines inneren Heiligtums. Jedes Mal, wenn du es besuchst, ist es noch schöner und noch friedlicher. Je öfter du hierher kommst, desto mehr fühlst du dich in diesem heiligen Raum zu Hause.
Danke deinem Schutzengel, dass er dich begleitet hat. Achte darauf, dass du niemals jemand anderem erlaubst, diesen Raum mit dir zusammen zu bewohnen. Reserviere ihn für dich ganz allein.
Vergiss nicht, dich zu erden, einzustimmen und zu schützen.

AFFIRMATIONEN

- Ich schaffe mir mein eigenes inneres Heiligtum.
- Mein inneres Heiligtum ist ein heiliger Ort, der nur mir allein gehört.
- Wenn ich mein inneres Heiligtum besuche, fühle ich mich zutiefst genährt und verjüngt.

8. Juni

Der Duft einer Rose

Nimm dir Zeit, die Rosen zu riechen, mein liebstes Kind. Was für ein Vergnügen ist das! Mitten im Hin und Her deiner geschäftigen Welt hast du vergessen, die kleinen Dinge im Leben zu schätzen, und doch gibt es immer wieder kleine Wunder zu betrachten, überall um dich herum: das Lächeln eines Kindes, das Schnurren deiner Katze, der Gesang des kleinen Rotkehlchens vor deinem Fenster, die ersten grünen Blätter, die im Frühling sprießen ... Es ist Zeit, den Duft der Rosen zu genießen ... Mach dir die kleinen Geschenke des Lebens, die Geschenke, die du jeden Tag haben kannst! Ganz umsonst!

MEDITATION

Mache dir heute, für den Anfang, die Mühe, dein Herz zu öffnen und auf die kleinen Dinge im Leben zu achten. Du wirst erstaunt sein, wie viele unerwartete Geschenke das Universum für dich bereithält. Freu dich daran!

AFFIRMATIONEN

- Ich nehme mir Zeit und gehe nach draußen, um den Duft der Rosen zu genießen.
- Ich schätze die kleinen Geschenke, die Gott mir machen will.
- Ich freue mich über die kleinen Wunder des Universums.

9. Juni

Heilende Gedanken

Unterschätze die Macht der heilenden Gedanken nicht. Vielleicht fühlst du dich manchmal schrecklich hilflos angesichts des Leidens, das Menschen und Tiere gleichermaßen betrifft. Doch was dir dabei nicht bewusst ist, ist die Tatsache, dass du über große Macht verfügst. Du hast die Macht zu heilen und einen positiven Unterschied zu machen, denn du kannst jedem Menschen, jedem Tier, jedem Ort und jedem Teil der Natur, der Heilung braucht, liebende Gedanken schicken. Indem du das tust, leistest du einen großen Dienst. Zur Belohnung wirst du dich stark und in dem Wissen bestätigt fühlen, dass du dort einen positiven Beitrag geleistet hast, wo er gebraucht wurde.

MEDITATION

Das nächste Mal, wenn du im Fernsehen (schlechte) Nachrichten siehst oder sie in der Zeitung liest, schicke den Opfern wie den Tätern gleichermaßen heilende Gedanken und tu dasselbe mit allen Ereignissen und Menschen, die dich in irgendeiner Weise stören oder aufregen. Dann kannst du guten Gewissens sagen, dass du dir Mühe gegeben und dazu beigetragen hast, das Leid der Welt zu lindern.

AFFIRMATIONEN

- Die Macht zu heilen ist grenzenlos.
- Liebende Gedanken sind frei und können leicht dorthin weitergegeben werden, wo man sie braucht.
- Indem ich liebende Gedanken aussende, trage ich zur Heilung der Welt bei.

10. Juni

Wahrer des Friedens

In einer von Kriegen und Kämpfen gebeutelten Welt musst du ein Wahrer des Friedens sein. Beginne damit, dass du den Frieden in dir selbst wahrst. Wenn dir das gelungen ist, wirst du in der Lage sein, die Energie des Friedens aus dem stillen Zentrum in deinem Innern auf deine Familie auszustrahlen und so auch dort Frieden zu wahren und zu fördern. Wenn ihr, du und deine Familie, im Frieden seid, wird noch mehr friedliche Energie in die ganze Welt strahlen. Dann hat der Frieden seine mächtigen Flügel ausgebreitet und hebt ab.

MEDITATION

Finde dein eigenes Friedenssymbol. Es kann eine Taube sein oder eine Blume. Sieh dieses Symbol vor dir und erfülle es mit den Strahlen der bedingungslosen Liebe aus deinem Herzen.
Wenn das Symbol ganz mit der Kraft der Liebe aufgeladen ist, pflanze es in die Herzen all deiner Brüder und Schwestern auf diesem Planeten. Beobachte, wie die Energie deines Friedenssymbols wächst und wächst, bis schließlich die ganze Menschheit durch das strahlende Licht des Friedens verbunden ist.
Mache diese Übung öfter.
Vergiss nicht, dich zu erden, einzustimmen und zu schützen.

AFFIRMATIONEN

- Ich schaffe Frieden in meinem Herzen.
- Wenn ich im Frieden mit mir selbst bin, hat das Einfluss auf meine Umwelt.
- Frieden und Harmonie ist der natürliche Seinszustand der ganzen Menschheit.

11. Juni

Ausdehnung

Weil dein Leben unendlich ist, hat Gott dir auch die Chance gegeben, dich über alle Grenzen hinweg auszudehnen. Du kannst nach Belieben wachsen und dich ausdehnen. Du kannst aus einer grenzenlosen Vielfalt von Erfahrungen wählen. Wenn eine nicht glücklich verläuft, kannst du wieder neu wählen. Als Mitschöpfer Gottes hast du unbegrenzte Macht, zu erschaffen, zu wachsen und dich auszudehnen. Mach zunächst all deine Träume wahr und finde dann heraus, wie viel Gott noch für dich auf Lager hat.

MEDITATION

Stell dir sichtbar und fühlbar vor, wie du an Größe und Erfahrung wächst.
Du bist jetzt so groß wie ein Baum. Wie fühlt sich das an?
Du wächst noch weiter und bist jetzt so groß wie ein Wolkenkratzer. Was siehst du und wie fühlst du dich, wenn du so groß bist?
Du wächst noch weiter und gleichzeitig wächst auch deine Selbsterkenntnis, bis du in der Lage bist, von oben auf die Erde zu schauen und das »größere Bild« zu sehen.

AFFIRMATIONEN

- Ich bin ein grenzenloses Wesen in einem grenzenlosen Universum.
- Ich dehne mich auf wunderbare Weise aus, so, wie ich es erwartet habe, und so, wie ich es nie erwartet hätte.
- Ich bringe grenzenlose Freude in mein Leben.

12. Juni

Toleranz

Toleranz sollte die Eigenschaft im Herzen einer jeden Gesellschaft sein. Doch das ist leider nicht der Fall. Mangelnde Toleranz führt nach wie vor zu Kriegen und verursacht viel Unruhe und viel Traurigkeit auf diesem Planeten. Was kann man tun, um hier eine dauerhafte Änderung herbeizuführen? Wenn du eine positive Veränderung herbeiführen willst, fang einfach mit dir selbst an. Wo liegen deine eigenen Toleranzgrenzen? Wie tolerant bist du, wenn es um deine eigenen Fehler und Schwächen geht? Wie tolerant bist du gegenüber den Unzulänglichkeiten anderer? Bitte erinnere dich an diese große Wahrheit: Was du an anderen als Makel wahrnimmst, musst du bei dir selbst heilen.

MEDITATION

Stell dir vor, du triffst deinen »schlimmsten Albtraum von Mitmensch« auf einer Party oder einer Konferenz. Wenn du direkt mit seiner oder ihrer »entsetzlichen« Persönlichkeit konfrontiert bist, was stört dich dann am meisten an dieser Person? Denke nun darüber nach, warum das so ist und du ihr Benehmen nicht einfach tolerieren kannst. Hangele dich an diesen Themen entlang immer weiter zurück, bis du an der Wurzel deines eigenen Problems angekommen bist. Lass dieses Problem los, vergib dir und heile dich selbst. Du wirst merken, dass du das nächste Mal, wenn du einer solchen Person im wirklichen Leben begegnest, in der Lage bist, ihre Benehmen liebevoll zu tolerieren.

AFFIRMATIONEN

- Ich bin meinen eigenen Fehlern und Unzulänglichkeiten gegenüber tolerant.
- Ich übe Toleranz in allen Situationen, in die ich gerate.
- Ich halte Ausschau nach dem Besten in jedem Menschen.

13. Juni

Mit Liebe Opfer bringen

Gott will nur, dass du Opfer bringst, wenn du sie vom Standpunkt der bedingungslosen Liebe aus bringen kannst. Allzu oft werden Opfer zwar gebracht, doch dann bereut man, dass man sie gebracht hat, fühlt sich schlecht und spricht negativ darüber. Wenn es ums Opferbringen geht, lässt Gott dir die Wahl. Fühlst du dich selbst stark genug? Hast du genügend Liebe auf Lager, um ein Opfer wagen zu können, oder wird der Schuss nach hinten losgehen und deine Freunde, deine Familie und dich selbst treffen?
Wenn du im Zweifel bist, solltest du immer nein sagen!

MEDITATION

Stell dir vor, du gibst etwas, das dir viel bedeutet und wirklich teuer ist, an jemanden in Not. Wie fühlt sich das an?
Spürst du einen inneren Widerstand dagegen, dieses Opfer zu bringen? Wenn ja, geht dieser Widerstand von dem aus, was du aufgegeben hast? Nimmst du der anderen Person jetzt übel, dass sie es bekommen hat? Arbeite an allen Themen, die mit deinem Widerstand in Verbindung stehen, bis du in der Lage bist, sie zu heilen und loszulassen.
Wenn du in der Lage bist, ein Opfer mit Liebe zu bringen und ohne jede Spur von Bedauern, wird es dir nicht länger wie ein Opfer vorkommen.

AFFIRMATIONEN

- Alle meine Opfer werden mit Liebe gebracht.
- Jedes Opfer, das mit Liebe gebracht wird, fließt leicht und mühelos.
- Ich gebe Liebe um der Liebe willen.

14. Juni

Deine Familie

Deine besten Lehrer sind deine Familie und deine engsten Freunde. Sie leisten dir den unbezahlbaren Dienst, »all deine Knöpfe zu drücken«. Niemand kann das besser als ein geliebter Mensch. Wenn ein Fremder so etwas tun würde, wäre es dir völlig egal. Wenn also das nächste Mal ein »Angstknopf« gedrückt wird, dann sei dankbar für den Dienst, den deine Familie und deine Freunde dir erweisen. Wie sonst könntest du herausfinden, welche Teile von dir immer noch geheilt und ganz gemacht werden wollen?

MEDITATION

Lass deinen letzten Streit mit einem Familienmitglied oder einem engen Freund wie einen Film vor dir ablaufen. Wie hast du in dieser Situation reagiert? Was kannst du aus diesem Streit lernen, wenn du ihn von deinem neuen, bewussten Blickwinkel aus betrachtest? Welche Knöpfe wurden gedrückt? War es der Knopf der Angst, der Unsicherheit oder vielleicht der des falschen Stolzes?
Heile die entsprechenden Themen und betrachte das Ganze als eine Lektion, die du nun gelernt hast. Vergib und geh weiter.

AFFIRMATIONEN

- Ich achte und würdige meine Familie und meine Freunde.
- Ich bin dankbar für die Lebenslehren, die sie mir bieten.
- Was ich in mir selbst heile, heile ich auch in meiner Familie und in meinen Freunden.

15. Juni

Dein Geburtstag

Dein Geburtstag ist ein ganz besonderer Tag, mein Kind. An diesem Tag hat Gott beschlossen, noch einer Seele die Möglichkeit zu geben, Ihm näher zu kommen und Ihn in allem zu erkennen und zu erleben. Die Wunder des Universums sind da, um von dem neugeborenen Kind erforscht zu werden. Als Werkzeuge für diese Expedition hat deine Seele einen Körper, einen Geist und Gefühle bekommen. Setze sie weise ein, und der Erfolg deiner irdischen Reise ist garantiert.

MEDITATION

Jeder Tag kann dein Geburtstag sein.
An jedem Tag kannst du neue Ideen in dein Leben bringen.
An jedem Tag kannst du noch mehr Liebe in die Welt tragen.
Ein Geburtstag will gefeiert werden.
Betrachte das Leben als nie endende Reihe von Geburtstagen,
die alle gefeiert werden müssen.
Sei glücklich!

AFFIRMATIONEN

- Ich bin ein einzigartiges Kind Gottes.
- Jeder Tag ist mein Geburtstag.
- Ich sehe die Welt jeden Tag ganz neu.

16. Juni

Läuterung

Läuterung spielt eine wichtige Rolle in deinem Leben, denn sie hält deinen Geist, deinen Körper und deine Emotionen rein, hell und strahlend. Du musst deinen Körper reinigen, indem du viel Wasser trinkst und gesunde Nahrung zu dir nimmst. Aber ebenso wichtig ist, dass du deine Gedanken von aller Negativität befreist. Wenn du dann noch zulässt, dass alle Traurigkeit, alle Wut und aller Groll aus deinem Herzen gespült werden, ist deine Läuterung vollkommen.

MEDITATION

Stell dir vor, du stehst unter einem Wasserfall, der sich von einem Amethystfelsen ergießt.
Spüre, wie das klare Gebirgswasser deine Energiezentren durchspült und am Ende ein wenig trübe über deine Füße den Beg hinunterfließt.
Lass das kristallklare Wasser dann durch all deine Organe und schließlich durch die sieben Schichten deiner Aura fließen.
Wenn das abfließende Wasser ganz klar ist, ist deine Läuterung zunächst beendet.
Es wäre von Vorteil für dich, diese Reinigungsübung oft zu wiederholen.
Achte darauf, dass du geerdet, eingestimmt und geschützt bist.

AFFIRMATIONEN

- Ich achte darauf, meinen Geist, meinen Körper und meine Emotionen regelmäßig zu läutern.
- Ich bin auf »negativitätsfreier« Diät.
- Ich umgebe mich nur mit positiven, erbaulichen Menschen und Bildern.

17. Juni

Sei standhaft

Standhaftigkeit in Bezug auf gewählte Aufgaben oder gesetzte Ziele ist eine Eigenschaft, die anzustreben sich lohnt. Standhaftigkeit bietet dir einen Anker in der rauen See des Lebens. Dein Vertrauen, deine Geduld und dein Glaube an Gott sorgen für ständigen Fortschritt auf deinem auf- und abwärts führenden Weg zu Erfüllung und Selbsterkenntnis. Bleibe fest sowohl auf Gott als auch auf dein Ziel konzentriert, und du kannst gar nicht anders, als das Ziel zu erreichen, das du dir gesteckt hast.

MEDITATION

Denke über die Reise deines Lebens nach. Hast du dich bisher wie ein steuerloses Schiff mitten im weiten Ozean gefühlt?
Gib Gott die Erlaubnis, das Schiff deines Lebens von jetzt an zu steuern. Konzentriere dich ganz auf Gott. Er wird dir ein Rettungsanker sein, wann immer du einen brauchst.
Eine problemlose Reise zu dem von dir gewählten Ziel ist von göttlicher Seite gesichert.

AFFIRMATIONEN

- Ich wähle Gott als Kapitän für meine Lebensreise.
- Ich vertraue darauf, dass Gott mich sicher führen und mein Schiff auch durch raue See steuern wird.
- Ich weiß, dass Gott mein Anker ist.

18. Juni

Gib und dir wird gegeben

Je mehr du gibst, desto mehr wirst du bekommen. Das ist eine wunderbare Wahrheit, mein liebes Kind. Warum ist das so? Einfach, weil das Geben so viel Freude macht und Freude immer mehr Freude anzieht. Das ist das kosmische Gesetz, »Gleiches zieht Gleiches an«, in Aktion. Derjenige, der im Überfluss gibt, wird im Überfluss erhalten.

MEDITATION

Versprich dir selbst, dass du heute so viele Lächeln an Hinz und Kunz verschenken wirst wie nur möglich. Und dann geh in die Welt hinaus und halte dein Versprechen.
Frage dich am Ende des Tages, wie es war.
Es muss doch ein wunderbares Erlebnis gewesen sein, so viele Lächeln zurückzubekommen.

AFFIRMATIONEN

- Ich gebe, weil ich Freude am Geben habe.
- Ich gebe, ohne etwas dafür zu erwarten.
- Indem ich gebe, verstärke ich meinen göttlichen Überfluss.

19. Juni

Trautes Heim

Liebe dein Zuhause! Egal ob es ein Haus ist, eine Wohnung, ein Wohnwagen, ein Zelt oder ein einfaches Zimmer irgendwo. Sei dankbar für das Dach über deinem Kopf und ehre, respektiere und schätze, was dir gegeben wurde. Erfülle dein Heim vor allem mit Liebe und Licht und außerdem mit freundlichen Gedanken, Blumen und süßer Musik. Ein solches Heim wird eine heilende Stätte für jeden sein, der es betritt.

MEDITATION

Wie sehr wird dein Heim geliebt?
Stell dir vor, du nimmst das Dach deines Heims ab, sodass strahlendes Sonnenlicht in jede Ecke dringen kann. Sieh dich dann selbst, wie du dein Zuhause mit Blumen, Kristallen, Räucherwerk, Kerzen und anderen schönen Dingen schmückst, und höre die wunderschöne, erhebende Musik, die du aufgelegt hast. Wenn du damit fertig bist, lege das Dach wieder auf.
Du hast dein ganz eigenes kleines Stück vom Himmel auf Erden geschaffen, um darin zu wohnen.

AFFIRMATIONEN

- Mein Heim ist erfüllt von Liebe und Licht.
- Ich bin dankbar für das Heim, in dem ich lebe.
- Ich respektiere und achte, was Gott mir gegeben hat.

20. Juni

Glaube

Dein Glaube an Gott und die göttlichen Prinzipien in dir selbst ist das »Schnellzugticket« zu deiner Befreiung. Sobald du in den »Zug des Glaubens« eingestiegen bist, fährst du mit Volldampf auf dein von Gott geplantes Ziel zu. Alles, was du tun musst, ist, dir dein Vertrauen und deinen Glauben an Gott zu bewahren und die Fahrt zu genießen.

MEDITATION

Stell dir vor, du gehst in einen riesigen Bahnhof, der ganz aus weißem Marmor erbaut ist. Das ganze Personal, das hier arbeitet, besteht aus Engeln. Du fragst einen der Stationsvorsteher-Engel, von wo dein Zug abfährt, und der Engel bittet um dein Ticket. Zu deiner Verwunderung ist der folgende Text darauf abgedruckt: »... (dein Name) fährt mit dem Glaubenszug Nummer 1, Ziel: Selbstverwirklichung.« Der Engel zeigt dir die richtige Richtung. Du besteigst den Zug, nachdem du Gott erlaubt hast, die Weichen für deine Reise ins Licht zu stellen.
Vergiss nicht, dich zu erden, einzustimmen und zu schützen.

AFFIRMATIONEN

- Ich glaube fest an den himmlischen Plan, den Gott für mich entworfen hat.
- Mein Glaube an Gott und die göttlichen Eigenschaften in mir selbst wächst von Moment zu Moment.
- Alles, was ich selbst nicht bewältigen kann, lege ich vertrauensvoll in Gottes Hand.

21. Juni

Die Verbindung

Du bist mit der ganzen Schöpfung verbunden und der ganze Kosmos steht seinerseits mit dir in Verbindung. Du und der Kosmos, ihr seid ein lebendiges, atmendes Wesen, das ständig wächst, sich ständig ausdehnt und ständig seine Form ändert. Jeder einzelne Gedanke, den du denkst, hat Einfluss auf das Ganze. Jedes Wort, das du sprichst, hallt im gesamten Universum wider und jede deiner Taten hat Einfluss auf den Kosmos als Ganzes. So groß sind Macht und Einfluss deines Wesens.

MEDITATION

Denke zunächst darüber nach, was so viel gegenseitige Verbundenheit bedeutet. Denke dann einen liebenden Gedanken und stelle dir vor, welche Wirkung er auf die gesamte Schöpfung hat.
Sprich nun ein liebevolles Wort oder einen liebevollen Satz laut aus und stell dir vor, welche Wirkung das auf das Universum hat.
Sieh dich schließlich selbst, wie du eine gute Tat vollbringst, und beobachte, wie sich die Wirkung dieser Tat entfaltet und den gesamten Kosmos positiv beeinflusst.

AFFIRMATIONEN

- Mein Körper, mein Geist und meine Seele sind untrennbar mit der gesamten Schöpfung verbunden.
- Jeder meiner Gedanken, jedes meiner Worte und jede meiner Taten hat eine tief greifende Wirkung auf das gesamte Universum.
- Ich setze meine Gedanken, Worte und Taten auf positive und liebevolle Weise ein.

22. Juni

Liebevolle Strenge

Du kennst den Begriff »liebevolle Strenge«, weißt aber nicht immer ganz genau, was er bedeutet und wie er anzuwenden ist. Wenn du mit bedingungsloser Liebe aus deiner eigenen Wahrheit und Integrität heraus handelst, wirst du manchmal Dinge sagen und tun müssen, die deine Lieben nicht unbedingt hören oder erleben wollen. Doch in deinem Herzen weißt du genau: Indem du bei deiner Wahrheit bleibst, hilfst du deinen Lieben, diese Wahrheiten selbst zu erkennen, zu fühlen und am eigenen Leib zu erleben. Du handelst als echter Katalysator des Wandels für die anderen. Ein solches Benehmen erfordert auf deiner Seite den Mut der Überzeugung. Indem du nicht von der göttlichen Wahrheit abweichst, erweist du deinen Lieben einen wunderbaren Dienst.

MEDITATION

Denke an eine Situation, in der du mit »liebevoller Nachgiebigkeit« gegen das gehandelt hast, was deine innere Wahrheit und deine Intuition dir zu sagen versuchten. Was ist dabei herausgekommen?
Nun stelle dir diese Situation erneut vor, nur dass du diesmal mit »liebevoller Strenge« handelst. Male dir aus, wie sich die Szene über die anfängliche Reaktion der anderen Person hinaus entwickelt. Wie hat dein neuer Ansatz den Ausgang der Situation beeinflusst? Bitte Gott und die Engel um die Kraft, den Mut und die Überzeugung, bei deiner Wahrheit zu bleiben und bedingungslos zu lieben.

AFFIRMATIONEN

- Ich liebe wahrhaft und bedingungslos.
- Ich stehe fest zu meiner eigenen Wahrheit.
- Ich habe den Mut, vom Standpunkt meiner eigenen Wahrheit aus zu handeln.

23. Juni

Göttliche Natur

Was für ein göttliches Wunderwerk die Natur doch ist! Wie viele Schätze man hier finden kann! Trillionen von Grashalmen wiegen sich sanft im Wind; Blüten in Myriaden von Farben wenden sich der Sonne am Himmel zu; Vögel erfüllen die Luft mit ihrem Gesang, Ozeane schwappen sanft über die Strände ... und inmitten all dieser Wunder der Natur wandelt das größte Wunder von allen – DU. Nimm deinen rechtmäßigen Platz in der Schöpfung ein. Fülle ihn würdig aus und mache das Beste aus deinem göttlichen Erbe.

MEDITATION

Du gehst durch einen Zauberwald und stellst fest, dass du dich mit der ganzen Schöpfung unterhalten kannst. Zu deiner Verwunderung wurde dir die Gabe verliehen, mit den Tieren, den Feen und den Baumgeistern des Waldes zu sprechen. Vertiefe deine magische Begegnung und freue dich daran.

AFFIRMATIONEN

- Ich stimme mich auf die göttliche Magie der Natur ein.
- Ich akzeptiere und respektiere mein göttliches Erbe und halte es in Ehren.
- Ich lebe mein Leben in Harmonie mit der Natur.

24. Juni

Das Universum führt dich

Wer bist du? Du bist das Universum und das Universum ist in dir. Die Meere, die Berge, die Sterne und die Galaxien, all das ist in deinem Wesen enthalten. Du und die Schöpfung, ihr seid EINS. Du und dein Schöpfer, ihr seid EINS.

MEDITATION

Denke darüber nach, dass du immer im Zentrum des Universums bist, und zwar egal, wo du dich gerade aufhältst. Du BIST das Zentrum!
Nun, in dieser Meditation, WIRST du dieses Zentrum und spürst, wie es sich in dir ausdehnt.
Jedes Mal, wenn du einatmest, wächst das Universum in dir. Es wird größer und größer; es dehnt sich aus und wächst mit jedem Atemzug, bis es allumfassend ist und du deutlich spürst, wie die Trennung zwischen dem inneren Du und dem äußeren Universum allmählich verschwindet. Du und das Universum, ihr seid eins geworden.
Dieses Gefühl wird anfangs wahrscheinlich nur von kurzer Dauer sein. Dann wirst du deine Energie wieder zurückbringen müssen, indem du dich auf dein Herz konzentrierst und darauf achtest, dass du über deinen goldenen Wurzeln gut geerdet bist.
Mache diese Übung, bis sie für dich ganz real ist.
Vergiss nicht, dich zu erden, einzustimmen und zu schützen.

AFFIRMATIONEN

- Ich bin das Universum und das Universum ist in mir.
- Ich bin eins mit der ganzen Schöpfung.
- Ich bin eins mit meinem Schöpfer.

25. Juni

Liebe, der universale Superkleber

Was hält das Universum zusammen? LIEBE! Liebe ist der »universale Superkleber«, der alles zu einem harmonischen Ganzen zusammenfügt. Du bist dir dieser Tatsache vielleicht nicht bewusst, weil du an der Oberfläche viel Unruhe und große Ungerechtigkeit wahrnimmst. Doch das ist nur eine Übergangsphase, ein Abarbeiten von Weltenkarma nach dem Gesetz des Schöpfers. Wenn du bewusster wirst und anfängst, nach dem universalen Superkleber Liebe Ausschau zu halten, wirst du sein Wirken in allem, was du siehst und erlebst, beobachten können.

MEDITATION

Denke über die verbindende Wirkung deiner Liebe nach.
Wird deine Liebe bedingungslos gegeben?
Wo kannst du ihre Wirkung deutlich beobachten?
In welchen Bereichen deines Lebens könntest du den universalen Superkleber Liebe viel großzügiger einsetzen?

AFFIRMATIONEN

- Das Universum ist aus Liebe geschaffen und wird von Liebe zusammengehalten.
- Ich erkenne die Macht der Liebe überall um mich herum.
- Als Mitschöpfer Gottes bringe ich meine einzigartige Marke des universalen Superklebers großzügig zur Anwendung.

26. Juni

Selbstkritik

Wie oft kritisierst und verachtest du dich selbst und machst dein Leben und nicht selten auch das Leben anderer damit zur Hölle? Ist dir klar, warum du dir so etwas Destruktives antust? Halte inne und denke darüber nach, woher diese Selbstkritik in Wirklichkeit kommt! Du wirst herausfinden, dass die destruktive Stimme in deinem Innern eigentlich die einer Instanz außerhalb von dir ist. Ursprünglich gehörte sie vielleicht einem kritischen Elternteil, einem Lehrer, einem Freund oder einem Chef von dir. Beschließe nun, dass keine dieser Stimmen weiterhin Macht über dich haben soll.
Tu dein Bestes, dich dafür zu ehren, zu lieben und zu respektieren.

MEDITATION

Stell dir deinen Kopf wie ein großes Radio vor und deine unterschiedlichen Gedanken wie Radioprogramme, die von verschiedenen Sendern ausgestrahlt werden. Du hast den Programmwahlschalter dieses Radios unter Kontrolle. Erlaube nun einem Gedanken, bei dir »auf Empfang« zu gehen. Wenn es sich um einen kritischen Gedanken handelt, drehst du das Radio einfach leiser und blendest den negativen Sender allmählich aus, bis er ganz weg ist. Bekämpfe einen negativen Gedanken niemals und argumentiere auch nicht mit ihm herum, denn Widerstand gegen etwas bewirkt nur, dass es dir erhalten bleibt. Drehe, wenn ein positiver, liebevoller Gedanke auf Empfang geht, das Radio auf, bis dein ganzes Wesen mit der positiven Energie dieses Gedankens erfüllt ist. Vergiss nicht: Du hast die Kontrolle über deinen Gedanken!

AFFIRMATIONEN

- Ich entlasse alle kritischen Stimmen aus meinem Kopf.
- Ich behandle mich selbst bedingungslos rücksichtsvoll.
- Ich liebe mich bedingungslos.

27. Juni

Energiemedizin

Wie ernst nimmst du dich selbst? Wie wichtig bist du und wie wichtig ist alles, was du tust? Führt dich dein kleines Selbst an der Nase herum? Das ist sehr wahrscheinlich, mein liebes Kind, denn das niedere Ego, dein kleines Selbst, muss ernst genommen werden, damit es überleben kann. Es wird versuchen, dich auf jede nur mögliche Weise von seiner Wichtigkeit zu überzeugen. Fall nicht auf diese Spielchen herein. Lass nicht zu, dass dich das niedere Ego in seinem Würgegriff hat. Lache über seine vergeblichen Versuche, dich von deinem Weg der Selbstverwirklichung abzubringen. Verordne dir hier und da eine ordentliche Dosis Energiemedizin, sprich: Humor!

MEDITATION

Du hast Hausaufgaben auf!
Deine Hausaufgaben bestehen darin, dir mindestens einen witzigen Film pro Woche anzuschauen oder in der Zeit mindestens zwanzig Seiten eines lustigen Buches zu lesen.
Halte außerdem Ausschau nach witzigen Situationen, die sich in deinem Alltag ergeben.
Nutze Humor als Mittel zur Transformation.

AFFIRMATIONEN

- Ich nehme mich selbst leicht.
- Ich erkenne, dass Humor ein Mittel zur Transformation ist.
- Ich nehme mein niederes Egoselbst mit einer gehörigen Portion Humor.

28. Juni

Die Kraft der Sonne

Du bist ein Wesen des Lichts und wirst von den liebevollen Strahlen der Sonne genährt – jener Sonne, die ihre Energie so selbstlos an dich und den ganzen Planeten weitergibt. Tag für Tag erscheint sie am Himmel, wärmt und nährt dich, lässt Getreide wachsen und bringt dein Herz zum Singen. Wenn die Sonne das nächste Mal aufgeht, dann danke für dieses Wunder, denn ohne es wäre kein Leben auf diesem Planeten möglich.

MEDITATION

Nimm dir vor, morgens ganz früh aufzustehen, um den Sonnenaufgang mitzuerleben.
Wenn die Sonne dann aufgeht, danke ihr und den Sonnenengeln für den Dienst, den sie Mutter Erde, den Naturreichen und der ganzen Menschheit erweisen. Lass die ersten Sonnenstrahlen in dein Herz und in deine Seele dringen und erweise Gott von ganzem Herzen Ehre für das Geschenk, das Er dir macht.
Viel Freude mit diesem sonnigen Tag!

AFFIRMATIONEN

- Ich ehre die Sonne und die Sonnenengel für den Dienst, den sie mir erweisen.
- Ich erlaube den Sonnenstrahlen, mein Herz und meine Seele zu füttern.
- Sonnenlicht ist Seelenspeise.

29. Juni

Vierundzwanzig-Stunden-Meditation

Die Art und Weise, wie du dein Leben führst, ist deine Meditation, mein liebes Kind. Es genügt nicht, eine Zeit lang in Meditation zu sitzen, wenn du danach aufstehst und ein Benehmen an den Tag legst, das Liebe, Freundlichkeit, Rücksicht und Integrität vermissen lässt. Es genügt nicht, zu predigen und anderen Lehren zu erteilen, wenn du dich selbst nicht an das hältst, was du lehrst. Es würde jedoch genügen, stets in deinem wahren authentischen Selbst zu verweilen, in deinem göttlichen Selbst, das jederzeit vom Standpunkt der selbstlosen Liebe aus handelt. Bedenke, wie viel Mühe es macht, die Vorspiegelung deines falschen Ich aufrechtzuerhalten. Wenn du diesen künstlichen Verhaltensweisen einmal wegzufallen erlaubst, wird deine wahre Natur bald in all ihrer göttlichen Glorie zum Vorschein kommen und die Vierundzwanzig-Stunden-Meditation hat begonnen.

MEDITATION

Stell dir vor, du trägst viele Kleider übereinander. Jedes Kleidungsstück steht für einen negativen Zug oder eine negative Verhaltensweise. Bitte nun die heilenden Engel, dir beim Ausziehen dieser Kleider zu helfen. Eines nach dem anderen fallen die negativen Muster von dir ab. Manche Kleidungsstücke sitzen sehr eng und haben winzig kleine Knöpfe, die alle aufgemacht werden müssen. Doch mithilfe der heilenden Engel fühlst du dich mit jedem Stück, das du ablegst, immer leichter und immer weniger belastet.
Die Engel werfen alle Kleider auf einen Haufen und zünden ihn an. Du schaust zu, wie die Flammen der Läuterung alles verbrennen und nichts zurücklassen und wie am Ende sogar die Asche in Licht verwandelt wird.
Wenn du schließlich im »Adamskostüm« dastehst, führen dich die Engel zu einem heiligen See und du nimmst ein Bad.
Anschließend kommst du aus dem Wasser und die Engel kleiden dich in wunderschöne neue Gewänder. Dein neues Leben beginnt. Du bist wiedergeboren und bereit für die Vierundzwanzig-Stunden-Meditation.
Vergiss nicht, dich zu erden, einzustimmen und zu schützen.

AFFIRMATIONEN

- Mein Leben ist eine Vierundzwanzig-Stunden-Meditation.
- Ich betrachte das ganze Leben als heilig.
- Ich gieße Liebe und Licht in alles, was ich denke, sage und tue.

30. Juni

Entzücken

Lass dich von Gottes Schöpfung verzaubern. Werde wie ein kleines Kind, das die Wunder dieser Welt ganz offen bestaunt. Diese Welt hat dir so viel zu bieten. Du musst nur bereit sein, sie dir mit offenem Herzen anzuschauen.

MEDITATION

Stell dir vor, du gehst durch einen zauberhaften Garten auf eine voll aufgeblühte Blume zu. Was siehst du? Was fühlst du angesichts dieses Wunders der Schöpfung Gottes?
Während du dein Herz öffnest, breitet sich allmählich ein wahres Gefühl des Einsseins und des Staunens in deinem physischen Körper und in deinem Emotionalkörper aus, und dein Geist und deine Seele werden immer weiter …
Danke Gott für die Gaben der Natur und lass dich Tag für Tag aufs Neue verzaubern.
Vergiss nicht, dich zu erden, einzustimmen und zu schützen.

AFFIRMATIONEN

- Ich lasse mich von Gottes Gaben verzaubern.
- Ich bin offen für die entzückenden Geschenke der Natur.
- Ich nehme mir Zeit, die zauberhaften Momente zu genießen, mit denen das Leben mich beschenkt.

Segen für den Monat

Juli

Führung auf deinem Weg

Wenn der Schüler bereit ist,
taucht der Lehrer auf.
Nimm die Hand deines Meisters
und erlaube ihm, dir den Weg zu zeigen ...
Mögest du zur höchsten Erfüllung deines Potenzials geführt werden.
Mögest du zur Verwirklichung deiner kühnsten Träume
geführt werden.
Mögest du zur Erlangung deines höchsten Zieles geführt werden.
Denke daran, dass jeder Stein auf deinem Weg
in Wahrheit ein verkappter Segen ist.

1. Juli

Verleugnen

Warum lebst du in Verleugnung deiner wahren Natur, mein Liebes? Warum hast du dich entschlossen, ein unwürdiger Sünder zu sein? Wie bist du darauf gekommen, dass du nicht gut genug bist, dich eines glücklichen, erfüllten Lebens zu erfreuen? Warum verweigerst du dir weiterhin dein göttliches Erbe? Es gibt keinen Grund, weder auf Erden noch im Himmel, dieses Muster der Verweigerung immer weiterzuführen. Eine solche Auffassung ist sicher nicht Teil des Planes, den Gott für dich entworfen hat. Sehr wohl aber sieht dieser Plan vor, dass es dein Schicksal ist, wie Gott zu werden und schließlich Gott zu sein in all seiner Herrlichkeit. Lass alles Verleugnen sein. Lass dein kleines Selbst einen Schritt beiseite treten und erlaube dem göttlichen Plan, sich zu manifestieren!

MEDITATION

Denke über den Ursprung der Glaubenssätze nach, die deine Göttlichkeit verleugnen. Woher kommen sie in Wirklichkeit? Du wirst unterschiedliche Quellen entdecken und herausfinden, dass keiner aus deinem wahren Selbst kommt. Lege all deine negativen, alten und überholten Glaubenssätze in Gottes Hand und bitte die heilenden Engel, dir dabei zu helfen. Das mag Zeit brauchen und viel Anstrengung auf deiner Seite erfordern, aber wenn du frei bist von den Glaubenssätzen, die man auf dich projiziert hat, wirst du dich für deinen eigenen Weg zu Gott entscheiden können.

AFFIRMATIONEN

- Ich lasse alte Muster des Verleugnens los.
- Mit Freuden nehme ich mein göttliches Erbe an.
- Ich freue mich an Gottes himmlischem Plan für mich.

2. Juli

Gott ist der Dirigent

Warum akzeptierst du Gott nicht als »Dirigenten« deines Lebens? Warum versuchst du alles selbst zu machen? Wie satt du es in Wirklichkeit hast, alles allein zu machen, mein Kind! Es ist eine schwere Last, die da auf deinen Schultern liegt. »Ich muss das tun«, »Ich muss jenes erreichen«, »Ich muss so sein«, »Bei dieser Sache muss genau das herauskommen« ... und so weiter und so fort. So führst du dein Leben die meiste Zeit. Doch woher weißt du, was wirklich am besten für dich und deine Lieben und für den ganzen Planeten ist? Bist du in der Lage, das ganze Bild zu sehen? Nein, mein liebes Kind, das bist du nicht! Du bist sogar weit davon entfernt. Gott ist der Dirigent, nicht nur, weil Er das ganze Bild sieht, sondern auch, weil Er es in seiner grenzenlosen, unerschütterlichen Liebe zu dir erschaffen hat. Akzeptiere diese Wahrheit und deine irdische Last wird von dir abfallen.

MEDITATION

Schau dir das nächste Mal, wenn du im Konzert bist, das Orchester ganz genau an. Du wirst merken, dass sich die Musiker sowohl auf ihre Notenblätter als auch auf den Dirigenten konzentrieren.

AFFIRMATIONEN

- Ich lege meine irdische Last in Gottes Hand.
- Ich lasse zu, dass Gott mein Leben dirigiert.
- Mit Freuden spiele ich meinen Part in der Symphonie des Lebens.

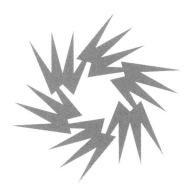

3. Juli

Verwandle deine Wut

Die Emotion Wut ist eine der zerstörerischsten Energien. Lass nicht zu, dass sie dein Leben und das Leben anderer zerstört. Lerne schnell, sie in eine treibende Kraft für das Gute zu verwandeln.

MEDITATION

Du musst dir deine Wut zunächst »aneignen«, denn im Prinzip bist du immer nur wütend auf dich selbst, auch wenn andere als Katalysator für deine Wut herhalten mögen. Dann vergib dir selbst und jedem, der sonst noch mit dem Grund für deine Wut zu tun gehabt haben mag. Nutze die verbleibende Wut-Energie, ähnlich wie Benzin für einen Motor, um in jeder Weise kreativ zu sein, in der du kreativ sein willst.
Gute Möglichkeiten zur sinnvollen Nutzung und Verwandlung von Wut-Energie sind: das ganze Haus putzen, große Wäsche machen oder Auto waschen und Bügeln. Man braucht etwas Übung, um die Kunst der Energieumwandlung wirklich zu beherrschen.

AFFIRMATIONEN

- Ich nehme meine Wut als zu mir gehörig an und projiziere sie nicht auf andere.
- Ich verwandle meine Wut in positive und kreative Energie.
- Ich habe meine Emotionen jederzeit im Griff.

4. Juli

Du bist etwas Besonderes

Du bist wirklich besonders! Ein besonderes, einzigartiges Kind Gottes! Wenn du das für dich als wahr annimmst, bist du keineswegs egoistisch, wie die Gesellschaft dich glauben machen will. Um deine Rolle im großen Puzzle der Schöpfung spielen zu können, musst du besonders sein. Gott muss deine einzigartigen Eigenschaften und Talente ins Spiel des Lebens bringen, damit du sie so gut du kannst zum Ausdruck bringen und verwirklichen kannst. Indem du an deine besonderen Fähigkeiten glaubst und sie Realität werden lässt, verwirklichst du dein göttliches Potenzial.

MEDITATION

Mache eine Liste der Dinge, die du gern tust. Streiche dann die an, von denen du das Gefühl hast, dass du sie von Natur aus besonders gut kannst. Wähle unter diesen wiederum die Aktivitäten aus, die dir am meisten Freude bereiten. Das, was dir am meisten Freude macht und dein Herz wirklich singen lässt, ist der Beitrag, den du nach Gottes Willen zur Vollendung der göttlichen Schöpfung leisten sollst.

AFFIRMATIONEN

- Ich bin etwas Besonderes und habe der Welt eine Menge zu bieten.
- Ich glaube an meine Talente und Fähigkeiten.
- Ich trage am meisten zum göttlichen Plan bei, indem ich mich mit dem beschäftige, was ich am liebsten tue.

5. Juli

Deine Seelengeschwister

Was hast du mit jedem Wesen der Schöpfung gemeinsam? Du hast eine Seele, mein Liebes. Daher ist jeder Mann, jede Frau, jedes Kind und auch jedes Tier dein Seelenbruder oder deine Seelenschwester. Dass du die meisten von ihnen noch nie auf der physischen Ebene getroffen hast und wahrscheinlich auch nie treffen wirst, heißt nicht, dass du auf einer feinstofflichen Ebene, auf der Seelenebene, nicht mit ihnen verbunden bist. Du bist verbunden! Alle Seelen auf diesem Planeten sind untrennbar miteinander verbunden. Führe dir diese allgemein gültige Wahrheit vor Augen: Was immer du für dich selbst tust, hat Einfluss auf all deine Seelenbrüder und Seelenschwestern auf diesem Planeten. Und was du für jemand anderen tust, wirkt sich wiederum auf dich aus.

MEDITATION

Denke über diese Botschaft nach und achte auf die Wahrheit, die darin enthalten ist. Übe dich in der Kunst, weder dir selbst noch irgendeinem anderen Wesen Schaden zuzufügen.

AFFIRMATIONEN

- Ich erkenne meine Verwandtschaft mit der ganzen Menschheit an.
- Ich bin eins mit meinen Seelenbrüdern und Seelenschwestern.
- Ich führe mein Leben so, dass ich weder mir selbst noch irgendeinem anderen Wesen Schaden zufüge.

6. Juli

Ermächtigung

Du bist stark, mächtig und zu großen Taten fähig. Wenn du diese Tatsache nur akzeptieren und die gottgegebene Macht zurückfordern würdest, die du in vielen Leben so bereitwillig abgegeben hast. Selbstermächtigung ist ein wichtiger Schritt in deiner spirituellen und persönlichen Entwicklung. Gott hat dich mit genau der Machtfülle ausgestattet, mit der du umgehen kannst. Nutze sie für deine persönliche Entwicklung und um anderen Gutes zu tun. Vertraue dieser Macht und geh deinen Weg vertrauensvoll weiter.

MEDITATION

Versichere dir selbst, dass alles in »göttlicher Ordnung« ist. Das heißt: Wenn du in Übereinstimmung mit dem Geist und dem Willen Gottes bist, kannst du die Macht, mit der Gott dich ausgestattet hat, überhaupt nicht missbrauchen. Folge deinem Herzen und du wirst deine Macht weise, sinnvoll und zum Guten aller einsetzen.

AFFIRMATIONEN

- Ich nehme meine gottgegebene Macht an.
- Ich gebe mir die Erlaubnis, ein mächtiges Wesen zu sein.
- Ich setze meine Macht mit Liebe und für die Liebe ein.

7. Juli

Spirituelles Wachstum

Dein spirituelles Wachstum findet Tag für Tag, Stunde für Stunde, Minute für Minute statt. Mit jedem heiligen Atemzug, den du tust, kommst du dem Göttlichen ein wenig näher. Bald, wenn dein spirituelles Wachstum in voller spiritueller Reife gipfelt, wirst du erkennen können, dass Trennung eine Illusion ist. Dann wirst du mit deinem Geist, deinem Körper, deinem Verstand und deiner Seele wissen, dass du EINS mit Gott bist.

MEDITATION

Stell dir vor, du bist ein Engel und Gott hat dich gerade mit deinen Flügeln ausgestattet. Wie fühlt es sich an, Flügel zu haben?
Breite sie aus und spüre, wie du immer leichter wirst.
Breite sie erneut aus und spüre, wie sich dein Bewusstsein ausdehnt.
Breite sie nun noch ein drittes Mal aus.
Dein Geist hebt ab und du fliegst davon. Höher und höher steigst du, bis in den Himmel ... und hinein in die Arme deines Schöpfers – Vater/Mutter Gott.
Komm wieder sachte zurück auf die Erde und danke Gott für deine Flügel.
Du hast sie dir verdient!
Vergiss nicht, dich zu erden, einzustimmen und zu schützen.

AFFIRMATIONEN

- Mein spirituelles Wachstum findet die ganze Zeit über statt.
- Gott sichert mir meine göttliche Bestimmung zu.
- Ich bin eins mit Gott und der ganzen Schöpfung.

8. Juli

Übernimm Verantwortung für deine Taten

Außer dir allein ist niemand für deine Taten verantwortlich. Und doch gibst du dir solche Mühe, andere Menschen oder die Umstände für die Folgen deiner Taten verantwortlich zu machen. Die Zeit ist gekommen, zu deiner eigenen Wahrheit und Integrität zu stehen und die volle Verantwortung dafür zu übernehmen, wer du bist, was du bist und wie du dein Leben führst. Bevor du einen Gedanken denkst, ein Wort sagst oder eine Tat ausführst, hast du die Wahl. Wie wird sie ausfallen?

MEDITATION

Fasse den festen Entschluss und gib dir alle Mühe, dir stets voll bewusst zu werden, was vor sich geht, bevor du handelst oder auf eine Situation reagierst. Lass nicht länger zu, dass konditionierte emotionale und mentale Reaktionen dein Leben bestimmen. Wenn du einen Fehler machst, vergib dir selbst und tu weiterhin dein Bestes. Sei nett zu dir selbst!

AFFIRMATIONEN

- Ich übernehme die volle Verantwortung für meine Taten.
- Ich kann wählen, wie ich handle und auf die Herausforderungen des Lebens reagiere.
- Mein Bewusstsein lenkt jeden meiner Schritte auf dem Weg.

9. Juli

Spirituelles Wesen, menschliche Erfahrung

In Wahrheit bist du ein spirituelles Wesen, das menschliche Erfahrungen macht, und nicht etwa ein menschliches Wesen, das spirituelle Erfahrungen macht. Das ist ein großer Unterschied. Dein Körper, der Tempel deiner Seele, ist eine vergängliche Angelegenheit ... Asche zu Asche ... bis du »wiederauferstehst«. Deine Seele jedoch ist unzerstörbar, ewig und grenzenlos. Sie ist die einzige Konstante in den sich ständig verändernden Welten von Geburt und Wiedergeburt. Deine Essenz ist reiner Geist und reiner Geist ist deine Essenz. Das, und nicht weniger als das, ist die göttliche Wahrheit.

MEDITATION

Meditiere über deine göttliche Essenz. Bitte Gott und die Engel, sie mögen dir helfen, dich noch fester mit deinem wahren Selbst zu verbinden.
Sieh dich nun selbst vor einen großen Spiegel treten, in dem du dich ganz sehen kannst. Zu deiner Überraschung schaut dich ein Lichtwesen aus dem Spiegel an. Es sieht aus wie du, nur dass helles Licht aus jeder Pore dieses Wesens strahlt. Aus seinen Augen strahlt bedingungslose Liebe und sein Lächeln strahlt sanfte Freundlichkeit aus.
Nun bittest du dein geistiges/göttliches Selbst, sich im Hier und Jetzt zu dir zu gesellen. Da steigt dein spirituelles Selbst aus dem Spiegel und verschmilzt mit dir. Danke Gott und den Engeln für ihren Beistand.
Vergiss nicht, dich zu erden, einzustimmen und zu schützen.

AFFIRMATIONEN

- Ich bin ein spirituelles Wesen, das menschliche Erfahrungen macht.
- Meine Seele ist ewig und unzerstörbar.
- Nichts und niemand kann mir jemals Schaden zufügen.

10. Juli

Die göttliche Ordnung

Was du als chaotische Welt wahrnimmst, ist hinter dem Schleier der Illusionen eine Welt der perfekten Harmonie und der göttlichen Ordnung. Jedes Ereignis entfaltet sich ganz nach dem göttlichen Plan und genau zur richtigen Zeit. Das Ausmaß dieses Plans und die göttliche Ordnung dahinter sind so groß, dass der menschliche Verstand sie nur sehr schwer begreifen kann. Fang an, nach den Zeichen Ausschau zu halten, die das Universum dir zeigen will, und du wirst bald erkennen, wie die Zähne des Rades ineinander greifen und in perfekter Harmonie zusammenwirken. Sieh in allem das Gute und du wirst das Gute in der Welt anziehen.

MEDITATION

Bedenke dies:
Die Sonne geht jeden Morgen auf ...
Der Mond scheint jede Nacht ...
Tag und Nacht hilft dir die Schwerkraft der Erde, sicher auf dem Boden zu bleiben ...
Du hast Luft zum Atmen ...
Du wirst merken: Wenn du dem Leben erlaubst, sich zu entwickeln, wird alles gut laufen. Doch wenn du versuchst, etwas zu erzwingen, wird es überhaupt nicht klappen.

AFFIRMATIONEN

- Ich lasse los und lasse Gott machen.
- Mein Leben ist in göttlicher Ordnung.
- Ich fließe mit dem Leben mit.

11. Juli

Feiere das Leben

Das Leben ist ein Fest! Feiere die Tatsache, dass du heute Morgen aufgewacht bist und die Chance hast, etwas zu verändern, indem du jemandem einen schönen Tag machst. Das kann durch etwas ganz Kleines geschehen: ein Lächeln, eine helfende Hand oder ein hilfreiches Gespräch mit einem Freund oder einer Freundin. Wie privilegiert du bist, dass du dich der Welt auf so viele Weisen anbieten kannst.

MEDITATION

Lege zur Feier des Tages deine Lieblingsmusik auf.
Stell dir nun vor, dass du von einem wunderschönen rosaroten Licht umgeben bist, und atme dieses Licht der Selbstliebe in all deine Chakren. Erlaube ihm, die sieben Schichten deiner Aura zu erfüllen. Wenn du so weit bist, bitte deine Schutzengel, gemeinsam mit dir zu deiner Musik zu tanzen.
Lass, während du tanzt, alle weltlichen Bürden hinwegschmelzen und durch deine Füße in die Erde fließen. Bedanke dich bei Mutter Erde. Lass zu, dass die Musik dich beruhigt, tröstet und erbaut. Tanze, tanze, tanze!
Feiere dein Leben; feiere alles, was du hast und – ganz wichtig – alles, was du bist und zu geben hast!
Danke deinen Schutzengeln dafür, dass sie mit dir gefeiert haben, und wiederhole diese Übung öfter.
Vergiss nicht, dich zu erden, einzustimmen und zu schützen.

AFFIRMATIONEN

- Ich feiere, dass ich am Leben bin.
- Ich feiere die Geschenke, mit denen Gott mich bedacht hat.
- Mein Leben ist ein einziges Fest der Liebe.

12. Juli

Geist über Materie

Dein Geist, mein Liebes, erschafft deine Wirklichkeit. Die Welt, die du siehst, fühlst und erlebst, ist in Wahrheit das Produkt deiner Einbildungskraft. Du solltest dich also dringend entscheiden, was du erleben möchtest, denn alles, worauf du deine Aufmerksamkeit richtest, wirst du erleben. Der Geist ist der absolute Herrscher über die Materie. Beachte diese Wahrheit und trainiere deinen Geist darauf, in Liebe und Licht zu verweilen.
Dann wird alles gut.

MEDITATION

Mache eine Liste deiner negativen Erwartungen. Sei dir bewusst, dass die meisten dieser negativen Erwartungen von deiner Familie, deinen Freunden und der ganzen Gesellschaft auf dich projiziert wurden. Geh die Liste Punkt für Punkt durch und suche nach der Wurzel jeder einzelnen negativen Erwartung. Mach dich frei davon und lass sie los. Vergib dir selbst und anderen für die Rolle, die sie jeweils gespielt haben. Ersetze nun jeden Punkt auf der Liste durch sein positives Gegenstück. Sei dir am Ende ganz sicher, dass alles gut ausgehen wird, und lege alles in Gottes Hand.
Wiederhole diese Übung, wann immer du im Zweifel bist. Der Erfolg ist dir sicher!

AFFIRMATIONEN

- Ich lasse all meine negativen Erwartungen los.
- Ich habe meinen Geist unter Kontrolle.
- Mein Geist erschafft meine Wirklichkeit.

13. Juli

Verborgene Schätze

Du bist der Fundort eines Schatzes. Es mag dir nicht bewusst sein, aber tief in deinem Innern liegen unglaubliche Schätze verborgen. Glaube an dein göttliches Erbe und vertraue auf den allwissenden Gott in dir, der dich mit allem versorgt. Warum öffnest du deine Schatzkiste nicht und lässt die Welt an dem teilhaben, was du ihr zu bieten hast?

MEDITATION

Atme goldenes Licht tief ein und bringe deine Aufmerksamkeit in dein Herzchakra. Du findest dich sofort in einer Höhle aus Rosenquarzkristallen wieder, die von Hunderten von rosa Duftkerzen hell erleuchtet ist. Mitten in der Höhle steht eine riesige, reich verzierte goldene Truhe. Geh darauf zu und öffne den Deckel.
Du bist entzückt über den Schatz, den du gefunden hast, und freust dich schon darauf, deinen Überfluss mit anderen zu teilen.
Bring deine Aufmerksamkeit in die physischen Bereiche zurück und nimm all deine Schätze mit ins Hier und Jetzt.
Vergiss nicht, dich zu erden, einzustimmen und zu schützen.

AFFIRMATIONEN

- Ich habe der Welt eine Menge zu bieten.
- Ich bin reich in vieler Hinsicht.
- Ich bin privilegiert, weil ich meinen spirituellen, mentalen, emotionalen und physischen Reichtum mit anderen teilen kann.

14. Juli

Dein Heim, dein Heiligtum

Dein Heim ist dein Himmel! Ein Ort, an dem du dich ausruhen, wieder aufladen und erholen kannst. Ist dein Heim ein solcher Ort? Wenn nicht, willst du dir vielleicht einen heiligen Raum in deinem Haus oder deiner Wohnung einrichten, wo all das möglich ist. Wenn du keinen Raum übrig hast, genügt auch eine kleine Ecke. Reinige diesen Raum und schmücke ihn mit Bildern von Engeln oder deinen Lieblingsgottheiten sowie mit Kristallen und frischen Blumen. Entzünde eine Kerze und vielleicht einige deiner Lieblingsräucherstäbchen und verbringe dort einige Zeit in Meditation oder Kontemplation. Du kannst dich an diesem Ort aber auch einfach nur ausruhen und entspannen. Schaffe dir dein eigenes Heiligtum und genieße es!

MEDITATION

Halte, nachdem du deinen heiligen Raum ausgewählt und eingerichtet hast, eine kleine Einweihungszeremonie ab. Öffne zunächst die Fenster, zünde eine Kerze an und bitte den Engel deines Hauses, zum Vorschein zu kommen. Bitte auch deinen Schutzengel, die heilenden Engel und andere Lichtwesen deiner Wahl, diesem heiligen Ort ihren Segen zu geben. Bitte darum, ihn der/dem .... (zum Beispiel: Licht, Entspannung, Meditation, Inspiration oder Heilung) zu widmen. Nachdem du das getan hast, bekräftige es, indem du dreimal laut »So sei es« sagst.
Bedanke dich bei allen Lichtwesen, die dir geholfen haben, und ganz besonders bei dem Engel deines Hauses, der dir von nun an helfen wird, ein hohes Energieniveau in deinem häuslichen Heiligtum aufrechtzuerhalten. Sorge dafür, dass die Energie in deinem Heiligtum klar bleibt, indem du es täglich einer Reinigung unterziehst. Dies kann geschehen, indem du das Fenster aufmachst, etwas Räucherwerk verbrennst und eine Glocke anschlägst, um jede negative Energie zu vertreiben, die in der Luft liegen mag. Genieße dein Stück Himmel auf Erden!

AFFIRMATIONEN

- Mein Heim ist mein Himmel.
- Ich schaffe mir einen heiligen Ort, um mein Wohlergehen zu fördern.
- Mein Heiligtum bietet mir Heilung und Verjüngung in meinem eigenen Haus.

15. Juli

Unterstützung vom Universum

Du lebst in einem Universum des Überflusses, das dich in allem unterstützt, was du tun oder sein möchtest. Wähle Liebe und Licht und alle guten Dinge, und das Universum wird sie dir im Überfluss schenken. Auch wenn du Hass, Furcht und Dunkelheit wählst, wird das Universum dir all das im Überfluss schenken, denn es hat keine andere Wahl, als dir bedingungslos zu Diensten zu sein. Gleiches zieht Gleiches an. Das ist das kosmische Gesetz.

MEDITATION

Du befindest dich im Zentrum des Universums …
Geh nun ganz tief in dein Herz und lass liebevolle Gefühle von deiner Seele ausstrahlen. Mit jedem heiligen Atemzug, den du tust, werden diese wunderschönen Gefühle intensiver. Jedes von ihnen wirkt wie ein Magnet, der wiederum Liebe und Licht anzieht. Fühle, wie das Licht des Universums tausendfach auf dich zurückfällt. Genieße es!
Achte darauf, dass du geerdet, eingestimmt und geschützt bist.

AFFIRMATIONEN

- Ich bin ein Liebesmagnet.
- Das Universum unterstützt mich in all meinen Bemühungen.
- Ich erkenne das kosmische Gesetz an, demzufolge »Gleiches Gleiches anzieht«, und handle entsprechend.

16. Juli

Mut

Sei mutig, mein liebes Kind! Habe den Mut, das Leben zu führen, von dem du träumst! Habe den Mut, zu deinen Überzeugungen zu stehen! Wenn sie aus einem reinen Herzen kommen, hast du nichts zu befürchten. Dann wird deine Liebe alle Hindernisse auf deinem Weg überwinden.

MEDITATION

Hast du den Mut und die Liebe, die du brauchst, um selbst deine größten Ängste zu überwinden? Sei tapfer und finde heraus, welche Ängste das sind. Erkenne sie an und beschließe gleichzeitig, dass du ihnen nicht länger erlaubst, dich im Griff zu haben. Beschließe, dass du den Mut hast, mit diesen Ängsten umzugehen, sie zu heilen und dann ein für allemal aufzulösen. Gott, die Engel und das ganze Universum sind da und brennen darauf, dir zu helfen. Bitte sie um Hilfe in dieser Angelegenheit.

Mach eine Liste deiner schlimmsten Befürchtungen. Lass sie dann eine nach der anderen auf einem Fernsehschirm erscheinen. Du hältst die Fernbedienung in der Hand. Sieh deine Ängste zunächst in Farbe und schalte die Bilder dann auf schwarz-weiß. Lass sie dann immer blasser werden, bis sie völlig vom Bildschirm verschwunden sind. Dann wird eine Notiz eingeblendet: »Angst Nummer eins aufgelöst!«

Mach so weiter, bis du deine ganze Liste abgearbeitet hast. Du wirst diesen Prozess mehrmals wiederholen müssen, für jeden Punkt mindestens dreimal.

Danke Gott und den Engeln für ihre Hilfe.

Vergiss nicht, dich zu erden, einzustimmen und zu schützen.

AFFIRMATIONEN

- Ich habe den Mut, mich von all meinen Ängsten zu befreien.
- Ich bin nun bereit, das Leben zu führen, von dem ich träume.
- Ich bin in der Lage, ein Leben voller Liebe und Glück zu führen.

17. Juli

In guter Gesellschaft sein

Für deine spirituelle, aber auch für deine persönliche Entwicklung ist es von größter Bedeutung, dass du dich in guter Gesellschaft befindest. Verbringe deine Zeit in Gesellschaft von Menschen, die dich unterstützen, fördern, inspirieren und aufbauen. Suche die Gesellschaft der weisen und liebevollen unter deinen Brüdern und Schwestern auf diesem Planeten. Euer gemeinsames Licht wird strahlend hell am spirituellen Horizont aufleuchten.

MEDITATION

Denke an die Menschen, in deren Gesellschaft du dich befindest: deine Familie, Freunde, Bekannte und Arbeitskollegen. Gibt es »schwarze Schafe« darunter? Wenn dem so ist, dann triff dich in Zukunft seltener mit diesen Individuen oder Gruppen. Manchmal ist es sogar besser, die Verbindung ganz zu lösen. Du hast die Wahl.

AFFIRMATIONEN

- Ich löse die Verbindungen zu den Menschen, mit denen ich nicht mehr im Einklang bin.
- Ich habe vor, meine Zeit in guter Gesellschaft zu verbringen.
- Die Gesellschaft liebevoller, gleich gesinnter Menschen baut mich auf.

18. Juli

Der menschliche Geist

Der menschliche Geist ist ein mächtiges Instrument. Unglücklicherweise hast du deinen Geist jedoch meistens nicht unter Kontrolle. Vielmehr hat er dich unter Kontrolle. Wie ein wildes Pferd galoppiert er hin und her und reißt dich mit. Wenn du den Zweck deines Lebens erfüllen willst, musst du zum Herrscher über deinen Geist werden. Wenn das einmal erreicht ist, wird dein Geist zum wunderbaren Zauberwerkzeug, das auf deiner Reise zur Selbsterkenntnis und schließlich zur Selbsterleuchtung unermüdlich für dich arbeitet.

MEDITATION

Nimm dir Zeit, in der du deine Gedanken und Gedankenmuster beobachten kannst. Eine gute Zeit dafür ist beispielsweise die, die du ansonsten mit simplen weltlichen Tätigkeiten wie Geschirrspülen, Autofahren oder Gartenarbeit verbringst. Indem du einfach zum Beobachter deiner Gedanken wirst, kannst du die hartnäckigen, negativen, zerstörerischen Gedanken schnell dingfest machen. Wenn nun einer dieser negativen Gedanken ankommt, umgibst du ihn mit einer goldenen Blase – wie die Sprechblasen aus einem Cartoon – und versiegelst diese. Dann schaust du zu, wie die goldene Blase aus deinem Kopf hinaus in den Himmel fliegt. Beobachte, wie sie weiter und weiter wegschwebt, bis sie platzt und wieder in ihrem Ursprung verschwindet, wo sie in positive Energie verwandelt wird, die in Form von Liebe und Licht zu dir zurückkommt.
Wenn du die volle Kontrolle über deinen Geist gewinnen möchtest, musst du diese Übung eine Zeit lang regelmäßig machen. Viel Glück – und bitte hab Geduld mit dir selbst!

AFFIRMATIONEN

- Ich löse alle negativen und destruktiven Gedankenformen auf und lasse sie los.
- Ich habe meinen Geist unter Kontrolle.
- Mein Geist ist ein wunderbares Werkzeug, das ich weise einsetze.

19. Juli

Erhörte Gebete

Gott erhört all deine Gebete! Manchmal bist du dir dessen nicht bewusst, weil du im Hier und Jetzt keine greifbaren Resultate sehen kannst.
Doch Gott hat den größeren Überblick, und es kann sein, dass das, worum du gebeten hast, dir und deinen Lieben im Moment eher schaden als nützen würde. Glaube, vertraue, hab Geduld und stelle sicher, dass dem, worum du bittest, bedingungslose Liebe als Absicht zugrunde liegt.

MEDITATION

Denke über die Natur und die Essenz deines Gebets nach.
Betest du, damit du dich besser fühlst?
Betest du, um aus Situationen gerettet zu werden, oder weil du willst, dass dir bestimmte Dinge erspart bleiben?
Betest du, weil du in Angst lebst?
Wenn das so ist, dann bitte um Hilfe, dass du alles oben Genannte selbst überwinden kannst. Erst dann bist du bereit, um das zu bitten, was für dich selbst und andere Menschen am besten ist, sowie um den besten Ausgang einer Situation. Dann wirst du in der Lage sein, vom Standpunkt der bedingungslosen Liebe aus zu beten und es Gott zu überlassen, wie das Ganze ausgeht.

AFFIRMATIONEN

- Meine Gebete werden immer erhört.
- Ich bringe meine Gebete mit aufrichtigem Herzen dar.
- Ich bitte von ganzem Herzen um das, was für alle am besten ist.

20. Juli

Sei bereit für Wunder

Glaubst du an Wunder? Wenn nicht, solltest du darauf achten, ob du Wunder nicht davon abhältst zu geschehen. Sei jederzeit bereit für ein Wunder und öffne dein Herz und deinen Geist, damit es geschehen kann. Geh wie ein Kind an die Dinge heran und erwarte nur das Beste für dich und deine Lieben, genau hier und genau jetzt!

MEDITATION

Welche Wunder erhoffst du dir in deinem Leben? Mach eine Liste davon.
Geh die Liste Punkt für Punkt durch und stell dir vor, dass jedes einzelne Wunder schon geschehen ist. Lass die entsprechenden Szenarien so lebendig wie möglich werden und beobachte dich selbst in diesen Situationen.
Wiederhole diese Übung, bis du wirklich das Gefühl hast, dass diese Wunder geschehen. Lege deine Wunschliste dann in Gottes Hand, lehne dich entspannt zurück und warte darauf, dass die Wünsche in Erfüllung gehen. Sei dankbar für das, was du bald bekommen wirst.

AFFIRMATIONEN

- Ich bin bereit für ein Wunder.
- Ich akzeptiere all das Gute, das Gott mir geben will.
- Ich bin bereit, die vielen Geschenke entgegenzunehmen, die das Universum für mich auf Lager hat.

21. Juli

Für sich selbst sorgen

Es ist wichtig, dass du für dich selbst sorgst, mein liebes Kind. Für sich selbst zu sorgen ist weder selbstsüchtig noch eine Verschwendung von Zeit und Geld. Wenn du dich nicht um dich selbst kümmerst, wie glaubst du dann, dich vernünftig um jemand anderen kümmern zu können? Du kannst anderen nur das geben, was du dir selbst zu geben gelernt hast. Auch kannst du nur das geben, was du tatsächlich zu geben hast. Denn sonst wirst du irgendwann an einem Energiedefizit leiden und ausbrennen. Fülle also zunächst deine Tasse und mach dich stark, gesund und widerstandsfähig. Dann wirst du in der Lage sein, anderen großzügig zu geben.

MEDITATION

Stell dir vor, du bist ein Gefäß (so etwas wie ein Messbecher für Mehl oder Zucker). Wie voll ist dieser Becher? Wirf einen genauen Blick auf das Energieniveau in deinen sieben Chakren. Beginne mit dem Basischakra und arbeite dich bis hinauf zum Kronenchakra. Nimm die Messungen vor und notiere die Ergebnisse mit Datum in deinem spirituellen Tagebuch. Achte darauf, dass dein Energieniveau durch genügend Schlaf, eine gesunde Diät aus frischem Obst und Gemüse, Körperübungen, frische Luft, Ruhe und Entspannung sowie viel Spaß wieder ausgeglichen wird.

AFFIRMATIONEN

- Mir ist bewusst, dass ich nicht mehr geben kann, als ich zu geben habe.
- Ich nehme mir Zeit, um meine Batterien wieder aufzuladen.
- Ich passe gut auf mich selbst auf.

22. Juli

Dinge zu Ende bringen

Sieh immer zu, dass du deine Aufgaben und Projekte zu Ende bringst, bevor du dich neueren, grüneren und vielleicht interessanten Weidegründen zuwendest. Achte darauf, dass du sämtliche losen Enden verknotest, denn sonst werden dich deine nicht zu Ende geführten Aufgaben stets verfolgen und für immer in der Vergangenheit festhalten. Wisch die Tafel wirklich sauber. Vollende, was vollendet werden muss. Dann bist du frei für neue Herausforderungen und neue Abenteuer. Eine strahlende Zukunft wartet auf dich.

MEDITATION

Denke an irgendeine nicht abgeschlossene Angelegenheit, die dich betrifft. Was kannst du tun, um die Situation in Ordnung zu bringen? Tu, was du auf der physischen, der emotionalen, der mentalen und der spirituellen Ebene tun kannst, um sie zu bereinigen. Wenn die ungeklärte Angelegenheit Menschen mit einschließt, die nicht mehr bei dir sind, weil sie dich entweder verlassen haben oder verstorben sind, kannst du die Klärung immer noch auf den höheren Ebenen, nämlich auf der spirituellen, der emotionalen und der geistigen Ebene, vornehmen. Vergib dir selbst und bitte alle Beteiligten um Vergebung. (Wenn du die betreffende Person nicht persönlich bitten kannst, bitte dein eigenes Herz um Vergebung. Das genügt.) Löse die alte Situation dann auf und lass sie los.
Schließe dann langsam Schritt für Schritt alles ab, was in deinem Leben noch abgeschlossen werden muss. Das öffnet die Tür zu deiner Befreiung.
Du bist wahrlich frei!

AFFIRMATIONEN

- Ich schließe das Alte ab, bevor ich zum Neuen übergehe.
- Ich kümmere mich jetzt um alle noch unvollendeten Angelegenheiten.
- Ich führe mein Leben ohne Einschränkungen weiter.

23. Juli

Toleranz

Toleranz ist eine Tugend, die sich jeder wahre Sucher aneignen muss. Zunächst musst du lernen, deine eigenen Schwächen zu tolerieren. Umarme dich so, wie du bist, in dem Wissen, dass du das Beste bist und tust, was du kannst. Das Gleiche trifft natürlich auch für den Rest der Menschheit zu, egal wie schlecht dir die Taten und das Benehmen deiner Mitmenschen auch vorkommen mögen. Bitte glaube, dass die Menschheit alles besser oder anders machen würde, wenn sie es besser oder anders machen könnte.

MEDITATION

Was kannst du an dir selbst absolut nicht ausstehen? Identifiziere diesen Teil von dir und übe Toleranz, Vergebung und Freundlichkeit dir selbst gegenüber, damit er heilen kann. Fahre in diesem Prozess fort, bis du das Gefühl hast, dass du dich von Kopf bis Fuß oder, mit anderen Worten, körperlich, geistig, emotional und seelisch annehmen kannst.
Wenn dieser Prozess abgeschlossen ist, wirst du deinen Brüdern und Schwestern auf dieser Erde mit wahrer Toleranz begegnen können.
Beglückwünsche dich für deine Beharrlichkeit in dieser Angelegenheit!

AFFIRMATIONEN

- Ich bin tolerant mir selbst und anderen gegenüber.
- Ich umarme meine eigenen Fehler und Schwächen.
- Ich erlaube anderen, ihr Leben so zu leben, wie sie es möchten.

24. Juli

Vergängliche Freuden

Die äußerlichen Vergnügungen des Lebens sind vergänglich. Renne ihnen nicht hinterher, mein Liebes, denn das wird nur dazu führen, dass du immer mehr davon haben willst ... Keine von ihnen wird dir jemals wahre Erfüllung schenken. Was dich wirklich befriedigt, sind innerer Frieden und Harmonie, zwei Perlen, die in deiner Seele ruhen und die dir, wenn du sie einmal erworben hast, immer bleiben.

MEDITATION

Von welchen äußerlichen Vergnügungen bist du abhängig? Welche Abhängigkeiten es auch sein mögen, sie füllen eine emotionale Leere. Bemühe dich, diese Leere zu füllen, indem du dich mit deinem höheren Selbst verbindest, das eine nie versiegende Quelle der Energie ist. Lass das heilende goldene Licht durch dein Kronenchakra in dich einfließen und deine emotionalen Wunden heilen. Dann werden sich deine Abhängigkeiten ebenso auflösen wie dein Bedürfnis, vergänglichen Freuden hinterherzulaufen.

AFFIRMATIONEN

- Ich lasse mein Bedürfnis nach vergänglichen Freuden los.
- Über mein höheres Selbst stehe ich in Verbindung mit einem grenzenlosen Energiespeicher.
- Frieden und Harmonie wohnen in meinem Herzen.

25. Juli

Heiliger Atem

Dein Atem ist deine heilige Hauptenergiequelle. Im Moment deiner Geburt gibt dein Atem dir das Leben, und von da an erhält er dich am Leben. Gehe daher achtsam mit dieser wertvollsten aller Energien um. Nutze sie weise und lerne richtig zu atmen. Atme langsam und du wirst länger leben und dabei lernen und erleben können, wozu du hier auf diese Welt gekommen bist. Verbringe möglichst viel Zeit draußen an der frischen Luft und verschwende deine Energie nicht. Ehre Gott, denn Er hat dir das Geschenk des heiligen Atems gemacht, das Geschenk des Lebens.

MEDITATION

Setze dich bequem und aufrecht hin und achte auf deine Atmung. Entspanne dich in den Rhythmus deines Atems hinein. Einatmen ... ausatmen ... einatmen ... ausatmen ... zulassen. Zähle zwischen jedem Atemzug bis drei.
Beobachte, wie du dich allein durch diese einfache Atemübung allmählich entspannst. Deine Kiefer entspannen sich ... dann deine Nackenmuskeln ... als Nächstes fallen deine Schultern ... und so weiter durch den ganzen Körper. Mach diese Übung, solange du dich damit wohl fühlst. Am Ende wirst du einen wunderbar friedlichen und entspannten Zustand erreicht haben.
Wiederhole die Übung öfter.

AFFIRMATIONEN

- Mein Atem ist ein heiliges Instrument.
- Ich bin mir meiner Atmung jederzeit bewusst.
- Mit jedem Atemzug nehme ich Liebe und Licht in mich auf.

26. Juli

Einspitzigkeit

Übe dich in »Einspitzigkeit«, mein liebes Kind! Richte deine ganze Energie auf das Eine. Das Eine, das in dir und überall um dich herum ist. Weigere dich, von deinem Konzentrationspunkt abzulassen. Lass dich nicht in Versuchung und von dem Einen weg führen. Die ganze Macht des Himmels und der Erde ist in dir konzentriert und wartet darauf, gut genutzt zu werden. Lass sie nicht verkommen!

MEDITATION

Stell dir einen sehr hellen Lichtpunkt vor, wie das Licht eines Sterns. Konzentriere dich mit Herz und Verstand auf diesen Lichtpunkt. Je mehr du dich öffnest und konzentrierst, desto mehr Licht und Liebe fließen von diesem Punkt auf dich zu. Sieh nun, wie das Licht immer näher und näher kommt, bis es dein Kronenchakra erreicht hat und sich von dort langsam hinunter in dein Herz bewegt. Mit jedem Atemzug fühlst du, wie sich die Energie der Liebe und des Lichts in deinem Herzen ausbreitet. Fahre fort, das Licht einzuatmen, bis du dich eins mit ihm fühlst und das Gefühl hast, selbst das Licht geworden zu sein.
Bedanke dich und wiederhole diese Übung öfter.
Achte darauf, geerdet, eingestimmt und geschützt zu sein.

AFFIRMATIONEN

- Meine Aufmerksamkeit ist jederzeit auf das Eine konzentriert.
- Ich bin das Eine und das Eine ist in mir.
- Ich bin das Licht und das Licht ist in mir.

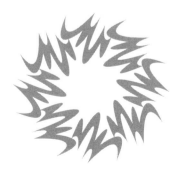

27. Juli

Die innere Sicht

Schaue in dein Herz, mein Liebes! Was siehst du? Was sagt dir deine »innere Sicht«? Siehst du Liebe und Freundlichkeit, Mitgefühl und Verständnis? Oder sind Verbesserungen angesagt? Wenn dem so ist, solltest du dich bemühen, sie in Angriff zu nehmen, denn mit einem liebenden Herzen wirst du dich so viel besser fühlen und alle um dich herum aufbauen.

MEDITATION

Mach eine Reise in dein Herz. Dort angekommen entfaltet sich eine Landschaft vor dir ... Wie ist die innere Sicht deines Herzens? Siehst du sanfte Hügel, üppige Weiden und stille Seen? Oder zerklüftete Berge und stürmische See?
Nutze deine kreative, göttliche Imagination und ändere diese Szene, bis sie sich friedlich, klar, ruhig und erhebend anfühlt.
Vergiss nicht, dich zu erden, einzustimmen und zu schützen.

AFFIRMATIONEN

- Ich bin der Hüter meines Herzens.
- Ich habe die Macht, positive Veränderungen in meinem Leben zu bewirken.
- Meine innere Sicht zeigt mir Frieden, Liebe und Ruhe.

28. Juli

Göttliche Inspiration

Lass dich in allen Dingen vom Göttlichen inspirieren. Keine Angelegenheit ist dafür zu groß oder zu klein, denn Gott will Sich in deinem ganzen Leben zum Ausdruck bringen, nicht nur in ausgewählten Teilen davon. Schreite voran und höre vertrauensvoll auf deine Intuition, denn sie ist deine Telefonverbindung zu Gott, der mit deinem eigenen höheren Selbst identisch ist. Habe keine Angst, deinen brillanten Ideen entsprechend zu handeln und deine Pläne in die Tat umzusetzen. Du wirst jederzeit wahrhaft göttlich inspiriert.

MEDITATION

Stell dir vor, du sitzt draußen im Freien und betrachtest den Nachthimmel. Millionen von Sternen blinken wie Diamanten in der tiefblauen Weite. Jeder von ihnen steht für eine göttliche Inspiration. Du wirst dir bewusst, dass du einen Stern für dich »pflücken« kannst. Denke über etwas nach, das du gern wissen oder tun möchtest, und dann pflücke deinen Stern.
Während du den Stern festhältst, der wie ein riesiger, funkelnder Diamant in deiner Hand liegt, fühlst du, dass seine Energie als brillante Idee in dein drittes Auge eindringt.
Danke dem Himmel für dieses inspirierende Geschenk.
Vergiss nicht, dich zu erden, einzustimmen und zu schützen.

AFFIRMATIONEN

- Meine Intuition ist meine Telefonverbindung zu Gott/meinem höheren Selbst.
- Ich vertraue meiner Intuition.
- Ich werde jederzeit vom Göttlichen inspiriert.

29. Juli

Schritt für Schritt

Nähere dich deinen Zielen Schritt für Schritt, langsam aber sicher. Lass dich nicht überwältigen von dem großen Berg, denn du vor dir siehst, denn sobald du zulässt, dass deine Aufmerksamkeit aus dem Hier und Jetzt abgezogen wird, werden sich Ängste und Unsicherheiten in dein Leben einschleichen. Setze einen Fuß vor den anderen und achte stets auf deinen Weg. Dann wirst du Erfolg haben.

MEDITATION

Denke an ein Ziel, das du erreichen willst und auf das du im Moment hinarbeitest. Sieh dich selbst, wie du dieses Ziel tatsächlich erreicht hast, und mache das Ganze so real wie möglich. Lass die Klänge, den Anblick und alle Sinneswahrnehmungen, die damit zu tun haben, so lebendig wie möglich werden.
Was siehst du, was fühlst du, was hörst du, nachdem du dieses Ziel erreicht hast? Sonne dich eine Zeit lang in der Energie des Erfolgs. Lass dann los und lege die ganze Angelegenheit in Gottes Hand.
Nun musst du dich nur noch auf den Moment konzentrieren. Für den Rest ist gesorgt.
Bedanke dich!

AFFIRMATIONEN

- Ich erreiche meine Ziele Augenblick für Augenblick und Schritt für Schritt.
- Ich bin fest im Hier und Jetzt verankert.
- Ich erlaube Gott, sich um das große Ganze zu kümmern.

30. Juli

Suche nach dem Göttlichen in allem

Suche nach dem Göttlichen in allem, denn das Göttliche ist in der ganzen Schöpfung zu finden. Von den winzigen Mikroben bis zu den mächtigen Menschen, von den Kaulquappen bis zu den Elefanten, von den Sandkörnern bis zu den Bergen, von den Grashalmen bis zu den riesigen Eichen, vom Regentropfen bis zum Ozean und den Trillionen von Sternen am Nachthimmel, das Göttliche ist in ihnen allen verkörpert. Wenn du deine liebende Aufmerksamkeit einmal in diese Richtung gelenkt hast, wird sich das Göttliche in allem offenbaren, was du siehst und erlebst.

MEDITATION

Hebe das nächste Mal, wenn du einen Spaziergang machst, einen Stein vom Boden auf. Setze dich irgendwo bequem hin und lege den Stein auf deine Handfläche. Betrachte ihn liebevoll ... Was siehst du?
Nun schließe deine Hand. Was fühlst du?
Lass dir Zeit. Nach einer Weile wirst du merken, dass sich der Stein in deiner Hand warm anfühlt und zu pulsieren beginnt.
Schau dir den Stein auf deiner Handfläche erneut an ...
Bemerke, dass du ihn jetzt mit ganz anderen Augen siehst!
Bemerke, dass du plötzlich ein ganz anderes Gefühl für ihn hast!
Er ist so etwas wie ein Freund geworden ..
Das Göttliche in ihm hat sich dir offenbart.

AFFIRMATIONEN

- Ich bin bereit, das Göttliche in allem und jedem wahrzunehmen.
- Ich halte nach dem Göttlichen in allem und jedem Ausschau.
- Das Göttliche ist in der gesamten Schöpfung verkörpert.

31. Juli

Jenseits des Verstandes

Jenseits des Verstandes liegt das Paradies. Ein Ort, der frei von konditionierten mentalen Konstrukten ist. Der Wohnsitz des reinen Geistes, der reinen Liebe und des reinen Lichts. Um dorthin vordringen zu können, musst du »den Verstand verlieren«, den Kopf ausschalten und mit dem Herzen denken.

MEDITATION

Stelle sicher, dass du mindestens eine halbe Stunde lang ungestört bist.
Setze dich bequem in eine aufrechte Position. Konzentriere deinen Geist und lass alle negativen, störenden Gedanken dahinschwinden.
Denke dir nun deine eigene Vision von einem spirituellen Paradies aus, und zwar möglichst lebensecht. Wenn deine Vision vom Paradies vollendet ist, lass dein Bewusstsein in dein Herzchakra reisen und fang an, diese Vision zu fühlen, und zwar bis in Detail und mit jeder Nuance.
Mach weiter, bis dir ein inneres Wissen sagt, dass du dich nicht im Paradies aufhältst, sondern vielmehr selbst zum Paradies geworden bist. Genieße es!
Vergiss nicht, dich zu erden, einzustimmen und zu schützen.

AFFIRMATIONEN

- Ich bewege mich über die begrenzten Konstrukte meines konditionierten Verstandes hinaus.
- Das Reich des Geistes ist immer in meiner Reichweite.
- Ich trage das himmlische Paradies in meinem Herzen.

Segen für den Monat

August

Du bist ein Kind Gottes.
Das Universum ist dein Zuhause, an dem du dich
erfreuen sollst.
Mögest du dich an Musik, Gesang und Tanz erfreuen.
Mögest du dich an Freundschaft und Liebe erfreuen.
Mögest du dich an den Schätzen der Natur erfreuen,
an der Sonne, dem Mond und den Sternen in der Nacht.
Wie gesegnet du bist, denn du nimmst teil
am Wunder der Schöpfung.

1. August

Verständnis

Liebe und Verständnis gehen Hand in Hand wie Bruder und Schwester. Die eine ist ohne das andere nicht wirklich glücklich. Damit du Mitgefühl für die Nöte anderer aufbringen kannst, musst du zunächst lernen, dich selbst zu verstehen. Andere wirklich zu verstehen ist nicht immer einfach. Es kann sein, dass du hart für dieses Verständnis arbeiten und hinter die Kulissen schauen musst, um die wirklichen Persönlichkeiten und Umstände zu entdecken; dass du versuchen musst, einen anderen Blickwinkel zu bekommen und Vorurteile über eine Person oder Situation loszulassen. Deine Anstrengungen sind jedoch der Mühe wert, denn ohne wahres Verständnis kann sich keine Liebe entwickeln.

MEDITATION

Denke über dies nach: Wenn du ein bestimmtes Wort oder einen Ausdruck nicht verstehst, schaust du normalerweise im Lexikon nach. Warum gehst du nicht nach demselben Prinzip vor, wenn du eine Person oder eine Situation nicht verstehst? Deine Bemühung ist die magische Zutat, wenn es um die Gewinnung liebevoller Freundschaften geht.

AFFIRMATIONEN

- Ich bemühe mich, mich selbst kennen zu lernen und zu verstehen.
- Ich gebe mir besonders viel Mühe, andere Menschen und unbekannte Situationen zu verstehen.
- Ich praktiziere Liebe und Verständnis.

2. August

Die Torheit der Trennung

Trennung ist eine Illusion, eine Torheit, auf die du hereingefallen bist. In Wahrheit kann es gar keine Trennung geben, weil ihr alle eins seid. Du bist ein Teil des einen Herzens, der einen Seele, des einen Geistes, des einen Verstandes und des einen Körpers. Der Betrüger in diesem Spiel der scheinbaren Trennung ist dein Verstand, dein Denken. Dein Denken, das sich mit deinem kleinen Selbst identifiziert, hat Angst, seine falsche Identität aufzugeben, Angst, sich selbst zu verlieren. Erkenne diese Wahrheit an und alle scheinbaren Trennungen werden sich auflösen und verschwinden.

MEDITATION

Lass deine goldenen Wurzeln nach unten wachsen, erde dich gut und bitte um Extraschutz, während du dich mit goldenem Licht umgibst.
Stell dir vor, du löst dich auf ... zuerst schmilzt deine Haut weg ... dann schmelzen deine Muskeln dahin ... dann dein Fleisch ... dann deine Knochen ... dann deine Organe ... bis nur dein spiritueller Lichtkörper übrig ist.
Jetzt spürst du nur noch die Liebe in deinem Herzen, die in die Welt hinausstrahlt. Bald wirst du dir auch all der anderen Herzen auf dieser Welt bewusst, die Liebe ausstrahlen, manche mehr, manche nur sehr wenig; jedes entsprechend der Liebesfähigkeit, die ihm im Moment zur Verfügung steht. Alle Herzen auf diesem Planeten ziehen einander nun magisch an und rücken gleichzeitig immer näher an dich heran ... bis du spürst, dass eine Vermischung stattfindet. Die Liebe kennt wirklich keine Grenzen mehr und vereint alles.
Bleib in diesem Gefühl, solange du willst, und werde dir dann nach und nach deiner Organe, deines Fleisches, deiner Knochen, deiner Muskeln und deiner Haut bewusst, bis du wieder in deinem physischen Körper und im Hier und Jetzt angekommen bist.
Stell sicher, dass du geerdet, eingestimmt und geschützt bist. Lass deine goldenen Wurzeln nach dieser Meditation noch eine Weile in der Erde.

AFFIRMATIONEN

- In meinem Herzen weiß ich, dass jede Trennung eine Illusion ist.
- Ich bin in ständiger Verbindung mit der gesamten Schöpfung.
- Ich bin eins mit dem Kosmos und der Kosmos ist eins mit mir.

3. August

Die Macht der Liebe

Liebe ist die einzige wahre Macht, eine beeindruckende Kraft, mit der man rechnen muss. Liebe ist die grenzenlose Macht, die alle Tränen wegwischt und jede Furcht bannt. Liebe ist die Macht, die vereint, erneuert und alle Wunden heilt. Liebe ist die Macht, die um des Gebens willen gibt und nichts zurückerwartet. Die Macht zu lieben ist zum Greifen nah. Nimm sie und halte sie mit beiden Händen fest und dann geh hinaus in die Welt und SEI Liebe!

MEDITATION

Visualisiere dich selbst mit einem kleinen Herz aus Rosenquarz in der Hand. Lass nun alles, was du an Liebe aufbringen kannst, aus deinem Herzen strahlen und in das Rosenquarzherz fließen. Je mehr von deiner Liebesenergie der Rosenquarz absorbiert, in desto wunderbarerem Rosa leuchtet er.

Wenn du das Gefühl hast, dass das kleine Kristallherz ganz mit deiner Liebesenergie aufgeladen ist, stell dir vor, dass du es jemandem gibst, der die heilende Kraft deiner Liebe im Moment brauchen kann. Sobald die andere Person das kleine Kristallherz entgegengenommen hat, findet eine sichtbare Veränderung statt: Zuerst bekommt sie leuchtende Augen ... Dann tritt allmählich ein wunderschönes Lächeln auf ihr Gesicht ... Sie scheint in Sekundenschnelle zu wachsen und fröhlicher zu werden. Schließlich sieht sie glücklich und strahlend aus und dankt dir von Herzen für dein Geschenk.

Wiederhole diese Übung und gib jedem, der es braucht, ein Kristallherz voller Liebe. Vergiss nicht, dich zu erden, einzustimmen und zu schützen.

AFFIRMATIONEN

- Ich glaube an die Macht der Liebe.
- Die Macht der Liebe ist grenzenlos.
- Es gibt keine größere Macht im Himmel und auf Erden als die Liebe.

4. August

Heilige Sehnsucht

Spürst du eine innere Sehnsucht, den Wunsch nach Zugehörigkeit? Kann das Streben nach Materiellem dich nicht mehr zufrieden stellen und ist dein Interesse an weltlichen Dingen irgendwie verblasst? Dann ist es an der Zeit, deinem inneren Ruf zu folgen und zuzulassen, dass Gott und die Engel dir andere Wirklichkeiten zeigen. Wende dich nach innen und erlaube dir, in das Reich des Geistes zu reisen, in dein wahres Zuhause, von wo du stammst und wo du immer noch hingehörst. Alles wird dir offenbart werden.

MEDITATION

Sorge dafür, dass du mindestens eine halbe Stunde lang ungestört bist. Achte darauf, dass deine goldenen Wurzeln tief in der Erde stecken. Sieh dich dann zusammen mit deinem Schutzengel in einem gigantischen Wolkenkratzer vor dem Fahrstuhl stehen. Das Gebäude ist so hoch, dass du das oberste Stockwerk gar nicht sehen kannst, weil es in Wolken gehüllt ist. Von deinem Schutzengel erfährst du, dass dieser Wolkenkratzer bis hinauf in den Himmel reicht.
Dann drückt dein Schutzengel den Knopf, auf dem »Himmel« steht, und ihr fahrt hoch, bis ihr im obersten Stockwerk angekommen seid. Die Fahrstuhltür öffnet sich und dein Engel begleitet dich auf deinem ersten Rundgang durch dein spirituelles Zuhause. Genieße die himmlischen Freuden ...
Fahr dann mit dem Fahrstuhl wieder nach unten. Lass deine goldenen Wurzeln noch eine Weile im Boden und danke deinem Schutzengel für den »Ausflug«.
Achte darauf, dich zu erden, einzustimmen und zu schützen.

AFFIRMATIONEN

- Ich höre meinen inneren Ruf und folge ihm.
- Mein wahres Zuhause liegt im Reich des Geistes.
- Ich kann mein wahres Zuhause aufsuchen, wann immer ich möchte.

5. August

Erweitere dein Bewusstsein

Gott hat dich mit einem Bewusstsein ausgestattet, das sich unendlich weit ausdehnen kann. Hinter jedem »Wissen« und hinter jeder Erfahrung liegt ein noch neueres Territorium, das gefunden und erforscht werden will. Während dir eine Tatsache bewusst wird, wartet schon die nächste darauf, von dir entdeckt zu werden. Der ewige Geist der Weisheit bewegt sich immer näher auf das Herz Gottes zu. Was für ein aufregendes Abenteuer dein Leben doch ist: am Leben zu sein und fähig, Gott, die ewige Wahrheit, zu suchen und zu finden!

MEDITATION

Stell dir vor, du meditierst im Zentrum der Erde. Du bist gut geerdet, deine goldenen Wurzeln sind fest in Mutter Erde verankert.
Mit jedem Atemzug dehnt sich dein Bewusstsein aus und wächst.
Zuerst wirst du dir der verschiedenen Erdschichten bewusst … dann des ganzen pflanzlichen Lebens auf der Erdoberfläche … dann der Ozeane, der Flüsse und der Wasserwege … der Tiere, die auf der Erde umherstreifen … und all der Menschen, die diese Erde bevölkern.
Dann dehnt sich dein Bewusstsein über die Erde hinaus in den Kosmos aus … in die Milchstraße … und bis in die Andromedagalaxie.
Wenn du gern zurückkehren würdest, atme tief ein und bringe dein Bewusstsein von der Andromedagalaxie über die Milchstraße wieder zurück zur Erde, von der du ausgegangen bist.
Ergänze diese Übung, wenn du sie das nächste Mal machst, um einen Segen für jede Bewusstseinsebene, die du erlebst.
Vergiss nicht, dich zu erden, einzustimmen und zu schützen.

AFFIRMATIONEN

- Ich genieße das Abenteuer neuer Entdeckungen.
- Mein Geist kann sich unendlich weit ausdehnen.
- Mein Bewusstsein ist wahrlich grenzenlos.

6. August

Gott spricht durch dich

Gott spricht durch dich! Du bist Sein göttlicher Bote hier auf Erden. Bemühe dich, diese Botenrolle mit Ehrlichkeit und Integrität auszufüllen. Verbinde dein Herz mit deinem Mund und lege die Energie der bedingungslosen Liebe in deine Rede.

MEDITATION

Denke über das Folgende nach:
Schweigen ist Gold. Möge auch deine Rede Gold sein.
Versuche, jedes Wort, das du sprichst, in einen »Goldklumpen« der Liebe, der Weisheit und der Ermutigung zu verwandeln.
Verschenke diese Goldklumpen, ohne eine Gegenleistung zu erwarten.
Biete sie als Dienst aus einem liebenden Herzen an.

AFFIRMATIONEN

- Ich erkenne an, dass ich ein Bote Gottes auf Erden bin.
- Ich nehme meine Rolle als göttlicher Bote würdevoll an.
- Ich sage meine Wahrheit aus einem liebenden Herzen.

7. August

Unsterbliche Seele

Du bist der stolze Besitzer einer unsterblichen Seele, mein Liebes, einer Seele, die durch die Zeit und die Dimensionen gereist ist und auf ihrer Reise zurück zu ihrem Schöpfer viele verschiedene Verkörperungen erlebt hat. Deine unsterbliche Seele, die ihre Identität zu Beginn nicht kennt, weiß am Ende, wenn sie zu ihrem Ursprung zurückkehrt, dass sie Gott ist. Auf was für eine wunderbare Weise Gott dich gesegnet hat!

MEDITATION

Unterhalte dich mit deiner Seele. Du kannst sie fragen, wie es ihr geht, wohin sie schon gereist ist und was du in diesem Leben noch zu lernen hast. Du kannst dich dem Wissen deiner Seele auch über Erlebnisse aus früheren Leben nähern, was dir in diesem Leben hilfreich sein wird. Bitte einfach und dir wird gegeben.

AFFIRMATIONEN

- Ich habe eine unsterbliche, unzerstörbare Seele.
- Mein Körper, mein Geist und meine Emotionen sind Mittel, durch die sich meine Seele selbst erfahren kann.
- Tag für Tag kommt meine Seele Gott ein Stück näher.

8. August

Sorge für die Kinder dieser Welt

Es ist deine Pflicht, dich um die Kinder dieser Welt zu kümmern, nicht nur um deine eigenen, sondern um alle Kinder. Du musst Verantwortung übernehmen für die Welt, die du erschaffen hast, denn Kinder haben keine Kraft, sich zu verteidigen oder für sich selbst zu sorgen. Tu alles in deiner Macht Stehende, um ihnen auf der materiell-physischen Ebene zu helfen, und, was noch wichtiger ist, schließe die Kinder dieser Welt in deine täglichen Gebete ein.

MEDITATION

Denke an alle leidenden Kinder dieser Welt und visualisiere sie.
Bitte die heilenden Engel um Hilfe und stell dir dann vor, dass all diese Kinder ein Dach über dem Kopf haben, genug zu essen und sauberes Wasser zu trinken, eine Mutter und einen Vater, die sich um sie kümmern, und ein sicheres Umfeld, in dem sie aufwachsen können.
Lass diese Vorstellung so lebendig wie möglich werden.
Wiederhole diese Übung öfter und danke den heilenden Engeln für ihre Unterstützung.

AFFIRMATIONEN

- Ich bete täglich für die Kinder dieser Welt.
- Ich tue, was ich kann, um allen Kindern zu helfen, die in Not sind.
- Ich erinnere mich stets daran, dass wir alle Kinder Gottes sind, ob klein oder groß.

9. August

Verurteilen

Wie schnell verurteilst du deine Mitmenschen manchmal für das, was sie tun! Wer bist du, dass du so hart über sie urteilen kannst? Gott verdammt nicht, er urteilt nicht und er kritisiert nicht! Wie also kommst du dazu, so etwas zu tun? Erkenne, dass das, was du an anderen verdammst, in Wirklichkeit das Spiegelbild eines Charakterzuges ist, den du selbst hast. Vergib dir selbst und anderen und sei frei!

MEDITATION

Nun, da dir diese Wahrheit bewusst ist, versuche dich auf frischer Tat zu ertappen, wenn du jemanden verurteilst, oder besser noch vorher. Frage dich, was dich veranlasst hat, so hart und wenig liebevoll zu reagieren.
Geh in dich und finde es heraus!
Dann vergib dir selbst und allen anderen, die damit zu tun hatten.
Lass am Ende alles los.

AFFIRMATIONEN

- Mir ist bewusst, dass das Verhalten anderer Menschen eine Reflexion meines eigenen Verhaltens ist.
- Mein eigenes Selbst wird mir von meiner Umwelt gespiegelt.
- Ich poliere meinen eigenen Spiegel mit bedingungsloser Liebe.

10. August

Harmonie

Unter der Oberfläche aus Ärger und Streit liegt die Energie der höchsten Harmonie, der wahre Zustand des Seins. Willst du deine Aufmerksamkeit auf die Oberfläche richten; oder willst du dir die Realität jenseits der Oberfläche anschauen, die tiefere Wahrheit, die allen Wirklichkeiten zugrunde liegt? Stütze dich auf den Glauben und vertraue darauf, dass es dir gelingen wird, alles Unwirkliche zu überwinden und die Harmonie zu erlangen, nach der dein Herz sich sehnt.

MEDITATION

Stell dir vor, du bist ein erfahrener Tiefseetaucher. Du fährst in einem Taucherboot aufs Meer hinaus. Es ist ein herrlicher Tag, der Himmel ist blau und die Sonne scheint, aber der Wind bläst heftig und die See ist rau. Trotz allem entscheidest du dich für den Tauchgang. Du fühlst dich sicher genug. Du tauchst ins Wasser ... und zu deiner Verwunderung ist direkt unter der Wasseroberfläche keine einzige Welle zu spüren. Alles ist ganz ruhig und harmonisch. Du schwimmst unter Wasser, beobachtest die Fische und die Geschöpfe des Meeres, die alle in perfekter Harmonie zusammenleben.
Achte darauf, dich zu erden, einzustimmen und zu schützen.

AFFIRMATIONEN

- Ich lebe in Frieden und Harmonie.
- Ich schaue durch den Ärger an der Oberfläche hindurch und entdecke die Harmonie, die darunter liegt.
- Harmonie ist mein wahrer Seinszustand.

11. August

Deinen Eltern vergeben

Welche Gefühle hegst du gegenüber deinem Vater und deiner Mutter? Empfindest du Liebe, wenn du an sie denkst, oder sorgen ungelöste Probleme dafür, dass negative Emotionen an die Oberfläche kommen? Egal ob deine Eltern noch leben, ob sie nur im Geist bei dir sind oder ob du sie nie gekannt hast, versuche auf jeden Fall, diese Probleme zu lösen, solange du lebst. Denke immer daran, dass deine Eltern das Beste getan haben, was sie mit dem Bewusstsein und den materiellen Möglichkeiten, die sie damals hatten, tun konnten. Vergib ihnen und lass Vergangenes vergangen sein. Befreie dich von den Fesseln der Vergangenheit und vergib. Niemand sonst kann das für dich tun. Die Liebe wird dir dabei helfen.

MEDITATION

Visualisiere deine Eltern (oder andere dir nahe stehende Menschen, mit denen du diese Übung machen musst) umgeben von heilenden Engeln. Auch der Erzengel Michael ist dabei. Bitte den Erzengel Michael, alle ungesunden, wenig liebevollen Bande zwischen dir und deinen Eltern mit seinem blauen Schwert zu durchtrennen. Das tut er ohne Umschweife und lässt nur die Bande der bedingungslosen Liebe zwischen euch übrig. Umarme deine Eltern und sage ihnen, dass du ihnen alles vergibst, was sie getan haben, und dass du sie sehr liebst. Dann vergib dir selbst für die Rolle, die du in diesem Lebensdrama gespielt hast.
Jetzt empfangt ihr alle den Segen der heilenden Engel und des Erzengels Michael. Bedanke dich beim Erzengel Michael und bei den heilenden Engeln für ihre Hilfe. Achte darauf, dich zu erden, einzustimmen und zu schützen.

AFFIRMATIONEN

- Ich danke meiner Mutter und meinem Vater für die Lektionen, die sie mir im Leben aufgegeben haben.
- Ich vergebe ihnen für jeden Schmerz, den sie mir zugefügt haben, weil ich weiß, dass sie damals nicht in der Lage waren, es besser zu machen.
- Ich liebe, respektiere und achte meine Eltern.

12. August

Positive Energiediät

Es gibt nur eine Diät, die der spirituelle Sucher machen muss, und zwar die »positive Energiediät«. Die Vorschriften, die dabei einzuhalten sind, sind einfach: Morgens nimmst du eine große Portion positiver Energie zu dir, indem du dich mit allem verbindest, »was Liebe und Licht ist«. Zum Mittagessen holst du dir noch einen Nachschlag von genau demselben. Und am Abend vor dem Schlafengehen nimmst du noch eine große Portion positiver Energie in Form von Gebeten und Danksagungen zu dir. Viele positive Gedanken, frische Luft, Körperübungen, gute Gesellschaft und das Vermeiden negativer Einflüsse aller Art ergänzen deine spirituelle Diät. Auf diese Weise wirst du immer eine gute körperliche, geistige und seelische Gesundheit ausstrahlen.

MEDITATION

Stelle deine eigene positive Energiediät zusammen. Hier ein paar Vorschläge:
Meide die (schlechten) Nachrichten im Fernsehen, in der Zeitung oder in Zeitschriften. Nimm dir stattdessen Zeit zum Meditieren, für Kontemplation und Entspannung.
Meide die Gesellschaft von Menschen, die dich »herunterziehen«. Verbringe stattdessen jeden Tag ein wenig Zeit mit Alleinsein.
Meide ungesunde Nahrung und achte darauf, dass du nicht den ganzen Tag im Haus verbringst. Iss stattdessen frische Nahrungsmittel und mache täglich wenigstens einen Spaziergang durch den Park.

AFFIRMATIONEN

- Ich bin auf positiver Energiediät.
- Ich mache täglich meine spirituellen Übungen.
- Je positiver ich in meinem Denken bin, desto mehr positive Erlebnisse ziehe ich in mein Leben.

13. August

Forsche

Als Sucher nach der göttlichen Wahrheit bist du ein echter Forscher. Nachdem du einen langen und steinigen Weg gegangen bist, hat dich dein Durst nach göttlichem Wissen schließlich zu versteckten Juwelen geführt, die in deinem eigenen Wesen schlummern. Es sind diese Juwelen, die du erforschen und gründlich untersuchen musst. Manche von ihnen sind außen vielleicht noch ganz roh und müssen sorgfältig poliert werden. Andere sind bereits lupenrein und strahlen vor Liebe und Licht. Diese Perlen der Weisheit gehören alle dir, mein Kind. Grabe diesen Schatz aus, trete vor und mach ihn für die ganze Welt sichtbar.

MEDITATION

Du bist der stolze Besitzer eines riesigen goldenen Schlüssels. Es ist der Schlüssel zu deiner Seele.
Stell dir vor, dass du vor einer reich verzierten goldenen Tür in Herzform stehst. Das ist die Tür zu deiner Seele …
Du steckst den Schlüssel ins Schlüsselloch und die Tür springt auf. Du gehst hindurch und bist in der Schatzkammer deiner unsterblichen Seele.
Genieße es!
Denke daran, dich zu erden, einzustimmen und zu schützen.

AFFIRMATIONEN

- Ich bin auf der Suche nach der göttlichen Wahrheit.
- Göttliche Perlen der Weisheit sind in meiner Seele verborgen.
- Ich teile den Schatz der göttlichen Wahrheit und Weisheit mit der ganzen Welt.

14. August

Lege deine Maßstäbe höher an

Gib dich niemals mit dem Zweitbesten zufrieden, mein liebes Kind! Strebe immer den bestmöglichen Ausgang eines Planes oder einer Situation an. Lass nicht zu, dass ein eingebildeter Mangel an Selbstwertgefühl oder ein Mangel an Selbstvertrauen mit den Zielen in Konflikt gerät, die du dir selbst gesetzt hast. Gott weiß, was du wert bist, und Gott gibt dir das Selbstvertrauen und den Mut, die du brauchst, um erfolgreich zu sein. Du brauchst Ihn nur darum zu bitten.

MEDITATION

Stell dir vor, dass du durch die Hügel am Fuße des Himalajagebirges wanderst. Es macht dir Spaß, aber du würdest wirklich gern den höchsten Gipfel erklimmen. Du beschließt, den Aufstieg zu wagen und dich auf den Weg zu den hohen schneebedeckten Bergen zu machen. Sobald du diese Entscheidung getroffen hast, tauche ein paar Sherpa-Engel auf und übernehmen dein ganzes Gepäck. Jetzt bist du so frei wie ein Vogel und so leicht wie eine Feder. Du besteigst den Berg mit den Engeln an deiner Seite, die über jeden deiner Schritte wachen. Leicht und mühelos und in ganz kurzer Zeit erreichst du den Berggipfel. Danke den Sherpa-Engeln für ihre Hilfe.
Achte darauf, dass du geerdet, eingestimmt und geschützt bist.

AFFIRMATIONEN

- Ich gehe davon aus, dass ich das Höchste erreichen kann.
- Ich vertraue darauf, dass Gott und die Engel mich jederzeit in meinen Anstrengungen unterstützen.
- Der göttliche Sieg ist mein.

15. August

Integrität

Integrität ist ein ganz wichtiger Charakterzug deiner spirituellen Persönlichkeit. Sie ist in der Tat das »Rückgrat«, das deine Gedanken, deine Gefühle, deine Seele und deinen Geist aufrechthält. Integriere starke moralische Prinzipien in dein Leben. Lebe danach und halte sie hoch. Lass dich nicht durch alle möglichen Versuchungen ins Wanken bringen und dein Leben wird wahrhaft ganz werden.

MEDITATION

Höre auf deinen Körper. Er ist ein göttliches Instrument, mit dessen Hilfe du genau spürst, wann du nicht mehr integer und in deiner Wahrheit bist. Auch dein Geist wird reagieren und dir signalisieren, wann du Gefahr läufst, deine Integrität zu verlieren. Du wirst »wissen«, dass etwas nicht in Ordnung ist. Ignoriere diese Botschaften nicht. Handle ihnen entsprechend und bring dich in Ordnung. Dann wirst du bald wieder im Einklang mit deiner höchsten Wahrheit sein und deine Integrität ist wiederhergestellt.

AFFIRMATIONEN

- Ich lebe mein Leben mit Integrität.
- Ich bin zu jeder Zeit im Einklang mit der göttlichen Wahrheit.
- Ganzheit ist mein Seinszustand.

16. August

Gelassenheit

Strebe nach Gelassenheit, mein Liebes, denn sie verschafft dir die Ruhe, die du so dringend brauchst, und sorgt vor allem für die Erbauung deiner Seele. Wenn »deine Seele in deinem Herzen singt«, können Wunder um dich herum geschehen und dein Leben fließt mühelos. Es kann sein, dass du Gelassenheit an unerwarteten Orten und zu unerwarteten Zeiten erfährst. Öffne dich dafür und du wirst sie finden.

MEDITATION

Stell dir vor, du bist in einem römischen Bad und wirst von Engeln verwöhnt. Du schwebst in einem riesigen Becken voll duftendem Wasser, das ganz von Kerzen gesäumt ist. Süß duftende Rosenblätter schwimmen auf dem Wasser und im Hintergrund erklingt melodiöse, beruhigende Musik. Die Engel verwöhnen dich nach Strich und Faden und erfüllen all deine Wünsche. Lehne dich zurück und genieße dieses himmlische Erlebnis.
Steige belebt und verjüngt aus dem Bad und danke den Engeln dafür, dass sie dir bei diesem Prozess geholfen haben.
Vergiss nicht, dich zu erden, einzustimmen und zu schützen.

AFFIRMATIONEN

- Ich erkenne mein Bedürfnis nach Frieden und Gelassenheit an.
- Ich sorge jetzt für den Raum und die Zeit, Gelassenheit zu erleben.
- Ich bin jederzeit offen und bereit, Frieden und Gelassenheit zu erleben.

17. August

Zeichen

Gott hat das Universum geschaffen, damit es deinem göttlichen Zweck dient. Das heißt: Das Universum existiert nur, um dich auf deinem Weg zur Selbsterkenntnis zu unterstützen. Du musst lediglich lernen, die Zeichen zu lesen, die das Universum dir so großzügig schickt. Die Zeichen sind mannigfach und kommen in erster Linie durch Gottes Boten auf Erden, deine Brüder und Schwestern. Es kann sein, dass Gott dich auf ein bestimmtes Buch aufmerksam macht oder auf eine Fernsehsendung, einen Film oder eine Zeitschrift, die du dann siehst oder liest und von wo aus dir Zeichen die richtige Richtung weisen. Manchmal erreicht Gott dich auch über das Verhalten deiner Haustiere oder über bestimmte Muster in der Natur, zum Beispiel einen Wetterwechsel. Sei wachsam und stets bereit, jene Zeichen zu empfangen und zu lesen, denn sie sind überall um dich herum und zeigen sich Tag und Nacht auf unendlich viele Arten. Trenne dich von dem Gedanken, dass das Universum gegen dich ist. Steh dir nicht auf so destruktive Weise selbst im Weg, wenn es darum geht, das entgegenzunehmen, was Gott dir anzubieten hat. Vertraue und alles wird sich offenbaren.

MEDITATION

Rechne von heute an damit, dass du die Zeichen, die Gott und das Universum dir schicken, sehen und lesen kannst. Überzeuge dich selbst mit Herz und Verstand davon, dass sie immer verfügbar sind, wenn du sie brauchst. Wenn du eine solch positive Haltung einnimmst, kannst du die Zeichen des Himmels gar nicht mehr übersehen. Bedanke dich.

AFFIRMATIONEN

- Ich öffne mein Herz und meinen Verstand für die Zeichen, die das Universum mir zur Verfügung stellt.
- Das Universum dient meinem göttlichen Zweck.
- Ich vertraue darauf, dass mir alles offenbart wird.

18. August

Göttliche Erziehung

Lass deine Erziehung auf diesem Planeten eine »göttliche Erziehung« sein. Bring deinen Kindern bei, wie wichtig Achtung, Respekt und Liebe füreinander sind. Fange damit an, wenn die Kinder noch sehr jung sind, damit sich die göttliche Art der Lebensführung tief in ihr Bewusstsein eingräbt. Die wichtigste Lehre, die höchste Weisheit, die in diesem Erdenleben erlangt werden kann, ist die: Nichts ist wichtiger, als die Liebe selbst zu werden.

MEDITATION

Pass auf, dass du nicht in die gegenwärtig sehr verbreitete »Erziehungsfalle« tappst, die nur der Beschäftigung mit intellektuellen und materiellen Dingen Bedeutung beimisst. Denke daran, dass die Intuition dem Intellekt überlegen ist und Liebe über allem steht. Unterstütze diesen Gedanken mit allen dir zur Verfügung stehenden Mitteln, auch wenn du weder ein Lehrer noch ein Elternteil bist. Vertraue auf dein liebendes Herz. Es wird dich in allem unterrichten, was du wissen und auf deinem Weg erreichen musst, und es wird dir ebenso verstehen helfen wie jenen, die du liebst.

AFFIRMATIONEN

- Meine Intuition lehrt mich alles, was ich wissen muss.
- Liebe ist der größte Lehrer und erteilt die wichtigsten Lehren.
- Ich tue mein Bestes, meine spirituellen Werte zu leben und an andere weiterzugeben.

19. August

Spirituelle Amnesie

Du weißt sehr wohl, wer du bist, aber gegenwärtig leidest du unter spiritueller Amnesie und hast deine spirituelle Natur einfach vergessen. Doch Gott hat dir einen freien Willen gegeben sowie endlos viele Wahlmöglichkeiten und Chancen, deine Göttlichkeit zu erkennen und dir ihrer wirklich bewusst zu werden. Mach Selbsterkenntnis zu deiner ersten Priorität, mein Liebes. Lass das Licht der Wahrheit mit Entschlossenheit und Ausdauer auf jeden Aspekt deines Lebens scheinen und dich aus dem Schlaf der Ignoranz wecken. Dein Erfolg ist göttlich abgesichert. Du kannst gar nicht scheitern.

MEDITATION

Sieh dich selbst auf einem wunderschön verzierten Stuhl in Meditation sitzen. Du fühlst dich wohl und sehr entspannt. Mitten in der Meditation machst du die Augen auf, doch nur um zu erkennen, dass du nichts sehen kannst, weil deine Augen mit einem Schleier bedeckt sind. Jetzt entdeckst du, dass nicht nur dein drittes Auge, sondern auch all deine anderen Chakren jeweils mit einem Schleier verhängt sind. Du bittest die heilenden Engel um Hilfe und gemeinsam hebt ihr alle sieben Schleier von deinen Chakren, beginnend mit dem Basischakra bis hinauf zum Kronenchakra. Du weißt, dass du mit jedem Schleier, der fällt, alte Konditionierungen auflöst, vergangene Erlebnisse loslässt und dir erlaubst, wach zu werden und das strahlende, neue Licht der Selbsterkenntnis hereinzulassen.
Wenn du diesen Prozess erfolgreich abgeschlossen hast, wirst du dich leichter fühlen und die Welt um dich herum intensiver wahrnehmen. Du wirst erleben, dass Farben mehr strahlen als früher, dass sich Klänge reiner anhören und dass dein Geschmacks- und Geruchssinn empfindlicher geworden sind. Danke den heilenden Engeln für ihren Beistand.

AFFIRMATIONEN

- Ich bin bereit, die Schleier der Illusion zu entfernen und zu meinem wahren Selbst zu erwachen.
- Ich bitte Gott und die Engel, mir bei meinem Selbsterkenntnisprozess zur Seite zu stehen.
- Es ist mir bestimmt, meine göttliche Natur zu erkennen.

20. August

Der göttliche Wille

Sagst du nicht immer »Wo ein Wille ist, ist auch ein Weg«? Verbinde deinen Willen mit dem Willen Gottes. Dann wird dein Weg der göttliche Weg sein. Wenn du das getan hast, wirst du auf Gottes Geheiß handeln und ganz sicher wissen, dass all die Hindernisse, denen du auf deinem Lebensweg begegnest, von Gott absichtlich dorthin gestellt worden sind, damit du durch sie lernen und an ihnen wachsen kannst. Werde dir dessen bewusst und schätze deine Rolle als Mitschöpfer Gottes.

MEDITATION

Denke darüber nach, was du im Moment willst. Bemühe dich nun ernsthaft darum, alles, was du willst und dir wünschst, in Gottes Hand zu legen. Lass ein wenig Zeit vergehen und dann nimm das, was du in Gottes Hand gelegt hast, mit in deine Kontemplation oder Meditation. Was dann in dein momentanes Wachbewusstsein zurückkommt, ist Gottes höherer Wille, also das, was Er für dich beabsichtigt. Vertraue dem göttlichen Willen und befolge ihn.

AFFIRMATIONEN

- Ich verbinde meinen Willen mit dem göttlichen Willen.
- Ich hoffe, dass ich im perfekten Einklang mit Gott bin.
- Ich mache meinen Weg zum göttlichen Weg.

21. August

Spiegelbilder

Wie innen, so außen! In Übereinstimmung mit diesem göttlichen Gesetz spiegelt sich die unmenschliche Behandlung, die Menschen, Tiere und Pflanzen, ja sogar Mutter Erde selbst durch die Bevölkerung dieses Planeten erfahren, in den Wettermustern und Naturkatastrophen, die wir hier auf der Erde erleben. Dafür ist niemand anderes verantwortlich als die menschliche Rasse selbst. Lernt, einander zu lieben und sanft und freundlich miteinander umzugehen; sorgt für Harmonie untereinander und die Natur wird euch exakt den gleichen Seinszustand widerspiegeln. Wenn die Sonne in euren Herzen scheint, wird sie auch in der äußeren Welt für euch scheinen.

MEDITATION

Betrachte die Geschichte und achte dabei auf die gesellschaftlichen Umtriebe, die Ausbeutung, den moralischen Niedergang und Ähnliches, was großen Naturkatastrophen vorausgegangen ist. Du wirst es sehr erhellend finden.

AFFIRMATIONEN

- Ich behandle alle Naturreiche mit Liebe und Respekt.
- Ich sorge für Frieden und Harmonie in meiner inneren Welt.
- Mein positiver innerer Zustand überträgt sich auf die äußere Welt.

22. August

Flexibilität

Sei flexibel, mein liebes Kind, und nicht auf einmal gefasste Meinungen fixiert. Nichts ist in Stein gemeißelt. Gott möchte, dass du wie ein Schilfrohr bist, stark und doch biegsam, aber auch hohl, damit Er dich als Kanal für Sein göttliches Werk benutzen kann. Strebe danach, eine praktische Spiritualität zu leben. Geh den Weg des geringsten Widerstandes. Sei flexibel und erlaube Gott, dich zu führen.

MEDITATION

Die Natur ist ein großer Lehrer! Denke über Beispiele für Flexibilität in der Natur nach ... zum Beispiel über einen nicht begradigten Fluss, der sich durch die Landschaft schlängelt und dabei stets den Weg des geringsten Widerstandes geht.

AFFIRMATIONEN

- Ich bin flexibel und bereit, andere Wirklichkeiten zu erforschen.
- Ich gehe den Weg des geringsten Widerstandes und lasse mein Leben fließen und sich vor mir entfalten.
- Ich habe das Recht, meine Meinung zu ändern.

23. August

Was du säst, das wirst du ernten

Säe den Samen der Liebe, des Mitgefühls, der Freundlichkeit und des Verstehens, mein liebes Kind. Denn eines Tages wirst du ernten, was du gesät hast. Der Tag wird kommen, und du möchtest doch sicher, dass es ein Tag der Freude ist, ein Tag, an dem gefeiert wird. Achte auf deine Gedanken, deine Worte und deine Taten, denn sie alle sind Samen, die ausgesät werden. Ob du dir dessen bewusst bist oder nicht, nur du allein bist für dein Verhalten verantwortlich. Sorge dafür, dass du, wenn du eines Tages aus dieser Welt scheidest, nicht nur materielle Güter zurücklässt, sondern auch einen Garten der Liebe.

MEDITATION

Du bist der Gärtner Gottes. Schau dir selbst dabei zu, wie du den Boden umgräbst und Steine und Unkraut entfernst. Dann pflügst du den Acker und ziehst schöne lange Furchen. Wenn du damit fertig bist, säst du deine besten Samen: Liebe, Vergebung, Mitgefühl, Verständnis, Loyalität und noch viele mehr. Wenn du auch damit fertig bist, drehst du dich um und wirfst einen Blick auf deine Bemühungen – und zu deinem Erstaunen sind die Samen bereits aufgekeimt. Die Pflanzen wachsen stetig, sind ganz gesund und schießen vor deinen Augen in die Höhe. Gratuliere dir selbst zu deiner guten Arbeit.
Achte darauf, dich zu erden, einzustimmen und zu schützen.

AFFIRMATIONEN

- Weil ich ernten werde, was ich säe, säe ich nur Samen der Liebe.
- Mir stehen endlos viele Samen der Liebe zur Verfügung.
- Ich schaffe den Himmel auf Erden.

24. August

Die äußere Erscheinung

Die äußere Erscheinung kann täuschen, mein Liebes. Viele Juwelen liegen unter einer Staubschicht verborgen und auf der anderen Seite findest du hinter vielen reichen Fassaden nichts als bröckelnde Wände und Verfall. Betrachte die Welt um dich herum mit den Augen der Liebe. Denn Liebe wird wie ein Laserstrahl zum Herz der Dinge vordringen und die hinter der äußeren Erscheinung verborgene Wahrheit ans Licht bringen. Vor der Liebe bleibt nichts verborgen.

MEDITATION

Versuche dir im Umgang mit der Welt ein offenes Herz zu bewahren, das frei ist von zu vielen irdischen Begierden. Welche »irdischen Begierden« schleppst du mit dir herum? Mach im Kopf eine Liste davon. Stell dir dein Herz nun wie einen dieser reich verzierten Jugendstilvogelkäfige aus Messing vor. Du schaust durch die Gitterstäbe und siehst all deine überflüssigen Wünsche und Begierden dort eingesperrt. Du öffnest die Tür des Käfigs, und die Wünsche fliehen zurück zu ihrem Ursprung, wo sie verwandelt und anschließend nie wieder gesehen werden. Ohne diese zusätzlichen Wünsche nimmst du die Dinge so wahr, wie sie wirklich sind.
Vergiss nicht, dich zu erden, einzustimmen und zu schützen.

AFFIRMATIONEN

- Ich bin Liebe. Deshalb nehme ich nichts als Liebe um mich herum wahr.
- Mein Herz ist offen und frei von irdischen Begierden.
- Ich betrachte die Welt mit den Augen der Liebe.

25. August

Spirituelles Verhalten

Dein spirituelles Verhalten ist von größter Bedeutung, mein liebes Kind. Als Mitschöpfer Gottes ist es deine Aufgabe, deine Brüder und Schwestern zu ermutigen und zu unterstützen und sie auf diese Weise zu ermächtigen. Steh immer im goldenen Licht deiner eigenen Wahrheit. Halte dich jederzeit an Gottes universelle Gesetze. Dann wird dein makelloses spirituelles Verhalten den Menschen in deiner Umgebung ein Vorbild sein.

MEDITATION

Mach eine Liste der spirituellen Verhaltensweisen, die dir am wichtigsten sind, und finde heraus, warum das so ist. Stell dir vor, dass du dich an alle Werte und Eigenschaften auf deiner Liste gebunden fühlst, besonders an die, die dir schwierig zu erfüllen scheinen. Denke daran: Der wichtigste spirituelle Wert ist, ein gutes Herz zu haben und alles, was man tut, von Standpunkt der bedingungslosen Liebe aus zu tun.

AFFIRMATIONEN

- Mein spirituelles Verhalten ist makellos.
- Ich führe mein ganzes Leben mit äußerster Integrität.
- Ich stehe fest im Licht meiner eigenen Wahrheit.

26. August

Korruption

Energie kann grundsätzlich sowohl für gute als auch für schlechte Zwecke eingesetzt werden. So kann auch spirituelle Energie korrumpiert und missbraucht werden. Im gleichen Maße, in dem du »in das Licht« hineinwächst, wirst du »dunkle Materie« anziehen. Das ist die Natur der Dualität und daher ist dies eines der Gesetze, die das Universum beherrschen. Wirst du in Versuchung kommen? Kann dein Glaube korrumpiert werden? Spiritueller Missbrauch kann auf ganz subtile Weise stattfinden. Sei wachsam; erlaube dir nicht, die Schwäche und die Hilflosigkeit anderer auszunutzen, um mehr spirituelle oder irdische Macht zu gewinnen. Prüfe stets dein Herz und deine Seele um herauszufinden, warum du anderen auf ihrem Weg helfen und zur Seite stehen willst. Kann es sein, dass du mehr davon profitierst als die Person, der du helfen willst?

MEDITATION

Überlege, was dich dazu bewegt, Menschen in spirituellen und weltlichen Angelegenheiten zu helfen.
Was ist deine Motivation?
Hat man dich um Hilfe gebeten?
Hältst du dich möglicherweise für höher oder besser gestellt als die andere Person, ohne dir dessen bewusst zu sein? Glaubst du, auf jede Frage eine Antwort zu haben?
Grundsätzlich gilt: Wenn du eher aus Bedürftigkeit als aus Liebe handelst, nimmst du der anderen Person Macht und missachtest das Gesetz der Integrität. Hüte dich davor!

AFFIRMATIONEN

- Die Macht wahrer Liebe kann nicht missbraucht werden.
- Ich teile mein spirituelles Wissen, weil ich der Menschheit zu Diensten sein will.
- Ich bleibe mit Körper, Geist und Seele auf das Licht konzentriert.

27. August

Du bist der Körper Gottes

Gott ist die kreative Energie der bedingungslosen Liebe, die in der ganzen Schöpfung enthalten ist. Damit sich diese latente Energie darüber klar werden kann, dass sie Gott ist, muss sie sich ihrer selbst bewusst werden. Du bist Gottes Augen, Sein Mund, Seine Ohren, Seine Arme, Seine Beine. Es ist dir zwar noch nicht ganz bewusst, aber du bist wahrlich Gott selbst. Du bist Gott in Fleisch und Blut, denn die Energie der bedingungslosen Liebe wohnt in dir. Sie ist du! Werde wach für diese göttliche Wahrheit!

MEDITATION

Wenn du über deine persönliche Vorstellung von Gott nachdenkst, welche Eigenschaften und Attribute kommen dann zum Vorschein? Schreibe sie auf.
Geh nun in dich; sieh nach, welche dieser Eigenschaften und Attribute du bereits selbst entwickelt hast, und gratuliere dir dafür.
Wirf dann einen Blick auf die Eigenschaften, an denen du noch arbeiten musst. Nimm sie so an, als wären sie bereits ein Teil deines Wesens. Tu so, »als ob«, und zwar mit großer Überzeugung, und schimpfe dich nicht aus, wenn du irgendwelche Unvollkommenheiten an dir wahrnimmst. Denke immer daran, dass dein Geist deine Wirklichkeit erschafft.

AFFIRMATIONEN

- Ich werde wach für die Wahrheit.
- Ich bin Gottes Augen, Sein Mund, Seine Ohren, Seine Arme und Seine Beine.
- Ich bin die Verkörperung der Liebe.

28. August

Die Religion der Liebe

Lass Liebe deine Religion sein! Praktiziere deinen gewählten Glauben und halte den universellen Moralkodex und die Prinzipien der Einheit und Gleichheit mit all deinen Brüdern und Schwestern aufrecht. Sei freundlich und tolerant gegenüber anderen Glaubensrichtungen. So wie »viele Wege nach Rom« führen, so führen auch viele Wege zu dem einen Gott.

MEDITATION

Denke an alle Religionen, die es auf diesem Planeten gibt. Stell dir vor, dass die verschiedenen Gruppen, die diesen Religionen angehören, auf einem großen Fußballfeld stehen, jede als kleine religiöse Einheit und getrennt von den anderen. Schicke nun einen Strahl bedingungsloser Liebe aus deinem Herzen zu einer Person in einer der Gruppen und bitte das höhere Selbst dieser Person, das Gleiche zu tun, nämlich einen Strahl der Liebe und des Lichts von ihrem Herzen zur nächsten Person zu schicken und so weiter. Bald ist die ganze Gruppe in Liebe verbunden und der Lichtstrahl wandert weiter zur nächsten Gruppe und verbindet sie mit der ersten. In ehrfürchtigem Erstaunen beobachtest du, wie die Menschen aus unterschiedlichen Religionen, Glaubensrichtungen, Kasten und sozialen Gruppen durch eine einzige Kraft geeint werden: die Macht der Liebe.
Vergiss nicht, dich zu erden, einzustimmen und zu schützen.

AFFIRMATIONEN

- Es gibt nur einen Gott, den Gott der bedingungslosen Liebe.
- Es gibt nur eine Religion, die Religion der Liebe.
- Unsere Existenz hat nur ein Ziel: Liebe zu sein!

29. August

Das Licht werden

Du BIST das Licht! Das Licht, das die »kosmische Schöpfungsenergie« ist und in dessen Zentrum bedingungslose Liebe wohnt. Woher weißt du, dass dies die Wahrheit ist? Du findest es heraus, indem du das Licht zunächst erkennst und in deinem Leben akzeptierst und es dann in dein ganzes Sein bringst, wo es all die Negativität vertreibt, die sich in vielen Leben dort angesammelt hat. Das kann ein langwieriger und mühseliger Prozess sein, der viel Mut, Beharrlichkeit, Glauben und Durchhaltevermögen erfordert. Es ist dir jedoch bestimmt, erfolgreich zu sein und über die Dunkelheit zu triumphieren. Wenn alle Schatten und alles, was nicht Licht ist, vom Licht verwandelt wurde, ist dein Moment der »Erleuchtung« gekommen und du bist wahrlich das Licht GEWORDEN.

MEDITATION

Lass deine goldenen Wurzeln wachsen und verankere sie fest in der Erde.
Dann lass einen goldenen Lichtstrahl in den Scheitel deines Kopfes eindringen und in dein Herz fließen. Das Licht erfüllt die Lotosblätter deines Herzchakras mit der Energie der bedingungslosen Liebe und sie fangen langsam an sich zu öffnen.
Lass nun das Licht aus deinem Herzen durch dein ganzes Wesen strahlen.
Es fließt in deine Augen und läutert dein Sehvermögen. Jetzt siehst du die Wahrheit.
Es fließt in deinen Mund und läutert deine Sprache. Jetzt sprichst du die Wahrheit.
Es fließt in deine Ohren und läutert dein Hörvermögen. Jetzt hörst du die Wahrheit.
Es fließt in dein Gehirn und läutert deine Gedanken. Jetzt denkst du die Wahrheit.
Und dann schließt es dich ganz ein und läutert dich, sodass du von nun an nur doch in der Wahrheit handelst.
Bade in diesem Licht, solange es dir angenehm ist. Schließe deine Chakren dann wieder. (Wie das geht, steht im Abschnitt »Die Meditation abschließen« auf Seite 16 f.) Wiederhole diese Übung so oft wie nötig.

AFFIRMATIONEN

- Ich erlaube dem Licht, mein Selbst zu reinigen und zu läutern.
- Ich bin das Licht und das Licht ist in mir.
- Ich bin auf dem Weg zur Erleuchtung.

30. August

Das Leben ist ein Spiel

Spiele das Spiel des Lebens! Es ist Gottes Absicht, dass du Spaß hast und glücklich und zufrieden bist in dem Wissen: Du bist Gott! Hüte dich vor der Maya – der Illusion – und geh entsprechend mit ihr um. Gib der materiellen Ebene, die letztendlich nicht dauerhaft ist, nicht unangemessen viel Bedeutung. Sie ist nicht mehr als ein Spielfeld für dich, ein Ort, an dem du lernen und wachsen kannst. Alle Materie wird eines Tages zerfallen. Nur der Geist behält seine Form und ist unzerstörbar und ewig. »Asche zu Asche, Staub zu Staub!« Geh also immer weiter, mein Kind, und nimm weder dein »kleines Selbst« noch die Welt als Ganzes allzu ernst.

MEDITATION

Stell dir vor, Gott wirft dir einen Ball zu, der mit Liebe, Licht, Lachen und endlos vielen Möglichkeiten gefüllt ist. Du hast soeben den Hauptgewinn in der spirituellen Lotterie gewonnen! Was fängst du damit an? In welches deiner Tore würdest du den »Lichtball« gern schießen?

AFFIRMATIONEN

- Das Leben ist ein Spiel und ich spiele es.
- Das Universum ist mein Spielplatz und die Welt ist mein Klassenzimmer.
- Ich nehme mich selbst und meine Umwelt »leicht«.

31. August

Du bist ein Engel auf Erden

Du bist ein Engel auf Erden, mein liebes Kind. Du hast die Macht zu heilen. Du hast die Macht zu verwandeln. Du hast die Macht zu trösten, zu nähren und aufzubauen. Gott hat dir alle Mittel gegeben, um solche Aufgaben zu erfüllen; keine ist zu klein oder zu groß, um erledigt zu werden. Vertraue auf deine göttliche Natur! Akzeptiere, wer du bist, geh in die Welt hinaus und handle entsprechend.

MEDITATION

Bitte deinen Schutzengel um Hilfe bei der Bewältigung dieser Aufgaben.
Dein Engel wird dich in jeder Lebenslage und bei jedem Dienst an der Menschheit führen und unterstützen. Bitte ihn klar und präzise um Hilfe, damit er weiß, welche spezielle Unterstützung du gerade brauchst.
Bitte und du wirst erhalten.
Bedanke dich stets von ganzem Herzen.
Genieße es, ein Engel auf Erden zu sein.

AFFIRMATIONEN

- Ich bin ein Engel auf Erden.
- Ich nehme meine Rolle als Helfer Gottes an.
- Alles, was ich brauche, um meine Rolle ausfüllen zu können, wird mir von Gott zur Verfügung gestellt.

Segen für den Monat

September

Das winzige Samenkorn wächst zu einer
mächtigen Eiche heran.
Aus dem Embryo wird ein süßes kleines Kind.
Das göttliche Prinzip bringt sich in unendlich
vielen Formen zum Ausdruck.
Möge die Saat der göttlichen Liebe in deinem Herzen reifen.
Möge die Saat der göttlichen Inspiration in deinem Geist reifen.
Möge die Saat des göttlichen Lichts in deiner Seele reifen.
Möge dein Licht hell und für alle sichtbar scheinen.

1. September

Scheitern

Du kannst nicht scheitern, mein Liebes! Akzeptiere also niemals eine Niederlage! Scheitern ist ein menschliches Konzept, das weit, weit von der Wahrheit entfernt ist. In Wirklichkeit ist jeder so genannte Fehlschlag etwas, womit das Universum dir zeigt, dass es noch einen anderen, viel besseren Weg gibt, Dinge zu tun. Gott hat in seiner Liebe einen anderen Ausgang der Dinge für dich vorgesehen. Es ist alles eine Frage von Versuch und Irrtum. Versuche es weiter und geh durch die Türen, die sich leicht öffnen lassen. Brich keine verschlossenen Türen auf, denn das, was für dich am besten ist, liegt sicher nicht hinter diesen Türen.

MEDITATION

Denke über die »offenen Türen« nach, die es im Moment in deinem Leben gibt. Was hält dich davon ab hindurchzugehen? Wenn es irgendeine »verschlossene Tür« gibt, durch die du unbedingt gehen willst, dann frage dich, warum.
Was ist der wahre Grund, aus dem du diese Türen durchbrechen willst?

AFFIRMATIONEN

- Ich vertraue darauf, dass Versuch und Irrtum mir irgendwann das beste Ergebnis bringen.
- Einen Fehlschlag betrachte ich als Lernhilfe und messe ihm weiter keine Bedeutung bei.
- Es ist mir bestimmt, erfolgreich zu sein.

2. September

Heilige Tage

Mach aus deinen freien Tagen heilige Tage. Besuche schöne Orte, die Körper, Geist und Seele mit Energie aufladen und wo du in der Natur spazieren gehen oder im klaren Wasser schwimmen kannst. Nimm dir vor, an Aktivitäten teilzunehmen, die Spaß machen und dich erbauen, und iss frische, nahrhafte Lebensmittel. Genau wie du Benzin in dein Auto füllen musst, das mit hochwertigem bleifreien Benzin besser fährt, musst du auch deine Seele in regelmäßigen Abständen neu auftanken. Es ist nicht nur so, dass du dir deine heiligen Tage verdient hast, sie werden auch dein ganzes Leben viel »leichter« machen. Ehre dich selbst, indem du dir eine wirklich besondere heilige Zeit gönnst.

MEDITATION

Nimm dir deinen Kalender vor und trage deine heiligen Tage dort ein. Plane zwischen deinen längeren Urlaubszeiten auch kurze »Eintagesferien« ein. Achte darauf, dass du dich auch wirklich an deinen Ferienplan hältst. Du lebst nicht, um zu arbeiten, sondern arbeitest, um zu leben.

AFFIRMATIONEN

- An meinen heiligen Tagen lade ich Körper, Geist und Seele auf.
- Ich habe eine Menge heiliger Tage verdient.
- In meinem vollen Terminplan schaffe ich Platz für Spaß und Spiel.

3. September

Lebe vor, was du predigst

Du hast die Schriften studiert, hast an vielen Workshops und Seminaren teilgenommen und mit vielen Menschen über das Thema »Spiritualität« diskutiert. Doch jetzt ist es, wie man so schön sagt, an der Zeit vorzuleben, was du predigst. Jetzt wird nicht mehr über Spiritualität nachgedacht oder gesprochen, jetzt wird Spiritualität konkret in die Tat umgesetzt. Praktiziere sie von dem Moment, in dem du morgens aufwachst, bis zu dem Moment, in dem du nachts die Augen schließt. Das bedeutet es, ein spirituelles Wesen zu sein: Dann ist einfach alles, was du denkst, sprichst und tust, spiritueller Natur. Das Leben und die Spiritualität sind nicht länger voneinander getrennt.

MEDITATION

Du bist nun bereit »vorzuleben, was du predigst«. Wenn du es noch nicht getan hast, dann identifiziere jetzt die Bereiche deines Lebens, in denen du noch nicht ganz an diesem Punkt angelangt bist. Welche Bereiche sind das, und welche Ängste halten dich davon ab, deine Spiritualität hier zu leben? Geh wie immer im Leben Schritt für Schritt vor und tu das Beste, was du kannst, wenn du es tun kannst. Dann kannst du nicht scheitern. Gott wird es nicht zulassen.

AFFIRMATIONEN

- Ich lebe, was ich predige.
- Ich bin Geist und mein Geistselbst führt mich den ganzen Weg.
- All meine Gedanken, Worte, Aktionen und Reaktionen werden von meinem höheren/geistigen Selbst gesteuert.

4. September

Die Reiche der Natur

Es gibt vier Naturreiche, mein liebes Kind: das Mineralreich, das Pflanzenreich, das Tierreich und die Welt der Menschen. Sie alle sind aufeinander angewiesen, nicht nur, weil sie sonst nicht überleben können, sondern auch, weil sie sich gegenseitig brauchen, um sich auf ihr höchstes Ziel hin entwickeln zu können: die Einswerdung mit Gott.

MEDITATION

Reise zum Mittelpunkt der Erde. Wenn du dort angekommen bist, bitte Mutter Erde, dir die Geheimnisse des Felsenreichs, des Kristallreichs und des Mineralreichs zu verraten. Danke ihr für die Informationen und reise dann durch die Erdschichten nach oben bis in die »Erdrinde«. Bitte die Elementargeister des Pflanzenreiches, ihre Geheimnisse mit dir zu teilen. Bedanke dich bei den Feen, den Elfen und den Baumgeistern. Bitte schließlich die Überseelen des Tierreichs (die Herrscherseelen der verschiedenen Tierarten), dir ihre Geheimnisse zu verraten. Danke auch ihnen und finde dich nun in der Welt der Menschen wieder. Unterhalte dich mit deinem höheren Selbst und finde mehr über das besondere Verhältnis der vier Naturreiche untereinander heraus.
Denke daran, dich zu erden, einzustimmen und zu schützen.

AFFIRMATIONEN

- Ich erkenne, dass meine Gedanken, Worte und Taten eine tief greifende Wirkung auf alle Naturreiche haben.
- Ich achte, respektiere und liebe Steine, Pflanzen, Tiere und Menschen bedingungslos.
- Ich bin eins mit allen Reichen der Natur.

5. September

Der göttliche Funke

Erlaube dem göttlichen Funken in dir, zu wachsen und zu gedeihen. Mach all deine Gedanken, Worte und Taten göttlich, indem du sie zu hundert Prozent auf Gott konzentrierst. Wenn das Feuer der Liebe in deinem Herzen lodert, ist dein göttlicher Funke bereit, die verborgenen Flammen der Liebe in deinen Brüdern und Schwestern auf dieser Erde zu entzünden.

MEDITATION

Stell dir vor, in deinem Herzen brennt das Feuer der bedingungslosen Liebe. Je mehr du dich auf dieses göttliche Feuer konzentrierst, desto größer wird es und desto stärker brennt es. Jetzt siehst du, wie die Funken der Liebe in alle vier Himmelsrichtungen davonfliegen ... Sieh, wie diese Funken das Feuer der Liebe in jedem entzünden, auf den sie treffen.
Kann es wohl einen schöneren Anblick geben als die Liebe, die sich wie eine Feuersbrunst im ganzen Land ausbreitet?

AFFIRMATIONEN

- Ich liebe die Liebe.
- Mit jedem Atemzug wird mein göttlicher Funke immer größer und stärker.
- Ich bin ein Katalysator für die Liebe.

6. September

Spirituelle Revolution

Mit Krieg, Aufständen, Demonstrationen und Protesten aller Art wird nichts erreicht, mein Liebes. In Wirklichkeit ziehen solche Aktivitäten nur noch mehr Negativität in die betreffende Situation. Was stattfinden muss, damit auch deine Kinder und Enkelkinder eine Heimat auf diesem Planeten haben, ist eine spirituelle Revolution. Reiße deine negativen Glaubenssätze mit der Wurzel aus! Lass von allen falschen Idolen ab und wirf sie raus! Halte dich an die moralische Prämisse »Liebe alle und diene allen« und entlasse alles aus deinem Leben, was nicht Liebe ist.

MEDITATION

Gib dein Bestes und investiere die gleiche Menge an Energie, die du verschwendest, indem du andere verurteilst, kritisierst und zu bessern versuchst, um dich selbst zu verbessern. Du wirst erstaunt sein, was dabei herauskommt.

AFFIRMATIONEN

- Ich nehme an der spirituellen Revolution teil, indem ich alles loslasse, das nicht Liebe ist.
- Ich verzichte auf alle kritischen und urteilenden Verhaltensweisen anderen gegenüber.
- Ich setze meine Energien auf positive und konstruktive Weise ein.

7. September

Verschwende nichts

Verschwende nichts, mein liebes Kind! Die Ressourcen, die Gott dir zur Verfügung gestellt hat, dürfen in keiner Weise missbraucht werden. Indem du zum Beispiel kein Wasser verschwendest, achtest und respektierst du das Geschenk Wasser, das Gott dir gegeben hat. Kein Wasser – kein Leben! Das ist eine Tatsache, die auf diesem Planeten in Vergessenheit geraten scheint.
Je mehr Liebe und Respekt da ist, desto besser ist für eine stetige Versorgung mit den Rohstoffen gesorgt, die du brauchst. So wirkt sich das Gesetz der Anziehung in der Praxis aus. Wenn du die Vorräte der Natur weiterhin ausbeutest, werden sie schwinden und irgendwann ganz ausgehen. Du hast die Wahl. Wie wird sie ausfallen?

MEDITATION

Sei ganz ehrlich mit dir selbst. Wie sehr achtest und respektierst du die natürlichen Ressourcen, die Gott dir zum täglichen Gebrauch gegeben hat? Schaltest du das Licht aus, wenn du aus dem Zimmer gehst? Drehst du den Wasserhahn zu oder läuft das Wasser die ganze Zeit, während du im Badezimmer mit anderen Dingen beschäftigt bist? Fährst du überall mit dem Auto hin, oder machst du dir auch mal die Mühe, zu Fuß zu gehen? Wirfst du Essen weg?
Es ist nie zu spät, schlechte Gewohnheiten zu ändern. Bitte Mutter Erde um Vergebung, vergib dir deine eigenen Übertretungen und tu von nun an dein Bestes, das zu achten und zu respektieren, was dir gegeben wurde.

AFFIRMATIONEN

- Ich verschwende nichts.
- Ich achte und respektiere alle Ressourcen, denn sie sind ein Geschenk Gottes.
- Ich gebe ein gutes Beispiel und sporne damit andere an, das Gleiche zu tun.

8. September

Sich auf sich selbst verlassen

Verlasse dich auf niemanden, außer auf dich selbst! Als Teil Gottes hat dein Selbst das ganze Wissen, alle Ressourcen und alle Weisheit, die es braucht, um zu tun, was getan werden muss. Gib deine gottgegebene Macht nicht an andere Menschen, Situationen oder Umstände ab. Denn nicht nur hilfst du anderen nicht, indem du das tust, sondern du ermutigst sie auch noch, ihre destruktiven Verhaltensmuster weiterzuführen. Geh hin, vertraue deinem Selbst, verlasse dich darauf und erlaube anderen, das Gleiche zu tun.

MEDITATION

Denke darüber nach, wie autark du wirklich bist. Wo hast du »deine Macht abgegeben« und anderen Menschen erlaubt, gegen deinen Willen das Kommando zu übernehmen? Was hält dich davon ab, dich wirklich ganz auf dich selbst zu verlassen? Lege all deine Ängste und alle Schuldgefühle in die Hände der heilenden Engel und bitte sie um Hilfe in diesem Prozess. Bedanke dich von Herzen für die Liebe, die sie dir schenken.

AFFIRMATIONEN

- Ich kann mich völlig auf mich selbst verlassen.
- Mein Selbst verfügt über genügend Macht, Weisheit und Kraft, mit allem umzugehen, was mir auf meinem Lebensweg begegnet.
- Ich vertraue meinem Selbst und verlasse mich darauf und erlaube anderen, dasselbe zu tun.

9. September

Spirituelle Medizin

Wie viele Säftchen und Pillen schluckst du? Wie viel Geld, Zeit und Energie verschwendest du für falsche Behandlungen? Warum versuchst du es nicht mal mit »spiritueller Medizin«? »Vertraue und es geht dir gut« ist so eine Medizin. Sich bildlich und gefühlsmäßig vorzustellen, dass man glücklicher und gesünder ist, ist eine andere, und sie ist sehr wirksam. Bitte Gott und die Engel um Hilfe, wenn es darum geht, die Ursache deines Unwohlseins ganz leicht aufzulösen. Bedanke dich jeden Tag bei deinem Körper und segne alles, was du ihm entweder einverleibst oder auf ihm trägst. Das sind einige der wichtigsten spirituellen Heilmittel. Sie sorgen dafür, dass du körperlich, geistig, emotional und spirituell bei guter Gesundheit bleibst.

MEDITATION

Wenn du dich das nächste Mal krank fühlst, bitte Gott und die heilenden Engel sofort um Hilfe. Bitte darum, dass dir die Ursache deiner Krankheit gezeigt wird. Bitte den Erzengel Michael, die Bande zu durchtrennen, die dich mit irgendjemandem oder irgendetwas verbinden, das nicht reine Liebe ist und dir nicht mehr dient. Er wird es tun und dich mithilfe seines blauen Schwerts des Lichtes und der Wahrheit befreien. Drück dich ganz fest und gib dir selbst genügend Zeit und Raum, diesen natürlichen Heilungsprozess abzuschließen. Danke dem Erzengel Michael und den heilenden Engeln für ihren Beistand. Achte darauf, dass du geerdet, eingestimmt und geschützt bist.
Und noch etwas: Achte darauf, dass du immer genügend Schlaf, frische Luft, körperliche Betätigung, gutes Essen, Vitamine sowie geistige und emotionale Unterstützung bekommst, und zwar nicht nur, wenn du bereits krank bist. Wenn die Symptome nicht verschwinden, musst du selbstverständlich einen Arzt aufsuchen!

AFFIRMATIONEN

- Mein Geist ist für meine Erfahrungen verantwortlich.
- Ich vertraue auf die natürlichen Heilkräfte des positiven Denkens.
- In meinem Leben ist alles gut.

10. September

Manifestation

Du verfügst über die Macht, Dinge zu manifestieren! Du bist der Mitschöpfer Gottes und als dieser kannst du gar nicht anders, als zu manifestieren. Ein einziger Gedanke ist der Keim einer Manifestation. Ein einziges Wort bringt den Gedanken der Manifestation näher. Indem du einem vorausgegangenen Gedanken entsprechend handelst, lässt du »das Wort Fleisch werden« und hast damit deinen Wunsch manifestiert. Wenn du sichergehen willst, dass deine Manifestationen zu deinem eigenen Besten und zum Besten aller sind, dann stimme dich auf den Geist Gottes ein und empfange unbegrenzte göttliche Inspiration aus der Quelle all dessen, was ist.

MEDITATION

Was würdest du gern manifestieren? Wenn du herausgefunden hast, was es ist, gehe die folgende Checkliste durch:
Befindest du dich in Übereinstimmung mit dem göttlichen Willen?
Wird deine Manifestation zu deinem eigenen Besten und zum Besten anderer sein?
Befindest du dich in Übereinstimmung mit der göttlichen Zeit? (Bitte Gott, er möge dir Geduld geben.)
Wenn die obigen Kriterien erfüllt sind, kannst du deine Manifestation vollziehen. Handle aus deinem Herzen heraus, setze deinen Intellekt ein und stell dir vor, dass die Manifestation bereits stattgefunden hat. Sieh und fühle, dass alles getan ist.
Bedanke dich schon jetzt, denn das wird dafür sorgen, dass das Gesetz der Gnade wirksam wird und dich und deine Manifestation für Gottes Hilfe in dieser Angelegenheit magnetisiert. Da es sich hier um einen Prozess handelt, wirst du diese Übung täglich machen müssen, und zwar so lange, bis deine Meisterleistung vollbracht ist. Viel Spaß beim Manifestieren und beim Genießen der Resultate.

AFFIRMATIONEN

- Alles, was ich manifestiere, ist zum Besten für den Planeten und mich selbst.
- Ich manifestiere in Übereinstimmung mit dem göttlichen Willen und den göttlichen Zielen im göttlichen Zeitrahmen.
- Ich genieße es, Gottes Mitschöpfer zu sein.

11. September

Weltfrieden

Ein Ziel, das der ganzen Menschheit gemeinsam sein sollte, ist das Streben nach Frieden auf der Welt. Die Sehnsucht nach Frieden sollte in allen Herzen und in allen Köpfen an erster Stelle stehen. Um sicherzustellen, dass dieser Wunsch in Erfüllung geht, strebe zunächst danach, in Frieden mit dir selbst zu sein, dann mit deiner Familie, deinen Freunden und deinen Arbeitskollegen. Nichts ist wichtiger, als dass sich jedes Individuum persönlich für seinen inneren Frieden verantwortlich fühlt. Stell dir vor, jeder würde nur das tun. Eine Welle des Friedens würde die ganze Erde überrollen. Was für ein wunderschönes Bild!

MEDITATION

Stell dir vor, du gehst am Strand des Meeres entlang. Plötzlich fällt dein Blick auf einen wunderschönen weißen, herzförmigen Kiesel. Du hebst ihn auf, und während du ihn so in der Hand hältst, kannst du nicht umhin, Liebe und Frieden aus deinem Herzen in Form eines Lichtstrahls in den Kiesel zu schicken. Jedes Mal, wenn du einatmest, fließen mehr und mehr Frieden und Liebe in den Kiesel, bis du das Gefühl hast, dass der Kiesel ein lebendiges Wesen mit einem eigenen kleinen Herz ist, das in deiner Handfläche schlägt.

Wenn du das Gefühl hast, dass der Stein so viel Energie absorbiert hat, wie er aufnehmen kann, dann wirf ihn ins Meer zurück, und zwar mit dem von Herzen kommenden Wunsch, die Wellen mögen die Energie der Liebe und des Friedens in alle vier Himmelsrichtungen tragen.

Danke den Geistern des Elements Wasser dafür, dass sie dir geholfen haben. Vergiss nicht, dich zu erden, einzustimmen und zu schützen.

AFFIRMATIONEN

- In mir herrscht Frieden.
- Aus meinem friedlichen Herzen strahle ich Frieden und Liebe in die Welt hinaus.
- Ich sehe eine Welt voller Frieden, Liebe und Licht.

12. September

Das unabhängige Selbst

Damit du deine Mission auf diesem Planeten durchführen kannst, musst du von allem und jedem unabhängig sein. Du musst innerlich frei sein, damit du deine heiligen Aufgaben erfüllen kannst. Verbinde dein Denken und deine Emotionen mit deinem Geist, denn dein Geist ist immer frei. Die große Freiheit deines Geistselbsts wird dir die Inspiration, den Mut, die Kraft und das Durchhaltevermögen geben, die du brauchst, um erfolgreich zu sein.

MEDITATION

Identifiziere die Bereiche deines Lebens, in denen du abhängig bist. Fertige eine Liste deiner Abhängigkeiten an und schreibe jeweils positive, ausgleichende Eigenschaften daneben. Bitte den Erzengel Michael, dir beim Durchtrennen aller Verbindungen zu Menschen und Situationen zu helfen, von denen du in irgendeiner Weise abhängig bist. Verlange, wenn das geschehen ist, deine persönliche Macht zurück, die an diese Menschen und Situationen gebunden war. Sieh, wie sich deine Macht in Form eines Energieballs aus der anderen Person oder der Situation herausbewegt und in deinen Solarplexus, den Sitz deiner irdischen Macht, zurückkehrt. Gib dann deinerseits freiwillig jede Macht zurück, die du jemandem »gestohlen« haben magst.

Du kannst dir die Machtenergie auch als Päckchen vorstellen, das dir ausgehändigt wird. Und wenn das nötig sein sollte, gibst du jemandem ein Machtpäckchen zurück. Vergib dir selbst und anderen für die Rollen, die jeweils gespielt wurden, und bitte die heilenden Engel, alle Beteiligten zu segnen.

Nimm dir nun Punkt für Punkt auf deiner Liste der positiven, ausgleichenden Eigenschaften vor und sieh und fühle diese positiven Eigenschaften in dir selbst. Danke dem Erzengel Michael für seine Hilfe. Du wirst diese Meditation oft wiederholen müssen. Es mag eine Weile dauern, bis sie abgeschlossen ist. Achte darauf, dass du geerdet, eingestimmt und geschützt bist.

AFFIRMATIONEN

- Ich bin von allem und jedem unabhängig.
- Ich kann mich auf meine eigene Stärke verlassen.
- Ich werde von meinem höheren Geistselbst permanent mit Energie versorgt.

13. September

Hülle dich in Liebe

Hülle dich gleich morgens, wenn du aufwachst, in einen goldenen Mantel aus Liebe, denn die Liebe ist der größte Beschützer von allen. Fürchte dich nicht vor dem Bösen, denn das, was du am meisten fürchtest, ziehst du an. Entwickle stattdessen einen unerschütterlichen Glauben an die grenzenlose Macht der Liebe. Mach die Liebe zum Alpha und Omega deines Lebens, zum Mittelpunkt von allem, was ist. Ein solcher Glaube wird jeden Anfall von Negativität unwirksam machen. Nichts und niemand kann dich verletzen!

MEDITATION

Stell dir, gleich nach dem Aufwachen und nachdem du dich mit allem verbündet hast, was Liebe ist, vor, dass dein Schutzengel dir eine goldene Robe der Liebe und des Schutzes reicht. Der Stoff dieser Robe ist aus reiner bedingungsloser Liebe gewebt. Die Robe fällt bis auf den Boden. Sie hat eine große Kapuze und lange Ärmel und passt dir perfekt. Danke deinem Schutzengel für die Robe und erinnere dich an ihre Existenz, wann immer du dich tagsüber in einer negativ geladenen Situation oder Umgebung befindest.

AFFIRMATIONEN

- Ich werde jederzeit von Liebe geführt und beschützt.
- Ich mache die Liebe zum Alpha und Omega meines Lebens.
- Ich bin von einem Mantel aus Liebe umhüllt.

14. September

Spiritueller Hunger

Du hungerst nach den Reichtümern dieser Welt, doch wo ist dein spiritueller Hunger? Dein Bauch mag voll sein, du hast wahrscheinlich viel Geld auf der Bank und bist vielleicht auf dem Höhepunkt einer großen Karriere, doch bei all diesen Errungenschaften und Besitztümern handelt es sich um vergängliche Freuden, die morgen schon dahin sein können.
Was bleibt dir, wenn das passiert? Wenn du jedoch deinen Hunger nach Gott gestillt hast, wirst du von Liebe, Frieden und Zufriedenheit erfüllt sein. Unter welchen äußeren Umständen du auch lebst, du wirst wahrlich reich sein.

MEDITATION

Was ist dein spirituelles Verlangen? Finde alles darüber heraus. Wenn du es identifiziert hast, bitte Gott und die Engel, dir bei der Beseitigung aller Hindernisse behilflich zu sein, die dich davon abhalten, diesen Seinszustand zu erreichen.
Wichtige Hindernisse könnten sein:
Ich verdiene Gottes Liebe nicht.
Ich bin ein Sünder.
Ich bin es nicht wert, dass mir etwas Gutes widerfährt ... und so weiter.
Wenn du Liebe willst, wirst du Liebe bekommen. Gott wartet nur darauf, dass du alles willst, damit Er dir schließlich alles geben kann. Denk daran: Du bittest und dir wird gegeben! Selbst Gott kann das Gesetz des freien Willens nicht übertreten. Bedanke dich.

AFFIRMATIONEN

- Ich bin voll von Liebe und Freude.
- Ich bin zufrieden.
- Ich bin körperlich, geistig und seelisch reich.

15. September

Bereitwilligkeit

Du bist in der Lage, deine göttliche Aufgabe zu erfüllen, aber bist du auch dazu bereit? Du denkst vielleicht, dass du es bist, aber nichts scheint sich in Richtung des Göttlichen zu bewegen, weil dein kleines Egoselbst dich ständig mit immer neuen weltlichen Beschäftigungen an der Nase herumführt. Du musst auf deinem göttlichen Willen bestehen, wenn du verhindern willst, dass dich das niedere Selbst davon abzuhalten versucht, den dir vorbestimmten Weg zu gehen. Damit das geschehen kann, musst du eine bewusste Wahl treffen. Wirst du dich für die Erfüllung deiner göttlichen Aufgabe entscheiden? Dann entscheide dich hier und jetzt, bestehe auf deinem göttlichen Willen und TU ES!

MEDITATION

Bring deinen Willen in Übereinstimmung mit dem Willen Gottes. Indem du das tust, gehst du von der Durchführung deines Willens zur Erfüllung des göttlichen Willens und der göttlichen Aufgabe über. Vertraue darauf, dass dieser Übergang vollzogen wurde, und widme dich deiner im Moment anstehenden Aufgabe. Sobald du dem Universum deine Bereitwilligkeit zeigst, kann es nicht anders, als dir bei deinen Anstrengungen behilflich zu sein. Alle Mächte des Himmels und der Erde sind an deiner Seite und helfen dir bei der Ausführung des göttlichen Plans.

AFFIRMATIONEN

- Ich bin willens, meine Rolle als Mitschöpfer Gottes anzunehmen.
- Mein Wille ist in Übereinstimmung mit dem göttlichen Willen.
- Ich werde jederzeit vom Universum geführt und unterstützt.

16. September

Wut

Wut ist eine höchst destruktive Emotion, mein Liebes, aber sie ist auch eine sehr menschliche Emotion. Wenn du Wut in dir spürst, dann ignoriere und unterdrücke sie nicht einfach, denn sie wird in unterschiedlichen Verkleidungen und auf ganz unerwartete Weise wieder an die Oberfläche kommen; das ist sicher. Nimm deine Wut an, dringe zu ihren Wurzeln vor, löse sie auf oder wandle sie um und befreie dich selbst!

MEDITATION

Wenn du glaubst, dass du auf eine andere Person oder eine Situation wütend bist, dann spiegelt diese Wut im Prinzip nur deine Wut auf dich selbst wider. Nimm diese Wut als dein »Eigentum« an und beschließe, dass du das Recht hast, wütend zu sein.

Woher kommt deine Wut? Finde ihre Wurzeln. Vielleicht brauchst du dabei Hilfe in Form einiger Therapiesitzungen oder einer Beratung. Wenn du den Ursprung deiner Wut identifiziert hast, hast du zwei Möglichkeiten:

1. Du reagierst deine Wut auf eine Weise ab, die keinem fühlenden Wesen schadet, zum Beispiel, indem du schreist, auf Kissen einschlägst oder Energieübungen machst.
2. Du wandelst die Wutenergie (die Energie eines Wutausbruchs kann eine Glühbirne eine Zeit lang zum Leuchten bringen) in kreative Energie um, indem du sie als Treibstoff oder Antriebsenergie für irgendeine Aktivität nutzt, zum Beispiel den Hausputz, die große Wäsche, Rasenmähen, ein Buch schreiben oder Lernen.

Gratuliere dir selbst zu deiner erfolgreichen »Wut-Bewältigung«.

AFFIRMATIONEN

- Ich gehe auf positive Weise mit meiner Wut um.
- Ich nutze meine Energie als Katalysator für Veränderungen.
- Ich wandle meine Wut um und führe sie kreativen Beschäftigungen zu.

17. September

Handle aus Liebe

Auf dem Weg zur Selbstmeisterung präsentiert dir das Leben viele Herausforderungen und Schwierigkeiten. Angesichts jeder neuen Herausforderung hast du die Wahl: Du kannst aus Liebe handeln oder aus Angst. Mit jeder Schwierigkeit ergibt sich auch eine neue Gelegenheit, der Welt zu zeigen, wer du wirklich bist. In jeder leidvollen Situation ist es allein an dir zu entscheiden, wie du dich verhältst. Frage dich an jeder Wegkreuzung und angesichts jeder Schwierigkeit: Was würde die Liebe jetzt tun?

MEDITATION

Visualisiere dein Herz als einen tiefen Brunnen. Der Brunnen ist schön und perfekt gebaut und mit einer Mauer aus roten Backsteinen eingefasst. Sieh, wie du einen Eimer hinunterlässt und ihn mit dem sprudelnden Wasser der bedingungslosen Liebe gefüllt wieder heraufziehst. Gieße das Wasser in einen goldenen Becher und gib diesen Becher irgendjemandem in Not, der dir gerade einfällt. Das Wasser der Liebe, das aus diesem Brunnen geschöpft werden kann, versiegt nie. Jedes Mal, wenn du den Eimer nach oben ziehst, ist er übervoll von der goldenen Energie der bedingungslosen Liebe.

AFFIRMATIONEN

- Jedes Mal wähle ich die Liebe.
- Ich schätze jede Gelegenheit, meine Liebe zu teilen, die Gott mir gibt.
- Mein Herz ist ein unerschöpflicher Quell der bedingungslosen Liebe.

18. September

Gier

In deinem Alltag wirst du wahrscheinlich mit vielen Variationen von Gier konfrontiert. Bevor du darüber urteilst oder diese Tatsache kritisierst, frage dich, woher die Gier kommt, die du in einer anderen Person erkennst, und wo du in deinem eigenen Leben gierig bist. Du wirst ausnahmslos herausfinden, dass Gier auf einen schwer wiegenden Mangel an Liebe in irgendeiner Form zurückgeht. Ihr Ursprung kann ein Mangel an Förderung, Fürsorge und Beachtung oder an Lob sein. Oft findet sich im Kern eines gierigen Erwachsenen ein inneres Kind, das nach Liebe und Zuneigung hungert. Sei solchen Menschen und deinem eigenen inneren Kind gegenüber großzügig mit deiner Liebe und die Gier wird sich in deinem Leben nicht mehr zeigen müssen.

MEDITATION

Wonach giert dein inneres Kind? Wovon hast du nie genug gehabt? Finde es heraus. Dann werden dir deine inneren Eltern zusammen mit Gott und den heilenden Engeln das geben, wonach du hungerst.
Bedanke dich.

AFFIRMATIONEN

- Ich wende mich allen Bereichen meines Lebens zu, in denen Mangel herrscht.
- Ich sorge für mein inneres Kind.
- Ich gehe großzügig mit meiner Liebe zu anderen und mir selbst um.

19. September

Erwartungen

Erwarte das Beste und lass Gott den Rest tun. Verabschiede dich von Sätzen wie »das ist so weit in Ordnung« oder »das ist gut genug für mich«. Gott hat das Beste für dich vorgesehen. Er ist bereit, dich mit Geschenken zu überschütten. Führe ein Leben der positiven Erwartungen und rechne bei all deinen Unternehmungen immer mit dem besten Ergebnis. Lass dennoch Gott entscheiden, was das Beste für dich ist, denn Gott ist derjenige, der den Überblick hat.

MEDITATION

Denke über das Folgende nach:
Wenn du einen Kuchen backst, misst du die Zutaten sorgfältig ab, fettest die Kuchenform ein und stellst den Backofen auf die richtige Temperatur. Wenn du all diese Vorbereitungen getroffen hast, erwartest du, dass der Kuchen später perfekt aufgegangen und gebacken aus dem Ofen kommt. Geh dein Leben auf die gleiche Weise an. Tu dein Bestes und überlasse Gott den Rest.

AFFIRMATIONEN

- Ich tue mein Bestes und lasse Gott den Rest machen.
- Ich erwarte das Beste, ohne mich auf ein bestimmtes Ergebnis einer Situation zu versteifen.
- Gott gestaltet das, was ich im Leben erfahre, zum meinem Besten.

20. September

Seelennahrung

So, wie du darauf achtest, deinen Körper zu ernähren, musst du dich bemühen, deine Seele zu speisen. Manchmal leidet deine Seele an bedenklicher Unterernährung, weil alles, woran du denkst und worum du dich kümmerst, ausschließlich mit der Erfüllung von beruflichen und familiären Pflichten zu tun hat. Das reicht nicht, mein Kind. Du brauchst Zeit für dich selbst, Zeit, dich wieder aufzuladen und deine Seele zu nähren. Indem du tust, was dein Herz singen lässt, erreichst du genau das. Geh hinaus und ergreife die Gelegenheit, dich zu erfreuen und wieder aufzuladen.

MEDITATION

Was lässt deine Seele singen? Ist es Musikhören, Tanzen, Lesen oder der Aufenthalt in der Natur? Oder ist es vielleicht stille Meditation oder Kontemplation? Was es auch ist, folge dem Ruf deiner Seele! Dein Wohlbefinden wird um ein Tausendfaches steigen.

AFFIRMATIONEN

- Ich hege und pflege meine Seele.
- Ich gebe meiner Seele die Nahrung, nach der sie sich sehnt.
- Ich lasse meine Seele singen.

21. September

Schlechte Gewohnheiten

Lass nicht zu, dass schlechte Gewohnheiten dein Leben bestimmen.
Es ist zwar allgemein üblich und auch menschlich, in einen bestimmten Trott zu verfallen, aber es muss nicht sein. Auch wenn manche dieser alten Gewohnheiten schon sehr eingefahren sind, heißt das nicht, dass du sie nicht ändern kannst. Setze deinen göttlichen Willen ein und diszipliniere dich selbst, wenn es darum geht, die altmodischen Muster auszumerzen und zu verändern, die dich mittlerweile davon abhalten, ein glückliches und erfülltes Leben zu führen.

MEDITATION

Was ist deine schlimmste schlechte Gewohnheit? Versuche, sie bis zu ihrer Wurzel zurückzuverfolgen, und finde heraus, wo und wann diese Gewohnheit entstanden ist. Es kann sein, dass mit schlechten Gewohnheiten etwas kompensiert wird, was in deinem Leben fehlt oder in zu geringer Menge vorhanden ist. Erinnere dich: Allen negativen Verhaltensweisen liegt Angst in ihren vielen Formen und Verkleidungen zugrunde. Denke nun an eine gute Angewohnheit, die du an die Stelle der schlechten setzen könntest. Wenn du einiges an Disziplin aufbringst, wirst du mit der Zeit erleben, dass in deinem Leben wunderbare Veränderungen stattfinden.

AFFIRMATIONEN

- Ich habe mein Leben unter Kontrolle.
- Ich habe die Macht, Dinge zu verändern.
- Ich ersetze alte, negative Muster durch neue und positive.

22. September

Bindungen

Pflege nur eine Bindung in diesem Leben, deine Bindung zu Gott, zur Quelle all dessen, was ist. Sei dem Herzen und dem Geist des Göttlichen verhaftet und wesentlich verbunden. Wenn du eins mit Gott bist, wird dir alles gegeben.

MEDITATION

Visualisiere dich selbst als kleines Baby, das im kosmischen Mutterbauch schwebt. Du bist dir deiner Nabelschnur bewusst. Verfolge sie im Geist und finde heraus, wo sie hinführt. Du stellst fest, dass sie dich direkt mit dem Ursprung verbindet, einem Meer aus strahlendem Licht und fast überwältigender, bedingungsloser Liebe für dich. Du verankerst deine Nabelschnur sicher im Ursprung all dessen, was ist, und dann siehst du dich selbst aufwachsen. Jedes Mal, wenn du einatmest, bist du ein paar Jahre älter und deine Nabelschnur dehnt sich aus und wächst mit dir. Führe diesen Prozess weiter, bis du in deinem gegenwärtigen Alter angekommen bist. Schau dir deine Verbindung zu Gott jetzt an. Wie sieht sie aus? Wenn sie größer sein müsste, damit mehr göttliche Liebe und Lichtenergie hindurchfließen kann, dann bitte Gott und die heilenden Engel, sie für dich auszudehnen. Bedanke dich für deine »himmlische Anhaftung«, denn sie ist die einzige, die du dir je wünschen solltest. Achte darauf, dass du geerdet, eingestimmt und geschützt bist.

AFFIRMATIONEN

- Ich bin mit der Quelle von allem, was ist, verbunden – mit Gott.
- Gott versorgt mich mit allem, was ich an physischer, mentaler, emotionaler und spiritueller Nahrung brauche.
- Ein Ursprung – ein Herz – ein Geist – ein Körper.

23. September

Geisteskraft

Entwickle Geisteskraft, einen unerschütterlichen Geist und absoluten Glauben an das göttliche Prinzip, das allem Leben zugrunde liegt. Das ist so wichtig, mein Liebes. Ein starker, unbeirrbarer Geist wird dich über viele Gletscherspalten hinwegtragen, die sich im Leben vor dir auftun mögen. Die Zeit wird kommen, wo du vielleicht einen »Sprung ins Ungewisse« machen musst – eine Großtat, die du nicht vollbringen kannst, wenn du keinen starken Geist entwickelt hast.

MEDITATION

Denke an die Klinge eines heiligen Schwertes und daran, wie stark und wohlgeformt sie ist. Mache deinen Geist wie diese Klinge: stark, scharf, unzerstörbar und doch biegsam. Setze deinen Intellekt ein, um deinen Geist zu schärfen, und deinen Glauben, um ihn stark zu machen. Verbinde dann dein Herz mit deinem Verstand und du bist ein perfektes Instrument Gottes.

AFFIRMATIONEN

- Mein Geist ist stark und unerschütterlich.
- Mein Geist ist untrennbar mit dem Geist Gottes verbunden.
- Ich erlaube meinem Geist beweglich und fließend zu sein.

24. September

Aktion und Reaktion

Es kann sein, dass dir im Leben vieles widerfährt, was nicht gut ist, und du oft ungerecht behandelt wirst. Doch Vorsicht! Das, was auf ewig in deiner Seele gespeichert wird, ist nicht die Tat eines anderen, sondern deine Reaktion darauf. Erfolgte deine Reaktion aus Angst? Hast du nach dem Motto »Auge um Auge, Zahn um Zahn« gehandelt? Oder hast du aus der Liebe heraus reagiert und dem anderen vergeben?

MEDITATION

Erinnere dich an deine letzte ungute Reaktion auf eine Person oder Situation. Und dann erinnere dich an das Gefühl, das mit diesem Vorfall einherging. Wie hat es sich angefühlt? War dir schlecht im Magen oder war vielleicht dein Herz schwer? Wenn du dich so oder so ähnlich gefühlt hast, dann ist das eine Bestätigung dafür, dass du aus Angst reagiert hast. Hol diese Angst ans Licht und mach dich daran, sie zu heilen. Bitte die andere Person um Vergebung und vergib dir schließlich selbst, was du getan hast. Bitte die heilenden Engel, die Vergangenheit zu segnen, und sie wird für immer vergangen sein. Bedanke dich.

AFFIRMATIONEN

- Ich bin mir meiner Aktionen und Reaktionen bewusst.
- Ich reagiere aus Liebe und mit Liebe.
- Ich verfüge über die innere Stärke, alles zu verzeihen, was nicht in Ordnung war.

25. September

Die Welt heilen

Heile dich selbst und du heilst die Welt. Die Verletzung, die du um dich herum wahrnimmst, ist der Schmerz, den du in dir selbst nicht geheilt hast. Trage den Balsam der Selbstliebe auf deine Wunden auf und erlaube Gott und den Engeln, dir bei deinem Selbstheilungsprozess zur Seite zu stehen. Öffne dein Herz für die göttlichen Helfer um dich herum und erlaube auch deinen Mitmenschen, dir in dieser Weise zu dienen. Es wird ihr Herz erfreuen. Liebe dich selbst und du liebst alles.

MEDITATION

Sieh dich einen Moment lang als absolut identisch mit jedem anderen menschlichen Wesen auf diesem Planeten. Denke an die unterschiedlichen Gefühle, die du hast, und erkenne dann an, dass alle anderen Menschen genau die gleichen Gefühle haben.
Werde dir der wichtigsten Gedankenmuster bewusst, die Raum in deinem Geist einnehmen. Mache dir eine geistige Notiz all deiner Ängste, Bedenken und Befürchtungen und erkenne dann an, dass deine Brüder und Schwestern genau die gleichen Ängste, Bedenken und Befürchtungen haben.
Nimm nun Kontakt zu deiner Seele auf und werde dir bewusst, dass du untrennbar mit allen anderen Seelen auf diesem Planeten verbunden bist, die gemeinsam mit dir durch dieses Leben reisen. Du bist einer und gleichzeitig viele! Sei deinen Brüdern und Schwestern auf Mutter Erde in Liebe verbunden. Was für ein glorreicher Sieg das ist!
Vergiss nicht, dich zu erden, einzustimmen und zu schützen.

AFFIRMATIONEN

- Ich liebe und heile mich selbst.
- Indem ich mich selbst heile, heile ich auch meine Umwelt.
- Du und ich, wir sind eins.

26. September

Das Drama des Lebens

Versuche deine Rolle im Drama des Lebens gut zu spielen. Du stehst in der Tat 24 Stunden am Tag auf der Bühne und spielst die Rollen, die Gott dir gegeben hat. Sei mit Leib und Seele in jedem Akt dieses Dramas präsent und versuche nicht schon im ersten Akt, das Ende des dritten vorwegzunehmen. Überlasse es Gott, sich darum zu kümmern. Sei wie ein professioneller Schauspieler. Gib dein Bestes und Gott wird für den Rest sorgen.

MEDITATION

Sieh die Welt als Bühne. Du bist der Schauspieler und Gott ist der Regisseur. Lass zu, dass Gott dich führt. Er hat ein perfektes Stück geschrieben und du wirst deine Stichworte bekommen, wenn du sie brauchst. Mach dir keine Gedanken über die Requisiten. Auch für sie hat Gott bereits gesorgt. Es steht dir frei, die »Garderobe« des Theaters jederzeit aufzusuchen. Gott sieht es gern, wenn du dich »umziehst«.

AFFIRMATIONEN

- Ich spiele meine Rolle im Drama des Lebens so gut ich kann.
- Ich lasse zu, dass Gott der Regisseur des göttlichen Schauspiels ist.
- Ich nehme den Wandel als Mittel zu Wachstum und Selbsterkenntnis an.

27. September

Ehe

Was ist aus dem heiligen Bund der Ehe geworden? Wahre Ehe bedeutet, Gott in seiner Frau oder seinem Mann, also in seinem Lebenspartner zu verehren und sich gegenseitig zu respektieren und zu achten. Das göttliche Versprechen, sich »in guten wie in schlechten Tagen« treu zu sein, geht weit über Trauscheine, Sexualität oder Religion hinaus. Wahre Ehe bedeutet, dass beide Partner Moment für Moment, Stunde um Stunde und Tag für Tag alles tun, um das göttliche Versprechen zu halten, das sie einander gegeben haben. Und vergiss nicht: Dieses Immer, »bis dass der Tod uns scheidet«, findet im Jetzt statt!

MEDITATION

Bist du mit deinem Partner verheiratet oder mit deiner Arbeit? Nimm dir Zeit für deinen Partner. Ehre Gott in ihm oder ihr und durch sie oder ihn! Mach das Beste aus der Zeit, die ihr zusammen habt. Heute könnte der letzte Tag in deinem Leben oder im Leben deines Partners sein, eure letzte Chance zusammen zu sein. Hege, pflege und liebe deine »bessere Hälfte« und kümmere dich so um sie, wie du selbst gern umsorgt werden möchtest. Dann wird deine Ehe eine sein, die im Himmel geschlossen wurde.

AFFIRMATIONEN

- Ich glaube an die Heiligkeit der Ehe/Partnerschaft.
- Ich liebe, ehre und respektiere meinen Partner von ganzem Herzen.
- Ich verehre Gott in meinem Mann/meiner Frau/meinem Partner.

28. September

Das Gesetz der Anziehung

Gleiches zieht Gleiches an. Das ist ein Gesetz. Wenn du liebevoll, freundlich und sanft mit dir selbst umgehst, wirst du Menschen in dein Leben ziehen, die so sind wie du. Wenn du in Angst lebst, wirst du das anziehen, wovor du dich am meisten fürchtest. Wenn du gewalttätig bist, wirst du Gewalt anziehen. Wenn du jemanden hasst, wirst du noch mehr Hass in dein Leben ziehen – und so geht die traurige Geschichte weiter. Setze diesem zerstörerischen Kreislauf ein Ende, mein liebes Kind, und zwar jetzt. Richte deine Aufmerksamkeit auf die Liebe und orientiere deine Absichten an ihr. Dann wirst du wie ein Magnet werden, der stets positive Menschen und Umstände anzieht. Weil du Liebe bist, ziehst du Liebe an.

MEDITATION

Stelle eine Liste deiner tief sitzenden destruktiven Glaubenssätze zusammen, die dafür verantwortlich sind, dass du negative Menschen, Umstände und Erlebnisse anziehst. Bitte die heilenden Engel und andere Lichtwesen um Hilfe. Sieh dich nun selbst am Rand einer Gletscherspalte stehen, von der du weißt, dass sie bis tief hinunter in den magnetischen Erdkern reicht. Beobachte nun, wie deine alten negativen Glaubenssätze als dunkle Energiebälle aus deinem Körper herausspringen und einer nach dem anderen in den Abgrund fallen. Und während sie von dem magnetischen Erdkern angezogen werden, verwandelt Mutter Erde sie in positive Energie.
Wiederhole diese Übung so oft wie nötig und danke Mutter Erde und den heilenden Engeln für den Dienst, den sie dir erwiesen haben.

AFFIRMATIONEN

- Ich bin ein Liebesmagnet.
- Ich bin Liebe, also ziehe ich Liebe an.
- Ich bin innerlich und äußerlich anziehend.

29. September

Sucht nach Liebe

Sei bestrebt, deine Sucht nach Geld, Macht und Ruhm gegen die Sucht nach der Liebe Gottes einzutauschen. Sehne dich in jedem wachen Moment nach Seiner Liebe. Sehne dich mit jedem heiligen Atemzug danach. Stell die Liebe Gottes in den Mittelpunkt von allem, was du denkst, sagst oder tust.

MEDITATION

Jede Sucht ist eine unvollendete Suche nach Liebe. Beschließe jetzt, dass Gott, der mit deinem höheren Selbst identisch ist, dir alle Liebe gibt, die du willst und brauchst. Bitte die heilenden Engel um ihre freundliche Hilfe in diesem Prozess. Visualisiere jetzt einen großen Trichter auf dem Scheitel deines Kopfes und Glasröhren, die von deinen Chakren aus bis auf den Boden führen. Werde dir deiner Süchte bewusst und bitte, das universale goldene Heilungslicht möge aus der Quelle der Liebe und des Lichts in den Trichter fließen. Atme tief ein, lass das goldene Licht in dein Kronenchakra fließen und von da in die anderen Chakren. Dabei drückt es all deine Süchte aus deinem Körper und in die Glasröhren, die sie in den Boden ableiten, wo Mutter Erde sie verwandelt. Wenn der Prozess beendet ist, fallen die Röhren einfach ab und lösen sich auf. Du bist frei von allen irdischen Abhängigkeiten und bereit, süchtig nach Liebe zu werden.

Danke deinen himmlischen Helfern und Mutter Erde dafür, dass sie dir geholfen haben. Vergiss nicht, dich zu erden, einzustimmen und zu schützen.

AFFIRMATIONEN

- Ich bin frei von allen irdischen Süchten.
- Die Macht der Liebe versorgt mich mit allem, was ich brauche.
- Ich bin süchtig nach der Liebe Gottes.

30. September

Hingabe

Worin gehst du völlig auf? Ist es deine Familie, sind es deine Freunde oder ist es dein Beruf? Wie wäre es, wenn du dir vornehmen würdest, Hingabe an das göttliche Prinzip, an Gott in deinem Innern, zu entwickeln? Schenke Gott deine ganze Hingabe und Verehrung. Hege Gedanken und Gefühle der bedingungslosen Liebe und lass die Flammen des göttlichen Verlangens hoch auflodern. Gottes Belohnung für dich wird alles übertreffen, was du dir je hast träumen lassen.

MEDITATION

Suche das Gemach deines Herzens auf. Dort findest du einen offenen Kamin, in dem ein kleines Feuer brennt. Es ist das Feuer deiner hingebungsvollen Liebe zu Gott, dem Göttlichen in dir. Du beschließt, dass es höchste Zeit ist, dieses mickrige kleine Feuer in eine lodernde Feuersbrunst zu verwandeln, und setz dich davor, um über deine Liebe zu Gott zu meditieren. Mit jedem heiligen Atemzug, den du tust, wächst deine Liebe zu Gott und das Feuer wird immer größer und scheint heller und immer heller.
Suche das Gemach deines Herzens oft auf, um die Flammen der Liebe zu Gott zu schüren. Denke daran, dich zu erden, einzustimmen und zu schützen.

AFFIRMATIONEN

- Ich gehe ganz in Gott auf, dem göttlichen Prinzip in meinem Innern.
- Ich hege liebevolle Gedanken und Gefühle.
- Im Gemach meines Herzens lodern die Flammen des göttlichen Lichts.

Segen für den Monat

Oktober

Lasst uns zusammenkommen und unsere Brüder
und Schwestern einladen, an unserer reichen Ernte teilzuhaben.
Mögen wir die Früchte der Bäume ernten und die Früchte unserer Arbeit.
Mögen wir die Früchte unseres kreativen Geistes ernten.
Mögen wir die süßen Früchte dessen ernten,
was aus unseren Herzen kommt. Mögen die göttlichen Funken
unseres freien Geistes unsere Ernte sein.
Lass deine Brüder und Schwestern an deinem großen Überfluss teilhaben.
Gott wird dir die Saat deiner Taten millionenfach vergelten.

1. Oktober

Stille spricht deutlicher als Worte

Stille spricht deutlicher als Worte, mein Liebes. Die Saat der Liebe keimt in der Stille deines Herzens und entwickelt sich ganz leise zu den Früchten des Mitgefühls und des Verstehens. Dann bist du bereit, dich in die Welt hinauszuwagen, die deine Gaben so dringend braucht, und die Liebe aus deinem Herzen in aller Stille weiterzugeben.

MEDITATION

Geh in das Gemach deines Herzens und beobachte, wie die Saat der Liebe zu einem wunderschönen Baum heranwächst, der auf magische Weise mit vielen unterschiedlichen Früchten beladen ist. Du entdeckst die Früchte der bedingungslosen Liebe (Mitgefühl, Verständnis, Unterstützung, Loyalität und viele andere), die alle an diesem Baum hängen, reif und bereit zur Ernte. Lobe dich selbst für dein Werk der Liebe und verteile diese Früchte großzügig und bedingungslos an jeden, der sie braucht. Vergiss nicht, dich zu erden, einzustimmen und zu schützen.

AFFIRMATIONEN

- Ich trage den Schatz der bedingungslosen Liebe in meinem Herzen.
- Ich gehe großzügig mit meiner Liebe um und erwarte keine Gegenleistung.
- Ich gehe meiner heilsamen Tätigkeit in aller Stille nach.

2. Oktober

Deine göttliche Mission

Jede einzelne Seele, die auf diesem Planeten inkarniert ist, hat ihre eigene göttliche Mission zu erfüllen. Gott hat dir die Blaupause für deine Mission bereits mitgegeben. Du musst dich jetzt nur noch darauf einstimmen und den göttlichen Plan verwirklichen, den Gott so liebevoll für dich ausgearbeitet hat. Diene Gott, dem Universum und dir selbst, indem du dein göttliches Potenzial auslebst.

MEDITATION

Atme weißes Licht ein und lass zu, dass es dich ganz erfüllt und einhüllt. In deinem Herzen weißt du, dass du eine Verabredung mit Gott hast, dem Hüter deiner himmlischen Blaupause. Dein Schutzengel begleitet dich. Gemeinsam betretet ihr eine lichte Halle, wo Gott dich bereits erwartet und mit offenen Armen empfängt. Ihr sitzt nebeneinander auf einer mit Schnitzereien verzierten Bank und Gott holt eine Schriftrolle hervor – deine himmlische Blaupause. Ihr studiert die Schriftrolle gemeinsam, und Gott erklärt dir alles, was du wissen musst, damit du deine irdische Mission erfüllen kannst. Er lädt dich ein, so oft du willst wiederzukommen und dich von Ihm beraten zu lassen. Am Ende umarmt dich Gott und sagt dir, wie sehr Er dich liebt. Dann begleitet dich dein Engel zurück ins Hier und Jetzt. Bedanke dich. Achte darauf, dich zu erden, einzustimmen und zu schützen.

AFFIRMATIONEN

- Ich bin perfekt auf meine himmlische Blaupause eingestimmt.
- Ich höre auf Gottes Rat.
- Liebevoll und mit Freude erfülle ich meine irdische Mission.

3. Oktober

Barmherzigkeit

Sei barmherzig, mein liebes Kind. Nicht nur, indem du anderen Geld gibst, sondern auch, indem du ihnen mit Toleranz, Liebe und Akzeptanz begegnest. »Barmherzigkeit beginnt zu Hause«, sagt ein weiser Spruch. Was bedeutet das für dich? Sei großzügig, wenn es darum geht, deiner Familie und Freunden die Freiheit zuzugestehen, nach der sie sich sehnen, und sei ihnen gegenüber nicht kritisch und urteilend. Und vor allem: Schenke ihnen deine Liebe, ohne sie damit an dich zu ketten. Das ist wahre Barmherzigkeit in Aktion.

MEDITATION

Wie barmherzig bist du dir selbst gegenüber? Gehe barmherzig mit dir selbst um. Das ist der erste Schritt, den es zu tun gilt. Wenn du das erreicht hast, wird es dir leicht fallen, deine Barmherzigkeit auf deine Familie, deine Freunde und die Welt ganz allgemein auszudehnen.

AFFIRMATIONEN

- Ich gehe barmherzig und großzügig mit mir selbst um.
- Ich übe Barmherzigkeit in meinem häuslichen Umfeld.
- Ich bin barmherzig in Gedanken, Worten und Taten.

4. Oktober

Gleichheit

In den Augen Gottes sind alle gleich. Die Heiligen und die Sünder, die Reichen und die Armen, die Moslems, die Christen, die Hindus, die Buddhisten und die Atheisten sind alle eins im Herzen und im Geist des Schöpfers. Gott muss weder dir noch sonst jemandem irgendwelche Sünden vergeben, denn in Seinen Augen bist du perfekt und Er hat dich nie in erster Instanz als Sünder verurteilt. In Seiner bedingungslosen Liebe gab er dir einen freien Willen, und in den seltenen Fällen, in denen du Ihm erlaubt hast, dich bei deiner Wahl zu unterstützen, hat Er genau das getan. Werde dir in deinem Herzen darüber klar, dass du nicht nur deinen irdischen Helden ähnlich bist, sondern auch Gott. Es ist höchste Zeit für dich, die Göttlichkeit deines wahren Wesens anzuerkennen.

MEDITATION

Alle Seelen sind gleich. Warum? Weil jeder deiner Brüder und Schwestern das Gleiche sucht und erleben möchte, nämlich Liebe. Strebe danach, dich auf dieser Basis mit deinen Seelenbrüdern und Seelenschwestern zu identifizieren. Äußere Erscheinung, kulturelle Unterschiede und Verhaltensweisen erwecken nur die Illusion von Trennung. Es ist, als nehme man an einem Maskenball teil. Doch unter der Maske sind wir alle nur Menschen. Akzeptiere diese Tatsache und du wirst Gott in jedem Menschen sehen – und in dir selbst.

AFFIRMATIONEN

- Indem ich Gleichheit finde, werde ich frei.
- Ich betrachte mich als der ganzen Schöpfung gleich.
- Gott = ich = Gott.

5. Oktober

Erfüllung

Was schenkt wahre Erfüllung? Wenn du erst einmal reich bist, willst du noch reicher werden. Wenn du erst einmal Macht hast, willst du noch mehr Macht. Wenn du erst einmal berühmt bist, willst du noch berühmter werden. Diese Liste lässt sich beliebig weiterführen. Es liegt in der menschlichen Natur, dass sie nie genug von diesen Dingen bekommt und immer noch mehr haben will. Daher muss wahre Erfüllung aus einer höheren Quelle kommen. Sie muss jeden irdischen, illusionären Gewinn übertreffen. Die dauerhafte Liebe Gottes, die in deinem eigenen Wesen wohnt, wird dir ewige Erfüllung schenken. Sie ist immer da, bleibt immer konstant und wirkt in deinem Namen.

MEDITATION

Suche das Gemach deines Herzens auf. Dort findest du auf einem reich geschmückten Tisch mitten im Raum eine vergoldete Dose in Herzform. Du machst sie auf und entdeckst, dass sie deine Lieblingssüßigkeiten enthält. Ab und zu nimmst du eine Süßigkeit heraus und futterst sie auf. Zu deiner Überraschung füllt sich die Dose vor deinen Augen immer wieder neu mit Süßigkeiten. Danke Gott dafür, dass er dich ständig mit Seiner süßen Liebe versorgt. Vergiss nicht, dich zu erden, einzustimmen und zu schützen.

AFFIRMATIONEN

- Ich suche und finde Erfüllung in meinem Innern.
- Ich bin ganz von Gottes ewiger Liebe für mich erfüllt.
- Ich bin im Einklang mit meinem Leben.

6. Oktober

Du bist geheilt

Setze all dein Vertrauen und deinen Glauben in Gott und erkläre dich für geheilt. Beschließe mit Herz und Verstand, dass du völlig frei bist von jeder Krankheit des Körpers, des Geistes, der Gefühle und der Seele. Nimm jetzt dein Geburtsrecht in Anspruch, dich von allem »Gepäck« zu befreien, das du in vielen Leben angesammelt hast. Lass alles los und übergib es Gott. Verschwende keinen weiteren Gedanken an das, was du als deine Ängste und Unvollkommenheiten wahrnimmst, denn du hast sie gerade alle losgelassen und Gott gegeben, damit Er sich darum kümmert. Du bist geheilt.

MEDITATION

Stell dir jeden Morgen beim Aufwachen und jeden Abend vor dem Einschlafen vor, dass dein Selbst strahlend, gesund, dynamisch und schön vor deinem Bett steht. Sieh dann, wie du aufstehst, vortrittst und mit deinem strahlenden Selbst verschmilzt. Wenn du diese Übung machst, fühlst du, wie dein Energieniveau rapide ansteigt und sich dein allgemeines Wohlbefinden verbessert.

AFFIRMATIONEN

- Ich übergebe Gott mein ganzes »altes Gepäck«.
- Ich bin an Körper, Geist, Gefühlen und Seele geheilt.
- Ich bin geheilt und kann endlich ich selbst sein.

7. Oktober

Bedanke dich bei deinem Körper

Dein Körper ist ein Instrument, das dir »zu Diensten« steht. Billionen kleiner Elementargeister arbeiten unermüdlich in deinem Körper, um dich am Leben zu erhalten. Besondere Zellen kämpfen, um dich vor Krankheiten zu bewahren, und dein ganzes System wirkt zusammen, um dich optimal gesund zu erhalten. Jeder einzelne Atemzug, den du tust, lässt tausend kleine Wunder geschehen. Betrachte diesen Körper nicht als garantiert. Nimm ihn an, achte und respektiere ihn und vor allem, danke diesem »Tempel deiner Seele« dafür, dass er dir in diesem Leben so treu und folgsam ergeben ist.

MEDITATION

Nimm dir Zeit für eine Zeremonie, mit der du dich bei deinem Körper bedankst. Dusche oder nimm ein Bad und danke dann jedem Teil deines Körpers für alles, was er ein Leben lang für dich getan hat.
Fang mit deinen Zehen an und arbeite dich von dort aus nach oben. Schließe natürlich all deine Organe ein, deine Haut (dein größtes Organ), deine Blutzellen, deine Nerven und Nervenendigungen und, nicht zu vergessen, dein Gehirn. Entschuldige dich auch für jede Misshandlung, die du deinem Körper zugefügt hast. Bitte die heilenden Engel nun um eine besondere Heilung für alle verletzten oder kranken Bereiche deines Körpers. Am Ende dieser Zeremonie wirst du ein deutlicheres Gefühl von Frieden und Wohlbefinden haben. Danke den heilenden Engeln für ihre Hilfe. Achte stets darauf, dich zu erden, einzustimmen und zu schützen.

AFFIRMATIONEN

- Ich danke meinem Körper dafür, dass er so hart für mich arbeitet.
- Ich kümmere mich mit allen mir zur Verfügung stehenden Mitteln um meinen Körper.
- Ich achte und respektiere meinen Körper und behandle ihn gut.

8. Oktober

Im Stich gelassen werden

Ihr alle, meine Lieben, habt schon erlebt, dass ihr in der einen oder anderen Form im Stich gelassen wurdet. Dieses Erlebnis war für dich vielleicht so schmerzlich, dass du es begraben und völlig »vergessen« hast. Aber die Narben sind noch da und zeigen sich in deinen schlechten Erwartungen, in deinem Misstrauen und in deiner Angst, allein gelassen zu werden. Mach dich Hand in Hand mit Gott und den heilenden Engeln, die dich nie verlassen haben und nie verlassen werden, daran, deine emotionalen Verletzungen zu heilen. Erkenne, dass diejenigen, die dich im Stich gelassen haben, das Beste taten, was sie mit ihrem damaligen Bewusstseinszustand und ihren Fähigkeiten sowie unter den gegebenen Umständen tun konnten. Ergreife die Gelegenheit, lass los, vergib und erlaube dir, geheilt zu werden.

MEDITATION

Stell dir vor, du sitzt Hand in Hand mit Gott und deinem Schutzengel auf einem gemütlichen himmelblauen Sofa. Lass nun alle Erinnerungen an Situationen, in denen du im Stich gelassen wurdest, an die Oberfläche kommen und in dein Bewusstsein dringen. Visualisiere, wie du mit den Tätern sprichst und sie erklären lässt, warum sie gehandelt haben, wie sie gehandelt haben. Dann bitten dich die Täter um Vergebung. Du verzeihst ihnen, und auch dir selbst verzeihst du alle Rollen, die du in der Situation gespielt haben magst.
Jetzt taucht ein riesiger Scheinwerfer über der Szene auf, und ein helles goldenes Licht, das alle noch verbliebene Trauer und alle Negativität durchdringt und verwandelt, scheint auf euch alle. Bald ist alles klar und hell. Gott gibt seinen Segen und alles ist erledigt. Danke Gott und deinem Schutzengel für ihre Hilfe.

AFFIRMATIONEN

- Ich fühle mich sicher in dem Wissen, dass ich nicht allein bin.
- Gott wird mich nie im Stich lassen.
- Ich erlaube Gott, den Engeln und dem Universum, mich zu unterstützen.

9. Oktober

Tod

Der Tod, mein liebes Kind, ist nur eine Wiedergeburt. Die ewige Seele wird im ewigen Licht Gottes neugeboren, wo sie verweilt, bis sie bereit ist, aufs Neue in einem menschlichen Körper wiedergeboren zu werden. Die unsterbliche Seele ist der Träger deiner wahren Identität und nicht etwa der Körper, der veränderlich und vergänglich ist. Also freue dich, denn du bist unsterblich.

MEDITATION

Versuche dir deinen »Seelenkörper« vorzustellen. Wie sieht er aus? Wie fühlt er sich an?
Nimm jetzt Kontakt mit deiner Seele auf und frage nach dem Sterbeprozess. Macht dieser Gedanke dir Angst? Wenn ja, was genau macht dir Angst? Lege diese Ängste in Gottes Hand und meditiere täglich über das Wesen des Todes und deiner unsterblichen Seele.
Diese unschätzbar wertvolle Praxis wird dich jeden Tag aufs Neue ins Hier und Jetzt katapultieren und es dir möglich machen, das Leben und alles, was es zu bieten hat, in jedem Moment wahrlich zu schätzen.

AFFIRMATIONEN

- Der Tod ist eine Illusion.
- Meine Seele ist unsterblich und unzerstörbar.
- Ich lebe bis in alle Ewigkeit.

10. Oktober

Die Seligkeit des Nehmens

Da du anderen zu Diensten bist, solltest du deinen Brüdern und Schwestern auch erlauben, dir zu Diensten zu sein. Für so eine liebende Seele wie dich ist es oft leichter zu geben als zu nehmen. Dennoch solltest du darauf achten, dass du diejenigen, die dich lieben und respektieren, nicht um das Vergnügen des Gebens bringst. Gib bedingungslos, aber nimm auch bedingungslos an! Bring andere nicht um das Vergnügen des Gebens!

MEDITATION

Falls es dir schwer fällt, irgendwelche Geschenke anzunehmen, frage dich, warum das so ist.
Fühlst du dich ihrer nicht würdig?
Hast du Schuldgefühle, wenn du etwas annimmst?
Woher kommen diese Gefühle?
Vielleicht haben dir deine Eltern beigebracht, dass man keine Geschenke annimmt. Vielleicht haben deine Familienmitglieder, deine Lehrer oder Gleichaltrige dir vermittelt, dass du es nicht wert bist, beschenkt zu werden.
Stell dir nun vor, dass du neben deinem Schutzengel vor einem ganz besonderen Weihnachtsbaum stehst. Unter dem Baum findest du zu deinem Entzücken all die Geschenke, die entgegenzunehmen du dir bisher nicht erlaubt hast. Jetzt ist die Zeit gekommen, genau das zu tun. Knie dich hin und mach zusammen mit deinem Schutzengel all deine Geschenke auf. Freu dich daran; du hast sie verdient. Bedanke dich.

AFFIRMATIONEN

- Ich habe alles verdient, was ich geschenkt bekomme.
  Ich bin es wert.
- Ich gebe Liebe – ich empfange Liebe.
- Ich gebe bedingungslos und erlaube mir, bedingungslos zu nehmen.

11. Oktober

Erbaulicher Lesestoff

Verschwende deine Zeit nicht damit, negative, niederdrückende Literatur zu lesen, mein Liebes. Denn einerseits ist deine Zeit als Erdenengel kostbar und andererseits wird dich derart negative Energie belasten und beunruhigen, auch wenn du dir dessen vielleicht nicht bewusst bist. Die täglichen (schlechten) Nachrichten genügen vermutlich, um dich innerlich aus dem Gleichgewicht zu bringen. Warum lässt du zu, dass du auf so destruktive Weise beeinflusst wirst? Wähle selbst, welche Art von Energie du in dein System lassen willst, und erlaube ansonsten niemandem, dich zu irgendetwas zu überreden. Du allein bestimmst über dein Leben.

MEDITATION

Beobachte das nächste Mal, wenn du Nachrichten im Fernsehen siehst oder Zeitung liest, wie du dich davor und danach fühlst. Registriere deine Gedanken, deine Gefühle und wie dein Körper auf diese »Negativitätsorgie« reagiert. Je empfindsamer du wirst, desto weniger wirst du dich auf diese Weise selbst quälen wollen.

AFFIRMATIONEN

- Ich lese positive, erbauliche Literatur.
- Ich schaue mir inspirierende, lohnende Fernsehsendungen und Filme an.
- Ich umgebe mich mit Liebe und Licht.

12. Oktober

Die Suche ist beendet

Die Suche ist beendet. Alles, was du brauchst, ist genau hier in dir! Du bist wahrlich allmächtig. Du verfügst über die Macht, Dinge zu erschaffen. Du bist derjenige, der gemeinsam mit Gott Wunder wirkt. Glaube an diese Wahrheit und vertraue darauf. Dies ist dein göttliches Erbe, dein göttliches Vermächtnis, das dir von den himmlischen Mächten verliehen wurde. Mach es dir zu Eigen, denn es ist dein göttliches Geburtsrecht.

MEDITATION

Leuchte mit einem kräftigen Suchscheinwerfer in dich hinein und du wirst entdecken, dass du dich »auf die Chefetagen einstimmen« kannst, um Führung und Inspiration zu bekommen. Auch wirst du einen wachen Geist vorfinden, voll von aufregenden Ideen; wunderbare Kommunikationsfähigkeiten, die es dir möglich machen, anderen deine Ideen mitzuteilen, und schließlich, auf der Außenseite, zwei Hände, mit denen du Wunder wirken kannst. Was für ein perfektes Kind Gottes du bist. Freue dich, du selbst zu sein.

AFFIRMATIONEN

- Ich habe mein wahres Selbst gefunden.
- Ich bin bereit, mein göttliches Erbe anzutreten.
- Ich vertraue auf meine gottgegebenen Kräfte.

13. Oktober

Von Engeln geführt

Engel sind überall um dich herum und brennen darauf, dich zu schützen, zu führen und dir zu helfen. Gebrauche deinen freien Willen, lade sie in dein Leben ein und erlaube ihnen, dir zu Diensten zu sein. Öffne dein Herz und sie werden immer an deiner Seite sein.

MEDITATION

Suche das Gemach deines Herzens auf. Als du die Tür öffnest und hineinschaust, stellst du fest, dass die Fenster mit hölzernen Fensterläden verdunkelt sind. Du gehst hinein, machst einen Fensterladen nach dem anderen auf, und sofort fühlt sich dein Herz leichter und strahlender an. Setze dich nun auf ein herzförmiges rosa Sofa in der Mitte des Raumes und bitte deine Engel um Beistand. Sobald du diesen Wunsch ins Universum geschickt hast, hörst du das Geräusch großer Flügel, die immer näher kommen, und dann fliegen die Engel durch die offenen Fenster in dein Herz. Sie umarmen dich, und du spürst die Macht der bedingungslosen Liebe, die dich wie warmer goldener Honig durchströmt. Dann nehmt ihr alle auf dem Sofa Platz, und die Engel fragen, wie sie dir helfen können. Sage ihnen, wo du Hilfe brauchst, und konzentriere dich dabei auf einen einzelnen Bereich deines Lebens. Die Engel werden wiederkommen, wann immer du sie darum bittest, und dir auch in anderen Angelegenheiten behilflich sein. Sie versprechen dir zu helfen, wo sie können. Zum Abschied bekommst du eine wunderbare Engelumarmung und das Versprechen, dass sie dir immer nah sein werden. Bedanke dich herzlich und kehre in deine Alltagswirklichkeit zurück. Vergiss nicht, dich zu erden, einzustimmen und zu schützen.

AFFIRMATIONEN

- Ich erkenne die Existenz von Engeln an.
- Ich öffne mein Herz und lade Engel in mein Leben ein, die mir Führung, Schutz und Unterstützung geben.
- Ich bin zutiefst dankbar für den Dienst, den Engel der Menschheit erweisen.

14. Oktober

Gottbewusstsein

Wenn du wahres Selbstbewusstsein erlangen willst, solltest du zunächst Gottbewusstsein erwerben. Glaube an Gott und vertraue darauf, dass du dich zu hundert Prozent auf Ihn verlassen kannst. Gott ist allmächtig und allgegenwärtig und du bist nach Seinem Bild erschaffen. Daher sind alle Fähigkeiten und Eigenschaften Gottes kraft göttlichen Erlasses, göttlicher Absicht und göttlichen Plans auch deine.

MEDITATION

Mache Gott zu deinem Vertrauten. Schütte Ihm dein Herz aus und lass zu, dass Gott all deine Ängste und Gefühle des Mangels verwandelt. Geh diesen Weg weiter, Schritt für Schritt, und gib Gott immer mehr von deinem »Gepäck«, bis die Last ganz von deinen Schultern genommen ist. Dann bist du frei, und was von dir übrig ist, ist dein Gottselbst. Am Ende bist du ganz von dem überzeugt, was du in Wirklichkeit bist.

AFFIRMATIONEN

- Mein Selbstbewusstsein ist Gottbewusstsein.
- Ich bin nach dem Bild Gottes gemacht und alle göttlichen Eigenschaften wohnen mir inne.
- Ich bin von meinen gottgegebenen Talenten und Fähigkeiten überzeugt.

15. Oktober

Reinheit

Mein liebes Kind, strebe vor allem anderen nach der Reinheit des Geistes. Denn nur wenn dein Geist frei ist von allen falschen Vorstellungen über dich selbst und die äußere Welt, bist du wirklich frei. Dann wird dein unverfälschter Geist, wie der eines unschuldigen kleinen Kindes, eins sein mit dem göttlichen Geist.

Aus deinem reinen Geist wird die Reinheit der Sprache hervorgehen, und von da an ist die Reinheit deiner Taten garantiert.

MEDITATION

Bitte die heilenden Engel um Beistand. Stell dir vor, du stehst am Ufer eines Teichs mit einem Casher in der Hand und einem großen leeren Eimer neben dir. Der Teich steht für deinen Geist. Wie klar ist das Wasser in diesem Teich? Wie viele Schmutzpartikel schwimmen darin?

Du beschließt jetzt, den Teich zu reinigen, und fängst an, die Schmutzpartikel mit deinem Casher herauszufischen. Wirf den ganzen Schmutz in den Eimer und gib ihn, wenn er voll ist, den heilenden Engeln, die ihn wegtragen und die negative Energie für dich umwandeln. »Fische« weiter, bis der Teich ganz sauber ist. Danke den Engeln und wiederhole diese Meditation so oft wie nötig. Vergiss nicht, dich zu erden, einzustimmen und zu schützen.

AFFIRMATIONEN

- Mein reiner Geist ist eins mit dem göttlichen Geist.
- Ich bin rein in Gedanken, Worten und Taten.
- Mein Körper, mein Geist, meine Emotionen und meine Seele sind rein.

16. Oktober

Nichts zu bereuen

Gib dich nicht dem Bereuen und Bedauern hin, mein Liebes. Was du glaubst verloren zu haben, wirst du wieder finden, wenn auch vielleicht in anderer Form. Was du glaubst, falsch gemacht zu haben, war nicht falsch, denn auch dein vermeintlicher Fehler war ein Teil von Gottes Plan. Die Gelegenheiten, die du verpasst zu haben glaubst, werden sich wieder ergeben. Und die Lieben, die du verloren glaubst, leben für immer in deinem Herzen.

MEDITATION

Stell dir vor, du arbeitest in einer Fabrik, in der Süßigkeiten hergestellt werden. Du stehst an einem riesigen Förderband und packst die Süßigkeiten ein, die an deinen Platz transportiert werden. Zu deiner großen Überraschung kommen plötzlich keine neuen Süßigkeiten auf dich zu, sondern etwas, wovon du glaubtest, es sei für immer verloren und du würdest es nie wieder sehen. Du bist überglücklich über dieses Geschenk des Universums, das du diesmal für immer behalten kannst. Bedanke dich bei dem reichen Universum. Vergiss nicht, dich zu erden, einzustimmen und zu schützen.

AFFIRMATIONEN

- Verlust ist eine von meinem Verstand erzeugte Illusion.
- Das Universum bietet mir ständig neue Gelegenheiten.
- Liebe stirbt nie.

17. Oktober

Weiterziehen

Dein Herz weiß, wann die Zeit zum Weiterziehen gekommen ist. Lass nicht zu, dass dein spiritueller und weltlicher Fortschritt von Schuldgefühlen oder Unsicherheit gebremst wird. Schuld ist ein projiziertes Gefühl. Finde heraus, wer oder was dich so negativ beeinflusst, und löse dich aus dieser Situation. Denke daran, mein Kind, dass der Wandel die einzige Konstante im Leben ist. Sei offen für Veränderung als Mittel zum Lernen und zum Wachsen und sieh ein, dass Unsicherheiten ein Teil dieses Wandlungsprozesses sind.

MEDITATION

Frage dich, in welchem Bereich deines Lebens du dich weiterentwickeln musst. Bitte die Spezialtruppe, die Umzugsengel, um Hilfe und sieh, wie sie in einem riesigen goldenen Umzugswagen angefahren kommen. Zunächst sind dir die Engel dabei behilflich, alles Alte auszusortieren und zu einer himmlischen Recyclingfirma zu schaffen. Sobald das erledigt ist, steigst du mit deiner Engeltruppe in den Umzugswagen und gemeinsam fahrt ihr einer neuen, glorreichen Zukunft entgegen. Bedanke dich.

AFFIRMATIONEN

- Ich lasse das Alte los und lade das Neue in mein Leben ein.
- Ich erlaube den Engeln, mir bei meinen Übergängen zu helfen.
- Ich bewege mich vorwärts und aufwärts.

18. Oktober

Das spirituelle Fundament

Ihr baut Häuser; ihr gründet Firmen, Universitäten und Familien ...
Aber kümmert ihr euch auch um die spirituellen Fundamente? Geh in dich, mein liebes Kind, und frage dein Herz nach der Wahrheit. Gott, die Engel und das ganze Universum stehen bereit und helfen dir beim Errichten starker und fester Fundamente aus bedingungsloser Liebe, Frieden, Vertrauen und dem unerschütterlichen Glauben an das Göttliche im eigenen Innern.
Nimm ihre Hilfe an und schon bald werden deine spirituellen Fundamente unerschütterlich sein.

MEDITATION

In welchem Zustand sind deine spirituellen Fundamente? Bitte eine Truppe von Bauengeln, dir beim Verstärken und Vergrößern deiner Fundamente behilflich zu sein. Arbeite mit den Engeln zusammen, um ein solides und starkes spirituelles Fundament zu bekommen. Mische Liebe, Vertrauen, Frieden, Zufriedenheit und viel Glauben und Geduld in den Zement und schau zu, wie er trocknet und eine schöne Grundlage für deine irdische Mission bildet. Bedanke dich bei den Bauengeln für die harte Arbeit, die sie geleistet haben.

AFFIRMATIONEN

- Mein spirituelles Fundament ist felsenfest.
- Ich baue mein ganzes Leben auf einem Fundament aus Liebe und Licht auf.
- Mein Vertrauen und mein Glaube an das göttliche Prinzip in meinem Innern sind unerschütterlich.

19. Oktober

Gehorsam

Gehorsam gegenüber den göttlichen Gesetzen, die dieses Universum regieren, ist eine Notwendigkeit. Auf allen Ebenen der Existenz müssen Recht und Ordnung aufrechterhalten werden. Bringe dich in Übereinstimmung mit dem Willen Gottes und der innere Moralcodex, der seit Urzeiten ein Teil von dir ist, wird dir unfehlbar den Weg weisen. Weiche nicht vom Weg ab, wenn dein Glaube durch alle möglichen Versuchungen auf die Probe gestellt wird, sondern bitte Gott und die Engel, jeden deiner Schritte auf dem Weg zu begleiten.

MEDITATION

Auch wenn du vielleicht keine Lust hast, dich mit der Straßenverkehrsordnung zu beschäftigen, ist dies dennoch notwendig, um sicheres Fahren und einen reibungslosen Verkehrsablauf auf den Straßen zu garantieren. Als Fahrer musst du die Regeln lernen und Verantwortung für dein Fahrzeug übernehmen. Wenn du einen Unfall verursachst, bringst du dein eigenes Leben und das anderer, unschuldiger Menschen in Gefahr. Die universellen Gesetze sind so eine Art Straßenverkehrsordnung, die Gott für dich aufgestellt hat. Indem du dich an sie hältst, stellst du sicher, dass die Reise auf dem von dir gewählten Weg für dich und all deine Brüder und Schwestern auf diesem Planten sicher, problemlos und zügig vonstatten geht.

AFFIRMATIONEN

- Ich befolge Gottes Gesetze.
- Ich halte mich an die Gesetze des Universums.
- Gott ist meine höchste Autorität.

20. Oktober

Intuition

Intuition ist die höchste Form des Wissens, mein liebes Kind. Du bist vielleicht intelligent und gelehrt, aber dein Verstand ist auf das konditioniert, was du gelernt und in vielen Leben beobachtet hast. Jetzt ist es an der Zeit, deinen Geist mit der universellen Wahrheit zu verbinden. Dieser hohe Seinszustand kann nur durch Einstimmung, Meditation und Umgehen des niederen Geistes erreicht werden, der permanent neue Wirklichkeiten erschaffen will. Deine Intuition zeigt dir die wahre Realität. Vertraue und lausche.

MEDITATION

Atme weißes Licht ein und lass es durch all deine Chakren fließen. Sieh eine silberne Schnur, die dein Kronenchakra mit deinem höheren Selbst, deinem Gottselbst, verbindet. Die silberne Schnur ist deine »intuitive Telefonleitung«. Mach einen Anruf, wenn du dazu bereit bist. Stelle deinem höheren Selbst zunächst eine ganz simple Frage und dann sei still und hör einfach nur zu. Du wirst eine Antwort bekommen. Trainiere deine Intuition, indem du zu erraten versuchst, wer dich als Nächstes anruft, wer dich demnächst besucht, was für ein Wetter morgen ist und so weiter. Wenn du Schritt für Schritt weitergehst und etwas mehr Übung hast, wirst du deiner Intuition allmählich immer mehr vertrauen lernen. Vergiss nicht, dich zu erden, einzustimmen und zu schützen.

AFFIRMATIONEN

- Ich vertraue meiner Intuition.
- Ich setze meine Intuition ein, um höheres Wissen zu erlangen.
- Meine Intuition ist meinem Intellekt überlegen.

21. Oktober

Dein inneres Licht

Jetzt, wo das Jahr seinem Ende zugeht und die Tage immer kürzer werden, wirst du mehr und mehr von deinem inneren Licht abhängig. Wenn du dich gut um dieses innere Licht kümmerst, wird es die Stunden äußerer und innerer Dunkelheit erhellen, die noch kommen werden. Du bist der Hüter der göttlichen Flamme. Glaube und vertraue. Du bist nie allein.

MEDITATION

Zünde eine Kerze an und setze dich in bequemer Haltung davor.
Schaue eine Zeit lang sanft in die Flamme und atme das goldene Licht ein. Schließe die Augen. Die Flamme wird in deinem dritten Auge erscheinen. Halte sie dort einen Moment lang. Lass sie dann in dein Herzchakra sinken. Atme mehr und mehr goldenes Licht ein und das Licht der Kerze wird sich immer weiter ausbreiten. Wenn das Gemach deines Herzens ganz von diesem Licht erfüllt ist, lass es durch dich hindurchspülen und deine Chakren reinigen, klären und energetisieren. Dann schicke das Licht aus deinem Herzen zu allen fühlenden Wesen auf diesem Planeten, die dir im Moment einfallen. Ziehe die Flamme schließlich wieder ins Zentrum deines Herzens zurück, wo sie weiterhin hell leuchten wird. Bedanke dich und stelle sicher, dass du geerdet und geschützt bist.

AFFIRMATIONEN

- Ich bin jederzeit mit dem Licht der göttlichen Liebe verbunden.
- Mein inneres Licht scheint hell.
- Ich bin das Licht und das Licht ist in mir.

22. Oktober

Zeit

Das, was du auf dieser irdischen Ebene unter Zeit verstehst, existiert außerhalb deiner Wirklichkeit nicht. Doch da du im Rahmen einer dreidimensionalen Realität lebst, solltest du die Zeit, die dir in dieser Inkarnation zur Verfügung steht, gut nutzen. Konzentriere dich auf das Hier und Jetzt. Lass alle Erwartungen sanft aus deinem Energiefeld ziehen. Anhaftungen belasten dich nur, mein Erdenkind, also strecke die kosmische Essenz der Gegenwart, die so kostbar für dich ist. Wenn du vertraust und alles dem Göttlichen überlässt, kann in einem einzigen Augenblick viel erreicht werden.

MEDITATION

Atme zunächst zeitlos ruhiges, weil reinweißes Licht in jedes Chakra ein und lass mit dem Ausatmen Stress und Sorgen los. Beginne mit dem Basischakra. Atme weißes Licht ein und lass mit dem Ausatmen los. Atme das weiße Licht dann in das Sakralchakra, den Solarplexus, das Herz, die Kehle, das dritte Auge und das Kronenchakra. Beende die Übung, indem du dir dein Aurafeld mit kosmischem weißen Licht gefüllt vorstellst. Bleibe in dieser kosmischen Energie, bis du das Gefühl hast, innerlich im Gleichgewicht zu sein. Wiederhole diese Meditation in stressigen und sorgenvollen Zeiten öfter. Vergiss nicht, dich zu erden, einzustimmen und zu schützen.

AFFIRMATIONEN

- Ich löse mich von allen Erwartungen in Bezug auf Termine und irgendwelche zeitlichen Begrenzungen, die ich mir selbst auferlegt habe oder die mir von anderen aufgedrängt wurden.
- Ich bin immer pünktlich, weil ich alle Zeit der Welt zur Verfügung habe.
- Nach Gottes Willen bin ich stets zur rechten Zeit am rechten Ort.

23. Oktober

Mysterium

Mein liebes Kind, du bist von Magie und Mysterien umgeben. So ist Gottes ganze Schöpfung. Wenn du etwas daraus lernen willst, konzentriere dich auf die kleinen Dinge. Schau dir zum Beispiel eine Blume an und meditiere darüber. Was für ein magisches, was für ein mysteriöses Ding so eine Blume doch ist. Aus einer winzig kleinen Knospe geht eine wunderschöne, süß duftende Rosenblüte hervor. Das ist ein wahrlich magischer Vorgang. Gott ist in jeder dieser Blüten und die Blüten sind wahrlich ein Teil von Gott. So bist du in Gott und Gott ist in dir. Du bist ein perfekt geformter göttlicher Bewusstseinsfunke. Genieße es.

MEDITATION

Stell eine einzelne Blume in einer Vase vor dich hin und nimm eine entspannte Sitzhaltung ein. Schau nun auf die Blume.
Konzentriere dich auf ihre Form,
dann auf ihre Farbe,
dann auf ihren Duft.
Bitte um eine Verbindung mit dem göttlichen Funken in dieser Blume, dem Pflanzendeva. Hör genau hin, was diese Pflanze dir beizubringen hat.
Bedanke dich.

AFFIRMATIONEN

- Von nun an werde ich nach dem Zauber und den Geheimnissen der kleinen Dinge Ausschau halten.
- Gottes Liebe kommt in der ganzen Schöpfung zum Ausdruck und ich bin ein Teil davon.
- Ich bin ein Teil von Gott und Gott ist ein Teil von mir.

24. Oktober

Deine innere Landschaft

Wirf einen Blick auf deine innere Landschaft, die Umgebung, die deine Seele bewohnt. Wie du weißt, wohnt deine Seele im Gemach deines Herzens und überblickt dein gesamtes Chakrasystem. Von dort aus sieht sie eine Menge Müll und Schutt als unansehnliche Brocken in der Landschaft. Mache es zu deiner wichtigsten Aufgabe, solche Blockaden wegzuräumen. Wenn deine Sicht klar ist und dein inneres Licht hell scheint, hast du deine selbst gewählte Aufgabe erfolgreich erledigt.

MEDITATION

Atme den rosa Strahl der Selbstliebe ein. Tu das siebenmal für alle Chakren.
Bring deine Aufmerksamkeit in dein Basischakra, schau dich in diesem Chakra um und schicke allen Müll ins Licht. Tu dies mit allen anderen Chakren.
Kehre ins Herzchakra, den Sitz deiner Seele, zurück und stelle eine rote Rose, das Symbol des Christus, hinein. Erlaube der Energie der Rose, dich durch die folgenden Tage, Monate und Jahre zu begleiten.
Bedanke dich. Vergiss nicht, dich zu erden, einzustimmen und zu schützen.

AFFIRMATIONEN

- Mein Geist kontrolliert meine Erfahrung.
- Mein höheres Selbst hat die Kontrolle über meinen Geist.
- Ich setze meinen Geist zu meinem Besten ein und unterstelle ihn der göttlichen Weisheit meines höheren Selbst.

25. Oktober

Einheit

Mein Kind, du und die ganze Schöpfung, ihr habt alle eine große Sehnsucht nach Einheit; die Sehnsucht, geliebt zu werden. Dieses Gefühl teilst du mit all deinen Brüdern und Schwestern. Doch oft bist du dir dessen nicht bewusst. Sehr oft hast du das Gefühl, dass deine Brüder dir schaden wollen. Schau in dich hinein, wenn du solche Gefühle hast. Sie sind nur eine Reflexion des Schadens, den du dir im Moment selbst zufügst. Kläre diese Gefühle, und du wirst feststellen, dass Menschen in dein Leben treten, die dich voll und ganz lieben und akzeptieren. Indem du den bedrängten Teil deiner selbst heilst, erlaubst du nicht nur den Menschen um dich herum zu wachsen und heil zu werden, sondern reißt auch die Barrieren zwischen »mein« und »dein« nieder. Dann bist du wahrlich ein Lichtarbeiter und ein Mitarbeiter Gottes.

MEDITATION

Atme weiches rosa Heilungslicht in all deine Chakren. Bringe dann deine Aufmerksamkeit in dein Herzzentrum. Werde dir eines wunderschönen Samens bewusst, des Samens deiner Seele. Dieser Samen glüht intensiv und magisch. Beobachte, wie er elektrische Liebesstrahlen ausschickt. Diese Strahlen erfüllen zunächst dein Herz und dann deinen ganzen Körper. Dann erfüllen sie den Raum, in dem du dich aufhältst; dann das Haus, wobei sie in die Herzen aller leuchten, die hier wohnen. Dann erfüllen sie die Stadt oder das Dorf, in der oder dem du lebst, und bringen allen Einwohnern Licht. Dann erfüllen sie dein Land, und das Licht erhellt die Herzen aller Menschen, die hier leben. Dann erfüllen die Strahlen die ganze Welt und all ihre Bewohner mit dem wunderschönen Heilungslicht. Wenn das geschehen ist, zieh das Licht wieder in dich zurück, wo es verbleibt.
Vergiss nicht, dich zu erden, einzustimmen und zu schützen.

AFFIRMATIONEN

- Du und ich, wir sind eins.
- Ich liebe die ganze Schöpfung absolut und bedingungslos.
- Ich akzeptiere all meine Brüder und Schwestern voll und ganz.

26. Oktober

Wahrheit

Bist du im Einklang mit der »einzigen Wahrheit«, der absoluten oder göttlichen Wahrheit, der einzigen Realität, die Zeit, Raum und alle Hindernisse überwindet? Zunächst wird sich das sehr unbequem anfühlen. Es ist, als blase ein Hochdruckreiniger den ganzen Schutt aus deinem Emotional- und Mentalkörper. Es tut richtig weh und an diesem Punkt wirst du der göttlichen Wahrheit oft Widerstand entgegensetzen. Der Fluss des Wandels hat diesen ganzen Schutt an die Oberfläche gespült und nun wird er mithilfe deines höheren Selbst und all deiner geistigen Führer, deiner Meister, deines Schutzengels, der heilenden Engel und all der anderen himmlischen Helfer abgetragen. Vertraue und gib dich hin. Setze diesem Prozess keinen Widerstand entgegen. Wenn du vertraust, gibst du auch die Angst auf. Sobald Angst, Schmerz und Leid deinen Körper verlassen, werden sie durch die Schwingung der göttlichen Wahrheit und Liebe ersetzt, und am Ende dieses Prozesses wirst du mit absoluter Sicherheit wissen, wer du wirklich bist: ein wunderbarer göttlicher Funke unseres Vater-Mutter-Gottes.

MEDITATION

Atme Liebe und Licht ein und denke beim Ausatmen daran loszulassen. Mach das dreimal. Visualisiere dann einen schönen goldenen Buddha, das Symbol der Selbsterkenntnis, der in deinem dritten Auge sitzt. Halte dieses Bild sanft dort. Verbinde dich damit. Erlaube der Essenz des Buddha, dein Energiefeld zu erfüllen. Lass die Essenz des Buddha zu dir sprechen – in Worten, in Bildern, im Klang der Musik oder in Gedankenformen. Nimm das erhabene Wissen und die heilige Essenz des Buddha in dich auf. Denke daran, dich zu erden, einzustimmen und zu schützen.

AFFIRMATIONEN

- Nur die Wahrheit macht mich frei. Deshalb verbinde ich mich mit der göttlichen absoluten Wahrheit jeder Situation, in die ich gerate.
- Ich stehe in Verbindung mit meiner höchsten Wahrheit.
- Ich strahle die Energie der absoluten Wahrheit aus.

27. Oktober

Macht

Was ist das Wesen der Macht? Wenn du dich mächtig fühlst, woher kommt diese Energie dann? Wahre Macht sollte aus dem Herzen kommen – die Macht der Liebe. Macht und Liebe, das ist in der Tat eine starke Kombination. Traurigerweise ist das bei den meisten Menschen nicht der Fall. Ihre Macht kommt aus dem niederen Selbst, dem Egoselbst, und hat ihren Sitz im Solarplexus. Das ist Macht, die aus der Angst geboren und als Mittel zur Verteidigung und zum Angriff eingesetzt wird. Nur wenn du in der Lage bist, diese Ängste loszulassen, wirst du die wahre Macht erfahren, die Macht der bedingungslosen Liebe, die aus dem Herzen kommt, dem Sitz der Seele.

MEDITATION

Nimm in drei Atemzügen heilendes weißes Licht auf. Lass deine Aufmerksamkeit dann vom Kronenchakra in den Bereich des Solarplexus sinken. Bitte die angstvollen Aspekte deines Selbst, zu dir zu sprechen und dir mitzuteilen, wovor sie Angst haben. Frage sie, was du tun kannst, um ihnen bei der Überwindung ihrer Ängste zu helfen. Konzentriere dich dann auf dein Herzchakra und schicke einen Strahl bedingungsloser Liebe hinunter in den Bereich des Solarplexus, bis dieser sich ganz ruhig und entspannt anfühlt.
Wiederhole diese Übung so oft wie nötig. Nachdem die Ängste freigesetzt worden sind, wird wahre, aus dem Herzen kommende Macht allein regieren. Denke daran, dich zu erden, einzustimmen und zu schützen.

AFFIRMATIONEN

- Ich bin eins mit der Macht Gottes.
- Ich bin ein allmächtiges Wesen.
- Ich bekräftige meine Macht in Übereinstimmung mit dem göttlichen Willen, dem göttlichen Gesetz und der göttlichen Absicht.

28. Oktober

Brüderlichkeit/Schwesterlichkeit

Menschliche Brüderlichkeit oder Schwesterlichkeit vereint all deine Brüder und Schwestern unter dem schützenden Mantel Gottes, des Gottes in deinem Innern. Es ist an dir, dein Herz weit zu machen und deine Brüder und Schwestern auf dieser Erde in den Mantel der bedingungslosen Liebe zu hüllen. Es gibt keine Trennung. Ihr seid alle Brüder und Schwestern, mein liebes Kind. Du hast die Wahl, die Einheit deines Wesens anzunehmen.

MEDITATION

Stell dir vor, du stehst auf einem Hügel und bist in eine goldene Robe gekleidet. Atme nun weißes Licht ein und fülle dein Herz bis zum Rand damit. Lass die Energie aus deinem Herzen in deine Handflächen fließen. Breite die Arme weit aus. Du spürst das heilende Licht Gottes um dich herum; spürst, wie es sich nach und nach immer weiter ausbreitet, bis es auf wunderbare Weise die ganze Welt einhüllt und allen Menschen sowie allen fühlenden Wesen auf dieser Erde Licht und Liebe gibt. Und während du das tust, suchen viele Brüder und Schwestern, aber auch viele Tiere Schutz unter deinem goldenen Mantel der bedingungslosen Liebe. Vergiss nicht, dich immer zu erden, einzustimmen und zu schützen.

AFFIRMATIONEN

- Ich liebe all meine Brüder und Schwestern, so gut ich kann.
- Ich bin willens, mit der Macht der bedingungslosen Liebe alle auf Rasse, Farbe und Glauben basierenden Trennungen zu überwinden.
- Ich erkenne jetzt, dass wir alle Kinder Gottes und als solche eins sind.

29. Oktober

Überfluss

Wenn du immer noch von Gefühlen des Mangels in Anspruch genommen bist – Mangel an Geld, Mangel an Gesundheit, Mangel an Macht, Mangel an Liebe –, dann ist das ein trauriger Zustand. Warum ist das so, mein liebes Kind? Weil du dann immer noch auf das hörst, was die Welt dir im Allgemeinen glauben machen will, nämlich dass es nicht genug für jeden gibt. Daher ziehen die Menschen Grenzen, erlassen Gesetze und verhängen Handelsembargos und die traurige Geschichte geht immer weiter. Bitte überlege einen Moment, sei ganz still und wende dich nach innen. Dort, in deinem Wesenskern ist eine Quelle der Macht, der Macht der bedingungslosen Liebe, eine Energiequelle, die niemals versiegen wird, weil sie gar nicht versiegen kann. Zapfe diese Energie an. Sie wird dir alles, wonach du dich sehnst, im Überfluss bescheren. Wenn du etwas von Herzen begehrst, wird es dir gegeben werden. Es wird genug da sein, nicht nur für dich, sondern auch, um es mit all deinen Brüder und Schwestern zu teilen. Außerdem und nicht zuletzt gilt: Je mehr du gibst, desto mehr wirst du erhalten.

MEDITATION

Geh hinaus und betrachte die Sterne am Nachthimmel oder, wenn das schwierig ist, visualisiere einen schönen sternklaren Nachthimmel vor deinem dritten Auge. Sieh die vielen Sterne, verweile bei ihrem Anblick und konzentriere dich darauf. Das ist wahrer Überfluss, denn es gibt Billionen von Sternen im Universum. Und so wie oben Überfluss herrscht, so herrscht er auch unten, auf unserer geliebten irdischen Ebene. Denke nun an die Trillionen von Kieseln auf den Stränden rund um die Welt oder an die Trillionen Grashalme ... Was für einen wunderbaren Planeten des Überflusses wir doch bewohnen. Genieße es und fühle, wie sich dein Herz mit Liebe für die ganze Schöpfung füllt.

AFFIRMATIONEN

- Ich glaube, dass es Gesundheit, Wohlstand und Liebe im Überfluss gibt.
- Ich glaube, dass ich dieses Überflusses würdig bin.
- Ich glaube an Liebe, Gesundheit und Wohlstand in Überfluss.

30. Oktober

Demut

Was bedeutet es, demütig zu sein? Es bedeutet, alle zu lieben und allen zu dienen, und zwar jederzeit und in jeder Situation. Diene allen: Kindern, Teenagern, Erwachsenen oder älteren Menschen, Gelehrten oder Bauern, Reichen oder Armen. Stell dich zur Verfügung, wann immer Not am Mann ist, bei Menschen oder in Situationen. Teile deine göttliche Liebesenergie, und zwar großzügig. Dränge dich nicht auf, sondern biete demütig an, was du zu teilen oder zu geben hast. Deine Geschenke sind einzigartig. Vergiss das nicht.

MEDITATION

Atme das goldene Heilungslicht ein. Atme es dreimal durch alle sieben Chakren. Atme dann das blaue Licht des Erzengels Michael ein und führe auch dieses Licht dreimal durch alle sieben Chakren.
Dann bitte demütig darum, von jeglichem Stolz befreit zu werden.
Bitte demütig darum, von jeglicher Intoleranz befreit zu werden.
Bitte demütig um Befreiung von jeglichem Drang, über andere zu urteilen.
Bitte demütig um Befreiung von jeglichem Drang, andere zu kritisieren.
Lass das alles los.
Atme nun schöne rosa Liebesenergie ein und fülle dich mit der Macht der bedingungslosen Liebe. Vergiss nicht, dich zu erden, einzustimmen und zu schützen.

AFFIRMATIONEN

- Ich bin ein demütiger Diener Gottes.
- Ich liebe alle und diene allen.
- Ich bin froh, dass ich meine Gaben mit allen teilen kann, die sie brauchen.

31. Oktober

Geduld

Bist du ein geduldiger Mensch oder willst du am liebsten immer alles schon vorgestern erledigt haben? Vielleicht liegst du auch irgendwo in der Mitte. Warum fällt es dir so schwer, Geduld mit dir selbst und anderen zu haben? Die Antwort auf diese Frage lautet, dass du tief in dir, in dem Egoteil von dir, den Drang spürst, alles zu kontrollieren, was sich in deinem Leben abspielt. Wenn die Dinge nicht nach Plan gehen, also nicht so, wie es dein niederes Ego geplant hat, wirst du gleich ungeduldig, weil du unbewusst Angst hast, die Kontrolle über den Ausgang der Situation zu verlieren. Natürlich läuft vieles nicht so, wie du es gern hättest, und manches funktioniert nur, weil du die Dinge vorantreibst und keineswegs zu deinem eigenen Besten, sondern eher gegen dich selbst arbeitest. Wenn du das Bedürfnis, jeden Aspekt deines Lebens zu kontrollieren, an Gott, den Gott in deinem Innern, abgibst, verfällst du automatisch in ein göttliches Tempo. Alles wird in einem göttlichen Zeitrahmen geschehen und zum Besten aller Beteiligten. Lass los und lass Gott machen. Lehne dich zurück und beobachte, wie sich dein Leben entfaltet wie eine schöne Blume.

MEDITATION

Verbinde dich mit dem goldenen Heilungslicht und atme es dreimal durch deine sieben Chakren. Visualisiere deine Chakren als kleine, fest geschlossene Rosenknospen und beobachte, wie sich eine nach der anderen ganz sanft öffnet. Atme das goldene Licht der Weisheit und der Geduld in diese Rosenblüten hinein, bis sie ganz hell erstrahlen.
Schließe deine Chakren dann wieder, eines nach dem anderen, bis alle wieder kleine Knospen sind, und versiegle jede Knospe mit einem goldenen Kreuz in einem Kreis. Vergiss nicht, dich zu erden, einzustimmen und zu schützen.

AFFIRMATIONEN

- Tief in meiner Seele weiß ich, dass in meinem Leben alles in göttlicher Ordnung ist.
- Ich bin reich gesegnet mit all der Geduld und all dem Vertrauen, die ich brauche.
- Ich vertraue darauf, dass mir alles gegeben wird, was ich brauche.

Segen für den Monat

November

Nimm dein göttliches Erbe an, und zwar jetzt!
Mach dein Geburtsrecht geltend und genieße
die Fülle der Schöpfung.
Mögest du genießen, wer du bist.
Mögest du genießen, was du bist.
Mögest du genießen, was du hast.
Mögest du die unzähligen Segnungen
des Universums genießen, die noch in dein Leben kommen.

1. November

Innere Stärke

Dein Alltag, mein Liebes, konfrontiert dich mit vielen Herausforderungen. Um mit all diesen Herausforderungen fertig zu werden, brauchst du innere Stärke. Wie bekommst du Zugang zu dieser inneren Stärke? Warum scheinen manche Menschen mehr davon zu haben als andere? Zunächst musst du die wahre Quelle dieser inneren Stärke finden, die tief in deiner eigenen Seele eingebettet ist. Wenn manche deiner Brüder und Schwestern ihren ganzen Lebenswillen verloren haben oder depressiv geworden sind, sagt man, sie seien seelisch zerbrochen. Das heißt, dass sie ihre Stärke eingebüßt haben; jene Kraft, die aus dem Egoselbst kommt; jene Stärke, die auf die Unterstützung der niederen Natur angewiesen ist. Indem du dir Zugang zu deinem höheren, spirituellen Selbst verschaffst, entwickelst du wahre innere Stärke. Gebrauche deinen Willen in Übereinstimmung mit dem göttlichen Willen und erkläre einfach, dass du Liebe und Licht im Überfluss durch dich hindurchfließen lassen willst. In Liebe und Licht sind alle Eigenschaften wie Kraft, Ausdauer und Mut enthalten. Du bittest und dir wird gegeben.

MEDITATION

Visualisiere einen schönen goldenen Lotos, der dein höheres Selbst repräsentiert, über deinem Kronenchakra. Bitte um eine mentale Verbindung zu ihm. Bald siehst du, wie sich die Blütenblätter langsam öffnen und ein Strahl aus Licht und Liebe aus dem Zentrum des Lotos in dein Kronenchakra fließt. Von dort fließt er zunächst behutsam durch das dritte Auge, dann die Kehle hinunter ins Herz, in den Solarplexus, in das Sakralchakra und in das Basischakra und füllt sie alle mit wunderschönem goldenen Licht in der Absicht, Kraft und Mut für deine selbst gewählten Aufgaben auf dich zu übertragen. Sieh am Ende, wie sich der Lotos wieder schließt, und bedanke dich.

AFFIRMATIONEN

- Alle meine Bedürfnisse werden von meinem höheren Selbst zu meinem Besten befriedigt.
- Ich bitte und mir wird gegeben.
- Ich bin jederzeit völlig autark.

2. November

Kreativität

Wenn du dieses Leben, das Gott dir gegeben hat, in seiner ganzen Fülle leben willst, musst du den kreativen Aspekt deines Selbst entwickeln. Das ist ein sehr wichtiger Schritt auf dem spirituellen Weg und ein sehr wichtiger Teil deiner Entwicklung, denn du strebst danach, ein Mitschöpfer Gottes zu werden. Es ist ein sehr einfacher Prozess. Indem du dich mit der Energie von Mutter Erde verbindest und sie mit der himmlischen Geistenergie des Vaters erfüllst, wird ein göttlicher Funke entzündet. Damit beginnt die Kreativität von deinem Basischakra bis hinauf in dein Herz zu fließen, wo du diese Energie, mit Liebe vermischt, dann nutzen kannst, um etwas zu erschaffen. Auf diese Weise wirst du zum Mitschöpfer Gottes.

MEDITATION

Lass goldene Wurzeln in die Erde wachsen und bitte Mutter Erde um etwas von ihrer Energie. Fühle, wie diese Energie in deine unteren Chakren und bis hinauf in dein Herzchakra fließt. Bitte Gott den Vater, der göttliche Funke der Schöpfung möge in dich eindringen. Spüre, wie ein wunderschöner Strahl aus goldenem Licht in dein Kronenchakra eindringt und von dort in dein Herzchakra fließt. Sobald er dort angekommen ist, entzündet sich ein heller Energiefunke und beginnt aus deinem Herzen zu strahlen. Setze nun deinen Willen in Übereinstimmung mit deinem höheren göttlichen Willen ein um das zu erschaffen, wonach sich dein Herz sehnt. Vergiss nicht, dich zu erden, einzustimmen und zu schützen.

AFFIRMATIONEN

- Die Quelle aller Kreativität befindet sich in meinem Innern.
- Ich trage endlos viele Möglichkeiten und Chancen in mir.
- Ich arbeite zum Besten der ganzen Menschheit und aller fühlenden Wesen auf diesem Planeten.

3. November

Nie ein Opfer

Vor deiner Inkarnation in diesen physischen Körper hast du einen »karmischen Handel« für das Erdenleben abgeschlossen, in dem du dich gegenwärtig befindest. Daher bist du nie ein Opfer. Auf den höheren Ebenen der Existenz hast du dir deine Erfahrungen durch eine vorgeburtliche Übereinkunft selbst ausgesucht. Alle daran beteiligten Seelen haben sich aus bedingungsloser Liebe bereit erklärt, dir »Karma zu servieren«, und du wiederum hast zugestimmt, ihnen »Karma zu servieren«. Mache also das Beste aus dem Leben, das dir gegeben wurde, und sei achtsam in deinen Reaktionen auf die Aktionen anderer. Die ganze gottgegebene Macht ist in deinem Innern. Du kannst dir jederzeit Zugang zu ihr verschaffen, indem du ein einfaches Gebet sprichst und um Hilfe in jeder beliebigen Situation bittest.

MEDITATION

Atme Liebe und Licht ein und denke beim Ausatmen daran loszulassen.
Du wirst dir vieler Ketten bewusst, die um deinen ganzen Körper geschlungen sind, und erkennst, dass es sich bei allen um Opfergedankenformen handelt.
Nimm dir nun einen großen goldenen Metallschneider und schneide die Ketten eine nach der anderen durch, Chakra um Chakra, wobei du jedes Mal alle negativen Gedankenformen loslässt, die in den Ketten um das Chakra, an dem du gerade arbeitest, gespeichert sind. Bald hast du über alle Gedankenformen gesiegt und bist kein Opfer mehr.
Vergiss nicht, dich zu erden, einzustimmen und zu schützen.

AFFIRMATIONEN

- Die Macht der göttlichen Liebe wohnt in meinem Innern.
- In Übereinstimmung mit dem göttlichen Gesetz bestimme ich allein über mein Leben.
- Es steht mir frei, meinen Träumen und meinen höheren Ambitionen zu folgen.

4. November

Akzeptieren

Oft, mein liebes Kind, fällt es dir schwer zu akzeptieren, und zwar nicht nur das Schlechte in deinem Leben, sondern auch das Gute. Alles und jedes, was dir auf deiner irdischen Reise widerfährt, ist dir dienlich. Verweile bei dieser Wahrheit. Kümmere dich nicht nur um das Großartige, sondern auch um die winzigen Vorkommnisse in deinem Alltagsleben. Stelle dich jeder herausfordernden Situation, damit du die Lektion, die darin enthalten ist, voll und ganz lernen kannst. Und wenn das Glück des Weges kommt, dann heiße es mit offenen Armen willkommen. Sei nicht schüchtern oder der Ansicht, dass du seiner nicht würdig bist. Gottes größtes Vergnügen besteht darin, dich im Überfluss mit Seinen Gaben zu beschenken. Doch leider verhinderst du dies nur allzu oft dadurch, dass du dich selbst für unwürdig erklärst. Öffne dein Herz und deinen Geist. Du bist ein Kind Gottes und aller Reichtümer würdig, die diese Welt dir zu bieten hat, besonders des größten Geschenks von allen, der Liebe Gottes.

MEDITATION

Atme einen rosa Liebesstrahl in dein Herzzentrum. Wiederhole dies dreimal. Fühle, wie sich der rosa Strahl ausdehnt; fühle, wie er ausstrahlt; fühle, wie er dein ganzes Wesen auflädt. Atme weiter rosa Licht ein, bis du dich völlig von dieser Energie umhüllt und absolut geliebt fühlst. Nimm diese Liebe als Geschenk Gottes an. Bedanke dich. Achte darauf, dass du geerdet, eingestimmt und geschützt bist.

AFFIRMATIONEN

- Freudig nehme ich all das Gute an, das auf mich zukommt.
- Ich bin ein Kind Gottes und habe das Beste verdient.
- Ich nehme alles an; ich mache mir alles zu Eigen.

5. November

Liebe geht niemals verloren

Wenn du ein geliebtes Haustier verlierst oder den Menschen, der dir am nächsten und liebsten war, hast du oft das Gefühl, dass du die Liebe verloren hast, und trauerst, weil du möchtest, dass sie zu dir zurückkehrt. Freude dich, denn in Wirklichkeit ist die Liebe niemals verloren gegangen und hat dich auch niemals verlassen. Liebe ist jenseits von Zeit und Raum und geht, wenn sie einmal zum Ausdruck gebracht wurde, niemals verloren, sondern gelangt in jede Faser deines Wesens und bis in die Tiefen deiner Seele. Selbst wenn du diese Spirale der Sterblichkeit verlässt, wirst du all die wahre Liebe, die dir je geschenkt wurde, mit in die höheren Gefilde nehmen.

MEDITATION

Atme Liebe und Frieden ein.
Stell dir vor, dass alle Menschen, die du jemals geliebt hast, um dich herum versammelt sind. Werde dir eines schönen rosa Lichtstrahls bewusst, der eure Herzen in perfekter Harmonie verbindet. Spüre diese wunderschöne Verbindung der bedingungslosen Liebe, die zwischen euch fließt. Bedanke dich und lass alle wieder gehen.
Vergiss nicht, dich zu erden, einzustimmen und zu schützen.

AFFIRMATIONEN

- Freizügig und bedingungslos gebe und erhalte ich Liebe.
- Die Liebe und meine Lieben wohnen in mir.
- Nichts kann je verloren gehen.

6. November

Das Licht

Was ist »das Licht«? Das Licht ist reine bedingungslose Liebe, die alles Wissen enthält, das es gibt. Wenn du das Licht schließlich in jede Zelle deines physischen Körpers und deiner feinstofflichen Körper aufgenommen hast, bist du wahrlich erleuchtet. Damit du das Licht erkennen kannst, musst du die Dunkelheit in all ihren Aspekten erfahren haben: physisch, mental, emotional und spirituell. »Die dunkle Nacht der Seele« ist ein Ausdruck, der auf der irdischen Ebene oft verwendet wird. Deine dunklen Stunden haben dir also einen guten Dienst erwiesen, mein liebes Kind, denn ohne sie wäre dir in der Tat nicht bewusst, dass du jetzt im Licht wandelst.

MEDITATION

Sieh und fühle dich von zwölf strahlenden Sonnen umgeben. Nimm die Strahlen jeder Einzelnen von ihnen in dich auf. Jede Sonne strömt eine etwas andere Farbe oder Schattierung aus. Hülle dich zunächst in einen Mantel aus blauem und dann in einen aus goldenem Licht. Bedanke dich. Vergiss nicht, dich zu erden, einzustimmen und zu schützen.

AFFIRMATIONEN

- Ich bin offen und bereit, das göttliche Licht in mein Wesen aufzunehmen.
- Ich bin das Licht.
- Alles, was ich wissen und erleben muss, ist im Licht enthalten.

7. November

Die Sehnsucht deines Herzens

Hörst du, was dein Herz dir zu sagen versucht, mein Kind? Oder leugnest du die Sehnsucht deines Herzens? Höre gut zu, was dein Herz dir mitzuteilen hat, denn das Herz ist der Sitz der Seele und Gefühle sind die Sprache der Seele. Sei still und wende dich nach innen. Dann wird dir alles offenbart werden.

MEDITATION

Atme das Licht der goldenen Liebe in all deine Chakren. Geh mit deiner Aufmerksamkeit in dein Herzchakra. Bitte deine Seele ganz behutsam, dir von ihren Träumen, Wünschen und Sehnsüchten zu erzählen. Und dann höre gut zu ... Mach eine mentale Notiz all dessen, was deine Seele dir zu sagen hat. Versprich ihr, dass du angemessene Schritte unternehmen wirst, um ihre Wünsche und Träume wahr zu machen. Achte darauf, dich zu erden, einzustimmen und zu schützen.

AFFIRMATIONEN

- Ich führe ständig Zwiesprache mit meiner Seele.
- Von jetzt an höre ich auf die Sehnsüchte meiner Seele.
- Ich liebe mein Leben mit Herz und Seele.

8. November

Freude

Woher kommt das Gefühl der Freude? Wie manifestiert es sich? Du glaubst vielleicht, dass Geliebte, Kinder, Geschenke, Erfolg, Urlaub und so weiter dir Freude schenken, was manchmal auch der Fall sein mag. Doch die Freude, die von außen an dich herangetragen wird, ist nicht dauerhaft, weil sie von externen Quellen abhängig ist, die du nicht unter Kontrolle hast, so sehr du dich auch anstrengen magst. Wahre, immerwährende Freude wohnt im Innern, wo sie jederzeit zu finden ist. Du bist dir nur nicht bewusst, dass sie dir ständig zur Verfügung steht. Immerwährende Freude und ewiges Glück sind dein göttliches Geburtsrecht und du findest Zugang dazu, indem du diese Freude und dieses Glück einfach als Weiterentwicklungen der himmlischen Liebe Gottes anerkennst, die in deinem eigenen Herzen wohnt. Lüfte den Schleier der Unwissenheit, der falschen Annahme, dass deine Freude und dein Glück von der äußeren Welt abhängig sind, und erlaube diesem Geschenk Gottes, Licht in dein Leben zu bringen.

MEDITATION

Atme Liebe und Licht ein; konzentriere dich auf dein Herzchakra. Während du das tust, wird dir bewusst, dass dein Herz von vielen alten Schichten bedeckt ist – Schichten aus Erwartungen, unerfüllten Träumen, Schmerz und alten Verletzungen. Sieh, wie du eine Schicht nach der anderen abpellst. Sie fallen alle ab, bis du ein sauberes, glattes Herz vor dir hast. An diesem Punkt öffnet sich dein Herz und strahlt pure Freude aus. Du spürst, wie die Energie aus deinem Herzen fließt und dein ganzes Wesen energetisiert. Denke daran, dich zu erden, einzustimmen und zu schützen.

AFFIRMATIONEN

- In meinem Herzen sprudelt eine nie versiegende Quelle der Freude.
- Ich lasse diese Freude jetzt frei fließen.
- Ich bin Licht, Liebe und Freude.

9. November

Gnade

Mein Kind, die unendliche Gnade Gottes steht dir jederzeit zur Verfügung. Gott ist immer bereit, dich mit dieser himmlischen Gabe zu überhäufen. Du jedoch bist manchmal weder bereit noch willens, sie anzunehmen. Du ziehst es vor, dir das Leben schwer zu machen, wie ihr auf der irdischen Ebene zu sagen pflegt. Warum, mein Liebes, urteilst du so hart über dich selbst? Warum kritisierst du andere und dich selbst so heftig? All das sind unbegründete Hirngespinste deiner sozialen Konditionierung. Gott liebt dich bedingungslos. Er verurteilt dich nicht, aber solange du dich nicht selbst als Kind Gottes angenommen hast, kann Er, der ebenfalls an das Gesetz des freien Willens gebunden ist, dir seine Gnade nicht so reichlich gewähren, wie Er es gern tun würde.

MEDITATION

Stell dir vor, du gehst durch eine schöne Wiese voller wilder Blumen, kleiner Vögel und bunter Schmetterlinge. Du näherst dich einer schönen kleinen Grotte. Während du darauf zugehst, tritt ein Lichtwesen heraus. Das Wesen heißt dich mit offenen Armen willkommen. Während ihr euch gegenübersteht und einander in die Augen schaut (die Augen sind die Fenster der Seele), fühlst du, wie die schöne Energie der Gnade von dem Lichtwesen ausstrahlt und in dein Wesen fließt. Du lässt es geschehen. Danke dem Lichtwesen, das nun in die schöne kleine Grotte zurückkehrt. Geh durch dieselbe Wiese zurück, bis du wieder in deinem eigenen Raum angekommen bist. Hast du daran gedacht, dich zu erden, einzustimmen und zu schützen?

AFFIRMATIONEN

- Gottes Gnade steht mir wahrlich zur Verfügung.
- Ich nehme Gottes Gnade jetzt und für immer dankbar an.
- Ich lasse zu, dass der Zustand der Gnade ein selbstverständlicher Teil meines Lebens wird.

10. November

Einfachheit

Was bedeutet es für dich, mein Liebes, wenn spirituelle Lehren dich auffordern, ein einfaches Leben zu führen, wo dein Leben doch in der Tat komplex ist? So viele Schichten, so viele Facetten. Oft weißt du wirklich nicht mehr, was du aus deinem Leben machen sollst. »Was ist richtig oder falsch für mich?« fragst du. Du hast so viele Wahlmöglichkeiten, zu viele vielleicht. Für dieses Dilemma gibt es eine einfache Lösung: Fühlt sich dein Herz an, als würde es schweben, wenn du über eine bestimme Handlung nachdenkst, so bist du auf dem rechten Weg. Wenn dein Herz hingegen schwer wird, bist du ganz klar nicht auf dem rechten Weg. Das Gefühl ist die Sprache der Seele, und das ist der Schlüssel zur Vereinfachung deines täglichen Lebens. Höre auf deine Seele und erlaube ihr, zu dir zu sprechen.

MEDITATION

Lass dein momentan wichtigstes Anliegen oder Problem vor deinem geistigen Auge auftauchen. Bitte nun um den Beistand deines höheren Selbst. Werde zum Beobachter und frage das Problem, was es von dir will oder ob es dir eine Lehre, ein bestimmtes Wissen oder eine Weisheit übermitteln möchte. Du empfängst vielleicht Bilder oder führst ein inneres Gespräch. Auf die eine oder andere Weise wird die Essenz oder Wurzel deines Problems offenbar werden. Danke deinem höheren Selbst für seine Kooperation.

AFFIRMATIONEN

- Mein Leben ist leicht und einfach.
- Ich stehe für meine eigene Wahrheit ein und jeder Schritt auf meinem Weg wird geführt.
- Ich umarme mein Leben, das mir einen natürlichen Mittelpunkt und endlos viele Möglichkeiten bietet.

11. November

Der Sinn des Lebens

Frage dich heute nach dem Sinn deines Lebens in Gottes Schöpfung. Besteht er darin, groß raus zu kommen und viel Geld zu verdienen, viele Kinder zu haben, viele Freunde zu gewinnen? Oder liegt deiner Existenz ein tieferer Sinn zugrunde? Tief innen erfüllt dich keine dieser Errungenschaften und auch keine andere wirklich. Du fühlst dich leer. Lass Gottes Liebe, die überall um dich herum ist – im Zentrum einer Blüte, im Lied eines Vogels, im Flüstern des Windes – tief in dein Herz reichen, wo sie die Liebe zum Selbst entzündet und dich wach macht für die göttliche Liebe, die in dir schlummert. Wenn du einmal erweckt bist, wirst du dich angeregt fühlen und eine Leidenschaft für das Leben entwickeln. Dein Herz wird überfließen vor bedingungsloser Liebe, und damit wirst du die Herzen und Seelen deiner Mitmenschen anstecken. Darin allein besteht der Sinn deiner Existenz.

MEDITATION

Atme den rosa Strahl der Liebe ein. Fülle dein Herzchakra bis zum Rand mit diesem Strahl und sieh dich dann selbst, wie du jedem, den du kennst, eine wunderbar von Herzen kommende Umarmung schenkst. Dabei merkst du, wie sich die Gesichter der anderen aufhellen. Wenn sie sich zum Gehen wenden, siehst du, wie ein rosa Liebesstrahl aus ihrem Herzchakra hervorgeht. Du hast sie mit dem »Liebesvirus« angesteckt. Freue dich. Du bist ein wunderbarer Mitarbeiter Gottes. Vergiss nicht, dich zu erden, einzustimmen und zu schützen.

AFFIRMATIONEN

- Indem ich glücklich bin, erfülle ich meine Aufgabe in diesem Leben.
- Der Sinn der Existenz Gottes besteht darin, mich zu lieben, und ich liebe Gott ebenfalls.
- Ich erfülle meine göttliche Aufgabe, indem ich mich selbst liebe und akzeptiere.

12. November

Der Fluss des Lebens

Erlaube dir, mit dem Fluss des Lebens zu fließen. Kämpfe nicht gegen die Strömung an. Sei achtsam. An jeder Kreuzung auf dem Weg, den du dir ausgesucht hast, gibt das Universum dir Hinweise. Es kann sein, dass du diese Zeichen durch Freunde, Familienmitglieder oder Arbeitskollegen übermittelt bekommst oder indem du ein Buch liest oder dir einen Film anschaust. Du merkst vielleicht auch, dass Mutter Natur dir Einsichten beschert. Sei offen, schau hin und hör zu. Alle Antworten sind genau da, wo du bist. Je mehr du also aufpasst, hinhörst und die Zeichen lesen lernst, desto leichter wird dein Leben sein und desto freier wird es fließen.

MEDITATION

Stell dir vor, du sitzt in einem Kanu und treibst einen wunderschönen Fluss hinunter. Genieße die Fahrt, genieße die Landschaft. Nimm deine ganze Umgebung in dich auf: den Himmel, das Wasser, die Bäume, die Pflanzen, die Vögel und die Fische. Erkenne, dass dich das Universum trägt. Erkenne, dass dich das Leben trägt. Lass dich weitertreiben und trinke dieses Gefühl, geliebt und von Gottes Hand geleitet zu werden. Denke daran, dich zu erden, einzustimmen und zu schützen.

AFFIRMATIONEN

- Ich kann die Zeichen lesen, die das Universum mir schickt.
- Ich fließe mühelos mit dem Leben mit.
- Dankbar nehme ich alles an, was das Leben mir zu bieten hat.

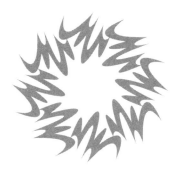

13. November

Vertrauen

Du misstraust so vielen Dingen, Menschen, Ereignissen und Vorfällen. Nie bist du, was den Ausgang einer Situation angeht, völlig optimistisch. All das geschieht um dich herum, weil du dich noch nie mit dem Mangel an Vertrauen in dir selbst beschäftigt hast. Gott liebt dich bedingungslos. Und alles, was dir passiert, geschieht zu deinem Besten. Denk daran: Du bist nicht dein Körper, du bist nicht dein Geist, du bist nicht deine Gefühle, du bist eine Seele und daher unzerstörbar. Dir kann und wird kein Schaden zugefügt werden. Über deine Intuition stehst du jederzeit mit dem göttlichen Teil deines Selbst in Verbindung. Nutze sie. Wenn sich Dinge richtig anfühlen und deine Seele erfreuen, dann sind sie auch richtig und du handelst in Übereinstimmung mit dem göttlichen Willen. Gib dich hin und Vertrauen wird sich einstellen. Gott liebt dich und vertraut dir hundertprozentig. Also solltest auch du dich hundertprozentig lieben und dir selbst vertrauen.

MEDITATION

Denke an eine Aufgabe, die du gern in Angriff nehmen möchtest, dir bisher aber nicht zugetraut hast. Atme nun Liebe und goldenes Licht ein und stell dir vor, dass du diese Aufgabe mit Anmut und Leichtigkeit erledigst. Mach diese Meditation, bis du dein Ziel auch im wirklichen Leben erreicht hast. Bedanke dich.

AFFIRMATIONEN

- Ich vertraue auf meine innere Urteilsfähigkeit.
- Ich vertraue darauf, dass Gott mich bedingungslos liebt.
- Ich vertraue darauf, dass das Göttliche in mir mich jederzeit führen und beschützen wird.

14. November

Einsicht

Sehr oft bittest du um Einsicht. Doch das ist ein Geschenk, das man nicht mal eben so bekommt. Du musst dich selbst bemühen, einen Blick ins Innere der Dinge zu werfen. Dem göttlichen Gesetz entsprechend wird dir die Gabe der Einsicht nur verliehen, wenn deine Absicht klar und konzentriert ist und du auf allen Ebenen – körperlich, emotional, mental und spirituell – damit beschäftigt bist, nach innen zu schauen.

MEDITATION

Stell dir vor, du gehst in ein großes Haus. Du betrittst die Eingangshalle und siehst eine Tür. Über der Tür ist ein Schild angebracht, auf dem das Problem, über das du Einsicht gewinnen willst, genau beschrieben ist. Bitte nun die Engel und dein höheres Selbst um Beistand, wenn es darum geht, dich auf die vor dir liegende Aufgabe zu konzentrieren. Erkläre deine Absicht, alles über das Problem herauszufinden, und wenn du fertig bist, öffne die Tür.
Du betrittst den Raum dahinter. Hier wirst du alle Antworten und Lösungen finden, die du brauchst. Bedanke dich.
Geh dann wieder in die Halle, zur Haustür hinaus und zurück zu deinem Meditationsplatz. Vergiss nicht, dich zu erden, einzustimmen und zu schützen.

AFFIRMATIONEN

- Ich werde jederzeit zu immer mehr Wissen und immer größerer Einsicht geführt.
- Ich schaue nach innen und gewinne wahre Einsicht.
- Ich bin ewig dankbar für die Gabe der Einsicht.

15. November

Frieden

»Ich will Frieden!«, rufst du auf dieser irdischen Ebene so oft. Überall um dich herum suchst du verzweifelt nach Frieden, doch er entzieht sich dir immer wieder. Warum? Weil Frieden nicht in der äußeren Welt zu finden ist, nicht in anderen Menschen, an Orten, in Dingen oder Umständen. Frieden ist nur auf den inneren Ebenen zu finden, in der Welt, die tief in deinem Herzen liegt. Übergib dem Gott in deinem Innern all deine Wünsche, Erwartungen und Sorgen, und du wirst feststellen, dass Frieden in die Gemächer deines Herzens einzieht und sich dort niederlässt.

MEDITATION

Stell dir vor, du bist in deiner Lieblingsumgebung, vielleicht an einem Strand, in einem Wald oder auf einer grünen Wiese. Spüre die schönen Energien um dich herum. Spüre auch die Verbindung zu deinem wahren Selbst, deinem Gottselbst. Ein Gefühl des Friedens und der Gelassenheit geht von deinem Herzen aus und erfüllt deinen ganzen Körper. Erlaube dir, solange du willst, in dieser schönen Energie zu baden. Verlasse dann deine Lieblingsumgebung und kehre in den Raum zurück, in dem du dich im Moment befindest. Denke daran, dich zu erden, einzustimmen und zu schützen.

AFFIRMATIONEN

- Ich bin im Einklang mit mir selbst und meiner Umwelt.
- Ich bin innerlich im Einklang und sorge daher für Frieden und Harmonie im Außen.
- Frieden wohnt immer in meinem Herzen.

16. November

Das innere Paradies

Indem du andere Menschen wie deine Brüder und Schwestern liebst, öffnest du die Türen zum Paradies. Das Paradies, von dem ich hier spreche, ist der Garten Eden in deinem eigenen Herzen, der Wohnsitz deines göttlichen Selbst, ein Ort, an dem es Licht und Liebe im Überfluss gibt, die von dort in die ganze Welt ausstrahlen.

MEDITATION

Stell dir vor, du hältst Menschen ganz unterschiedlicher Rassen, Glaubensrichtungen und Farben an der Hand, deine irdischen Brüder und Schwestern. Ihr bildet einen Kreis, und der Kreis wird immer größer, bis er den ganzen Globus einschließt. In dem Moment verwandelt er sich in einen Kreis aus reinem Licht. Dieses Licht scheint durch jedes fühlende Wesen auf der Erde, und du erkennst, dass du eins mit allen bist.

AFFIRMATIONEN

- Ich habe eine tiefe Verbindung zu allen fühlenden Wesen auf diesem Planeten.
- Ich strahle Liebe und Licht für alle aus.
- Ich bin eins mit meinen Brüdern und Schwestern.

17. November

Freundschaft

Wie glücklich bin ich, wenn ich sehe, wie du, mein Kind, anderen freundschaftlich die Hand reichst. Achte deine Freunde, mein Liebes, denn du brauchst Menschen an deiner Seite, die ein Stück deines Lebenswegs mit dir gehen und deine Hand halten. Schätze sie und sage ihnen oft, wie sehr du sie liebst und verehrst, und sei im Gegenzug natürlich der beste Freund, der du sein kannst.

MEDITATION

Konzentriere dich auf dein Herzchakra und danke all deinen Freunden für alles, was sie für dich getan haben. Schicke ihnen im Gegenzug Liebe und Licht. Und tu das oft.
Vergiss nicht, dich zu erden, einzustimmen und zu schützen.

AFFIRMATIONEN

- Ich danke meinen Freunden für ihre Liebe und Unterstützung.
- Liebevoll stärke ich die bereits bestehenden Bande der Freundschaft.
- Ich liebe meine Freunde und sie lieben mich.

18. November

Kapitulation

Es fällt dir nicht leicht, dich Gott zu unterwerfen, mein Kind. In der Tat versuchst du die meiste Zeit, an der Wirklichkeit festzuhalten, die du dir aus Angst selbst geschaffen hast – Angst vor Geldmangel, Angst vor deiner eigenen Macht, Angst vor der Zukunft und sogar Angst vor Liebe.
Bitte, liebes Kind, mach dir nicht länger Gedanken über diese Wirklichkeit. Gib all deine Ängste an den Schöpfer ab, an Gott. Er wird sich um dich kümmern und dich mit allem ausstatten, was du brauchst, und mit noch viel mehr. Der Akt der Hingabe wird dazu führen, dass du dich viel leichter fühlst, denn du hast dich von der alten Wirklichkeit befreit und bist nun bereit, das Neue und Lichte in dein Leben zu lassen.

MEDITATION

Atme Liebe und Licht in jedes Chakra und sieh dann, wie du all deine Sorgen, Ängste und Bedenken in einen großen goldenen Müllbehälter wirfst. Sobald der Behälter voll ist, tauchen zwei Engel auf und rollen ihn ins Recycling-Zentrum, wo die darin enthaltenen Energien in mehr Licht umgewandelt werden. Fülle so viele Müllbehälter wie nötig und danke den Engeln, dass sie dir bei deiner Aufgabe behilflich waren. Vergiss nicht, dich zu erden, einzustimmen und zu schützen.

AFFIRMATIONEN

- Ich gebe jetzt alles auf, was nicht Liebe ist.
- Mit Gottes Hilfe gebe ich das Alte auf und nehme das Neue dankbar an.
- Ich gebe meine alten Glaubenssätze allmählich auf und lade die Liebe und das Licht Gottes ein.

19. November

Innere Führung

Wenn du deiner inneren Führung folgst, werden wunderbare Dinge geschehen, mein liebes Kind. Neue Möglichkeiten tun sich scheinbar aus dem Nichts auf und Probleme werden wie von Zauberhand gelöst. Indem du deiner inneren Führung folgst, verbindest du dich körperlich, emotional, mental und spirituell mit Gott, deinem eigenen göttlichen Selbst. Auf diese Weise erlaubst du dem Licht, das nicht nur bedingungslose Liebe, sondern auch Informationen und Weisheit enthält, frei in dein Energiefeld zu fließen. Also, mein Kind, fass dir ein Herz und lass dich in dieser Weise auf deinem Weg zur Erleuchtung führen.

MEDITATION

Entspanne dich behutsam und frage dich, wo du Führung brauchst. Visualisiere dann eine Filmleinwand hinter deinem dritten Auge. Verbinde dich mit deinem höheren göttlichen Selbst und bitte darum, dass dir auf der Leinwand eine Lösung gezeigt wird. Lehne dich entspannt zurück und schau dir den Film an. Komm, wenn du fertig bist, in dein tägliches Leben zurück. Denke daran, dich zu erden, einzustimmen und zu schützen.

AFFIRMATIONEN

- Ich werde jederzeit von meinem göttlichen Selbst geführt.
- Meine innere Führung lässt mich nie im Stich.
- Ich werde jederzeit von Gott geführt, geschützt und geliebt.

20. November

Die freie Wahl

Wie oft sagst du: »Oh, da hatte ich keine Wahl; es war alles die Schuld von jemand anderem; ich hatte die ganze Sache nicht in der Hand.« Doch das stimmt nicht, mein Kind, du hast immer die Wahl, was natürlich in vielen Fällen nicht offensichtlich ist. Steh für dich selbst ein. Du bist ein Kind Gottes, du verdienst das Beste. Gewinne Abstand, denke nach oder meditiere, bevor du irgendwelche Entscheidungen triffst. Lass zu, dass dich dein höheres Selbst zu der Entscheidung führt, die in Übereinstimmung mit dem göttlichen Gesetz richtig ist. Es mag zu dem gegebenen Zeitpunkt den Anschein haben, als sei dies die unbequemere Wahl, aber wenn du schließlich das ganze Bild siehst, wirst du wissen, dass es genau diese Entscheidung sein musste. Gott trifft immer die richtige Wahl für dich.

MEDITATION

Denke über deine Situation oder dein momentanes Problem nach.
Stell dir dann vor, dass du vor einer Bibliothek stehst. Es ist eine Bibliothek des unendlichen Wissens. Du betrittst die Eingangshalle und konzentrierst dich wieder auf dein Problem. Jetzt siehst du drei Türen vor dir. Hinter jeder dieser Türen befindet sich eine andere Möglichkeit, mit deinem Problem umzugehen. Öffne die Türen eine nach der anderen, tritt ein und nimm die einzelnen Möglichkeiten unter die Lupe. Wenn du damit fertig bist, gehst du in einen anderen Teil der Bibliothek und siehst dort eine vierte Tür, auf der das Wort »Lösungen« steht. Du öffnest die vierte Tür, gehst hinein und findest die Lösung für dein Problem. Gehe auf demselben Weg, auf dem du hereingekommen bist, wieder hinaus. Hast du dich geerdet, eingestimmt und geschützt?

AFFIRMATIONEN

- Es steht mir frei, jederzeit meine eigene Wahl zu treffen.
- Ich lasse mich von meinem höheren Selbst führen, wenn es darum geht, die für mich beste Wahl zu treffen.
- Wenn ich zu meiner Wahrheit stehe, treffe ich stets die richtige Wahl.

21. November

Freude, Spiel und Spaß

Hast du genug Spaß? Amüsierst du dich oft? Nimmst du dir Zeit zu spielen? Nicht genug, mein liebstes Kind. Nicht genug. Es ist nicht frivol, fröhlich zu sein. Es ist nicht selbstsüchtig, sich Zeit zum Spielen zu nehmen. Fröhlich zu sein ist ein Segen; es ist Futter für die Seele. Erlaube dir, die Bedürfnisse deines inneren Kindes oder deines inneren Teenagers zu befriedigen: Spaß haben und spielen. Und während du mit dem Kind in deinem Innern verschmilzt, wirst du ein ausgeglichener, reifer und fröhlicher Erwachsener. Glücklich sein ist dein Geburtsrecht. Warte nicht zu lange; verschwende nicht noch mehr von der kostbaren Zeit, die du in diesem irdischen Körper hast. Tritt vor und nimm dein Geburtsrecht in Anspruch.

MEDITATION

Atme den rosa Strahl der Liebe und Freude ein. Sieh dich von einer Gruppe jubilierender Engel umgeben. Sie tanzen um dich herum und bitten dich mitzumachen. Du willigst ein und tanzt den Tanz der Engelliebe mit ihnen. Du wirbelst im Kreis herum, lässt mit jeder Bewegung die negativen Energien los, die du in deinen Energiekörpern gespeichert hast, und fühlst dich allmählich leichter und immer leichter. Bald hast du das Gefühl zu schweben, genau wie die Engel. Tanze weiter, solange du willst, und bedanke dich. Denke daran, dich zu erden, einzustimmen und zu schützen.

AFFIRMATIONEN

- Es ist mein göttliches Geburtsrecht, fröhlich zu sein.
- Ich habe das Recht auf Spaß und Spiel in meinem geschäftigen Leben.
- Gott ist Freude und ich bin es auch.

22. November

Sei nett zu dir selbst

Sei sanft zu dir selbst, Liebes. Du gehst oft ziemlich hart mir dir um. Andere behandelst du nett und freundlich, warum dich selbst nicht? Du hast es verdient, und das weißt du auch. Sanft und freundlich mit sich selbst umzugehen ist ein erster wichtiger Schritt, wenn es darum geht, sich selbst lieben zu lernen und zu schätzen. Zärtlichkeit beginnt im Herzen und breitet sich in deinem ganzen Körper aus, wo sie für Gleichgewicht und Harmonie sorgt, und das hat Auswirkungen auf deine ganze Umgebung.

MEDITATION

Atme goldenes Licht durch all deine Chakren. Visualisiere dich nun in einem luxuriösen römischen Badehaus. Du gehst hinein, ziehst all deine alten Kleider aus und begibst dich in die duftenden Wasser dieses wunderschönen römischen Bads. Du entspannst dich und atmest den Duft von Rosen und Geranien ein. Als du aus dem Wasser kommst, stellst du fest, dass deine alten Kleider durch die schönsten neuen Gewänder ersetzt wurden, die deine Augen je gesehen haben. Auch findest du weiche weiße Handtücher zum Abtrocknen vor. Nachdem du dich abgetrocknet hast, fällt dein Blick auf eine mit aromatischen Körperölen gefüllte Amphore. Du reibst deinen Körper sanft mit Öl ein und legst dann deine neuen Gewänder an. Beim Verlassen dieses luxuriösen Badehauses gehst du an einem mannshohen Spiegel vorbei. Du wirfst einen Blick in diesen Spiegel und siehst ein großartiges, strahlendes Wesen – dich selbst!
Vergiss nicht, dich zu erden, einzustimmen und zu schützen.

AFFIRMATIONEN

- Ich behandle meinen Körper, meinen Geist, meine Emotionen und meine Seele mit sanfter Freundlichkeit.
- Ich liebe und schätze mich selbst.
- Ich bin freundlich in Gedanken, Worten und Taten zu anderen und zu mir selbst.

23. November

Die Gabe des Heilens

Du hast die Gabe des Heilens. Jeder Mensch hat diese Gabe, mein Kind. Entwickle sie – nutze sie. Du musst kein Heiler werden. Du bist ein Heiler. Beschließe in deinem Herzen, gleich jetzt, in diesem Moment, dass du genau das bist: ein Heiler. So möchtest du dich von jetzt an in deinem Leben zum Ausdruck bringen. Sei ein offener Kanal für Gottes Liebe, und du wirst feststellen, dass immer etwas davon für dich übrig bleibt. Werde Zeuge der göttlichen Liebe in Aktion und wachse mit dieser Erfahrung.

MEDITATION

Lass goldene Wurzeln durch die Erdschichten wachsen. Atme goldenes Licht ein. Atme das goldene Licht in jedes Chakra, eines nach dem anderen. Bitte die heilenden Engel, dich mit deinem höheren Selbst zu verbinden, und biete dich als Kanal für das göttliche Heilungslicht an. Du wirst einen stärkeren Energiefluss spüren. Lass deinen ganzen Körper davon energetisieren. Wenn du spürst, dass dieser Prozess beendet ist, bedanke dich, zieh deine Wurzeln zurück und schließe deine Chakren. Nun bist du bereit hinauszugehen und wunderschönes Heilungslicht aus dem Zentrum deines Wesens zu strahlen – aus deinem Herzen. Bedanke dich. Achte darauf, dass du geerdet, eingestimmt und geschützt bist.

AFFIRMATIONEN

- Ich bin ein wunderbar klarer Kanal für das heilende Licht Gottes.
- Ich nehme meine gottgegebene Gabe des Heilens voll und ganz an.
- Indem ich mich selbst heile, bin ich ein Katalysator für die Heilung anderer.

24. November

Das innere Kind

Nähre dein inneres Kind, mein Liebes, denn es sehnt sich nach deiner Liebe und Aufmerksamkeit. Du trägst ein inneres Kind in dir und dieses Kind ist einsam und unglücklich. Beachte es und erfülle deine Rolle als Elternteil für dein inneres Kind, indem du die dir innewohnende göttliche Kraft weitergibst. Leite diese Kraft in die Heilung deines inneren Kindes.
In diesem Prozess wirst du jederzeit von deinem höheren göttlichen Selbst geführt.

MEDITATION

Atme den rosa Strahl der Liebe ein. Lass diese Energie dein ganzes Energiesystem überfluten, all deine Chakren und deine ganze Aura. Atme den rosa Strahl dann dreimal in dein Herzchakra. Stell dir nun vor, dass dein inneres Kind direkt vor dir auf einem Stuhl sitzt. Es weint. Begrüße es und frage es, was es von dir haben möchte. Dein inneres Kind wird dir sagen, was du tun sollst. Geh den ganzen Prozess durch. Versprich deinem inneren Kind, dass du oft zurückkehren und es besuchen wirst. Gib ihm eine große Bärenumarmung, bevor du gehst. Wiederhole diese Übung so oft wie nötig. Eines Tages, wenn ein glückliches inneres Kind vor dir auf dem Stuhl sitzt, wirst du wissen, dass alles gut ausgegangen ist. Bitte vergiss nicht, dich zu erden, einzustimmen und zu schützen.

AFFIRMATIONEN

- Ich bin der perfekte Elternteil für mein inneres Kind.
- Ich nähre mein inneres Kind und kümmere mich um es.
- Ich umarme die Verletzungen meines inneren Kindes und überschütte es mit göttlicher Liebe.

25. November

Innere Führung

Folge deiner inneren Führung, mein liebstes Kind. Lass dich nicht von anderen zu etwas anderem überreden. Deine Seele kommuniziert in der Sprache deiner Emotionen mit dir. Wenn du diese innere Führung erhältst, dann beachte sie, denn dann fühlen sich deine Entscheidungen und deine Handlungen einfach richtig an. Wenn sich etwas falsch anfühlt, kannst du gar nicht umhin, es zu bemerken. Du wirst es auf der Stelle wahrnehmen. Dein ganzes Wesen wird dir sagen, dass etwas nicht in Ordnung ist. Ergib dich der Weisheit deines ganzen Selbst und lass dich führen.

MEDITATION

Bitte deinen Schutzengel um Hilfe bei dieser Meditation. Sieh dich selbst in deiner Lieblingsumgebung in der Natur sitzen, sei es am Strand, im Wald oder auf einer Wiese. Suche dir irgendeinen Platz aus, an dem du dich wirklich zu Hause fühlst. Schau dich um und bewundere die Schönheit des Platzes. Fülle ihn in deiner Vorstellung mit allem, was du liebst und schätzt. Damit hast du einen heiligen Raum geschaffen, in dem du dich sicher, glücklich und entspannt fühlst. Während du dich in diesem heiligen Raum entspannst, erscheint dir ein schönes Lichtwesen, das sich als dein höheres Selbst vorstellt. Ihr setzt euch zusammen und du bittest dein höheres Selbst um Rat. Nachdem du den Rat bekommen hast, dankst du deinem höheren Selbst. Dein höheres Selbst lädt dich ein wiederzukommen, wann immer du einen Rat brauchst. Bedanke dich, verabschiede dich von deinem heiligen Platz und kehre in den Raum zurück, in dem du dich befindest. Denke daran, dich zu erden, einzustimmen und zu schützen.

AFFIRMATIONEN

- Meine innere Führung steht mir jederzeit zur Verfügung.
- Ich schätze die Weisheit meiner inneren Führung und nehme sie oft in Anspruch.
- Ich vertraue meiner inneren Führung.

26. November

Gott liebt dich bedingungslos

Gott liebt dich bedingungslos. Er verurteilt dich niemals. Während du durchs Leben gehst, steht dir Seine Liebe immer zur Verfügung. Gott entzieht dir Seine Liebe nie, weil das, was du getan hast, vielleicht falsch war.
In Seinen Augen gibt es kein Richtig oder Falsch. Die Dinge sind einfach, wie sie sind. Gott ist absolute Liebe und deswegen ist Er absolute Akzeptanz. Ob du ein Heiliger oder ein Sünder bist, macht für Seine Liebe zu dir keinen Unterschied.

MEDITATION

Atme goldenes Licht ein und lass es sanft durch deine Chakren und deine Energiekörper fließen. Stell dir vor, dass du durch eine von Licht erfüllte Landschaft gehst. Sie ist sehr schön. Vor dir siehst du ein goldenes Gebäude. Du gehst hinein und triffst auf ein Lichtwesen, das Vater-Mutter-Gott repräsentiert. Dieses Wesen begrüßt dich mit offenen Armen und sagt dir, wie sehr Er/Sie dich liebt. Du bekommst ein Geschenk und wirst eingeladen, jederzeit wiederzukommen.
Geh genau den Weg, den du gekommen bist, zurück und bedanke dich. Denke immer daran, dich zu erden, einzustimmen und zu schützen.

AFFIRMATIONEN

- Gott ist bedingungslose Liebe.
- Gottes Liebe steht mir jederzeit zur Verfügung.
- Ich lasse Gottes Liebe durch mich hindurchfließen.

27. November

Inneres Handwerkszeug

Gott hat dir das ganze Handwerkszeug gegeben, das du brauchst, um zu erreichen, was du in diesem Leben erreichen musst. Dieses Handwerkszeug ist in dir. Du musst nicht hinausgehen und in der äußeren Welt danach suchen. Alles Notwendige steht dir bereits zur Verfügung, mein liebes Kind. Es gibt nichts, was du nicht tun oder erreichen kannst.

MEDITATION

Visualisiere eine Quelle, aus der helles gelbes Licht sprudelt, über deinem Kopf. Wenn du einatmest, fließt dieses klare, helle, gelbe Licht durch all deine Chakren und durch die Schichten deiner Aura. Stell dir vor, du sitzt vor einem Fernseher, der im Moment noch ausgeschaltet ist. Behalte nun die momentane Situation im Kopf, für die du eine Antwort oder Lösung brauchst. Bitte dein höheres Selbst, dir eine Lösung oder Antwort auf dem Fernsehbildschirm zu zeigen, sobald du diesen einschaltest. Nach einer Weile schaltest du den Fernseher ein, und sofort tauchen farbige Bilder, Worte oder Klänge auf, die mit deiner Frage zu tun haben. Schau und höre genau hin. Schalte den Fernseher wieder aus, wenn du das Gefühl hast, alle Antworten bekommen zu haben. Kehre dann ins Wachbewusstsein zurück. Vergiss nicht, dich zu erden, einzustimmen und zu schützen.

AFFIRMATIONEN

- Gott stattet mich mit allen Mitteln aus, die ich brauche, um ein glückliches und erfolgreiches Leben zu führen.
- Ich habe alles, was ich für meine Lebensreise brauche, in mir.
- Ich mit bin mit dem ganzen inneren Wissen begabt, das ich brauche, um in dieser Inkarnation erfolgreich zu sein.

28. November

Das gesprochene Wort

Achte auf deine Sprache, mein Liebes. Lass Liebe von deinen Lippen kommen. Gehe achtsam und respektvoll mit dem gesprochenen Wort um, denn es hat sehr viel Macht. Wähle deine Worte weise, langsam und sorgfältig; verurteile nicht, kritisiere nicht und verdamme nicht, sondern setze sanfte, liebevolle Worte ein, um deine Mitmenschen zu ermutigen, aufzubauen und zu erleuchten.

MEDITATION

Visualisiere goldenes Heilungslicht, das in dein drittes Auge fließt. Denke beim Einatmen daran, alle negativen Gedanken loszulassen, die du über dich selbst hast. Lass all diese Gedanken mit dem Ausatmen los. Atme dann wieder goldenes Licht in dein drittes Chakra ein und lass mit dem nächsten Ausatmen alle kritischen und urteilenden Gedanken über andere Menschen los. Lass los. Atme dann noch einen wunderbaren Strahl goldenen Heilungslichts ein und denke jetzt beim Ausatmen daran, alle negativen Gedanken loszulassen, von denen du glaubst, dass andere sie auf dich projiziert haben. Atme nun noch einmal wunderbares goldenes Heilungslicht ein und fülle deine Kehle mit liebevollen Gedanken und Worten. Wiederhole diesen Prozess öfter, vor allem wenn du Halsschmerzen, Husten oder ein Kratzen im Hals hast, denn all das sind Zeichen dafür, dass Probleme gelöst werden müssen, die mit der Sprache zu tun haben. Denke immer daran, dich zu erden, einzustimmen und zu schützen.

AFFIRMATIONEN

- Ich spreche Worte der Liebe, der Wahrheit und der Weisheit.
- Durch die Macht meiner gesprochenen Worte bin ich die tätige Liebe in Person.
- Ich wähle meine Worte mit Liebe und nehme bei dem, was ich sage, Rücksicht auf andere und mich selbst.

29. November

Du bist perfekt

Sei du, sei wahrhaft du selbst. Stell dein Licht nicht unter den Scheffel. Du bist in jeder Hinsicht perfekt, weil Gott dich nach Seinem Bild erschaffen hat. Du bist ein funkelndes Juwel ohne einen einzigen Makel. Der Fehler liegt nur in der Art, wie du dich selbst wahrnimmst. Du siehst dich als Sünder, als wertlos. Ändere deine Meinung bezüglich dessen, was du zu sein glaubst. Du bist weder der Sünder noch der wertlose Diener oder der einfache Schüler, sondern eins mit Gott und Seiner Herrlichkeit.

MEDITATION

Sieh dich selbst als Diamanten mit vielen Facetten. Kannst du eine trübe Facette erkennen? Es könnte beispielsweise sein, dass die Facette der Bereitwilligkeit, der Loyalität oder des Vertrauens poliert werden muss. Poliere sie mit einem Tuch aus Licht und bedingungslos positiver Aufmerksamkeit für dich selbst und mit so viel bedingungsloser Liebe zu dir selbst, wie du aufbringen kannst. Wiederhole diese Meditation oft, bis der ganze Diamant, das ganze Du, wirklich funkelt vor göttlicher Liebe und göttlichem Licht. Denke daran, dich zu erden, einzustimmen und zu schützen.

AFFIRMATIONEN

- Ich bin eines von Gottes Geschöpfen und daher in jeder Hinsicht perfekt.
- Ich bin ein funkelnder Diamant und strahle bedingungslose Liebe und Licht aus.
- Ich nehme mich selbst als perfekten, lupenreinen Diamanten in Gottes Krone der Herrlichkeit wahr.

30. November

Lachen

Lachen ist die beste Medizin. Dessen kannst du dir sicher sein, mein Kind. Lachen ist auch eine spirituelle Medizin. Es wandelt Negativität um und wirkt in unbequemen körperlichen, emotionalen und mentalen Zuständen höchst befreiend. Nimm das Leben nicht so schwer. Mache dir die Situation, in der du dich gerade befindest, möglichst leicht, und du wirst merken, dass das Leben einfach reibungsloser läuft, wenn du diese Medizin einsetzt. Vertraue auf deinen Sinn für Humor, glaube an ihn und setze ihn oft ein. Lachen ist ansteckend und du willst möglichst viele deiner Brüder und Schwestern anstecken. Lachen bedeutet Licht, gute Gefühle und sogar »göttliche Gefühle«. Nur zu, mein Kind, lache herzlich, und zwar so oft du kannst.

MEDITATION

Atme rosa Licht ein und fülle all deine Chakren und sämtliche Schichten deiner Aura damit. Visualisiere dich nun vor einem Spiegel. Schau in den Spiegel. Was dir entgegenschaut, sieht zunächst ziemlich ernst aus und ist eben dein normales, alltägliches Selbst. Dann fängst du an zu lachen. Je mehr du dich selbst im Spiegel lachen siehst, desto mehr Lachen wird ganz natürlich folgen. Du lachst und lachst und bist jetzt wirklich schon völlig aus dem Häuschen vor Freude. Mach weiter, solange du kannst. Wiederhole diese Übung öfter. Vergiss nicht, dich zu erden, einzustimmen und zu schützen.

AFFIRMATIONEN

- Ich lade Lachen, Spaß und Humor in mein Leben ein.
- Ich kann problemlos über mich selbst lachen und nehme mich selbst nicht so ernst.
- Ich setze das Heilmittel des Lachens mitfühlend und respektvoll bei meinen Mitmenschen ein, die es brauchen.

Segen für den Monat

Dezember

Nun ist es Zeit, das Alte loszulassen
und Raum für das Neue zu schaffen.
Lass alles los, was nicht Liebe ist.
Auf diese Weise bereitest du dich auf die Wunder vor,
die das neue Jahr für dich bereithält.
Mögen deine Gedanken rein und sanft sein.
Möge deine Rede rein und freundlich sein.
Mögen deine Taten rein und gut sein.
Mögest du stets mit unendlich vielen Segnungen
überschüttet werden.

1. Dezember

Annehmen

Nimm dich so an, wie du jetzt bist, in genau diesem Moment.
Du wurdest nach dem Bild des großen Gottes geschaffen und bist daher ein perfektes Kind Gottes. Lass diese Wirklichkeit von deinem höheren Selbst auf die Ebene deiner Seele durchsickern und von dort in deinen Geist, deinen Emotionalkörper und deinen physischen Körper. Erlaube dir zu fühlen, dass du so, wie du bist, perfekt bist. Wenn du diese Tatsache von ganzem Herzen in dich aufnimmst, wird eine umfassende Heilung stattfinden. Daraus wirst du mit dem Gefühl hervorgehen, dass du viel mehr Kontakt zu dem hast, was du wirklich bist: ein Funke des Göttlichen in einem menschlichen Körper.

MEDITATION

Visualisiere ein Spiegelbild deiner selbst, das dir auf einem Stuhl gegenübersitzt. Sage »Hallo« und frage es, warum du dich selbst nicht mehr akzeptierst. Erlaube deinem Spiegelbild, das dein niederes Selbst repräsentiert, all seine Kümmernisse herauszulassen und über alles zu sprechen, wenn möglich sehr detailliert. Steh dann auf, umarme dein Spiegelselbst, drücke es ganz fest und sage: »Ich liebe und akzeptiere dich genau so, wie du bist. Du bist ein schönes Wesen.« Mache diese Übung so oft wie nötig. Dann wirst du erfolgreich sein.

AFFIRMATIONEN

- Ich akzeptiere mich bedingungslos.
- Ich liebe und akzeptiere mich in allem, was ich tue, in all meinen Gedanken, Gefühlen und Taten.
- Ich akzeptiere, dass ich so, wie ich bin, perfekt bin.

2. Dezember

Weisheit

Du bist ein Sucher, jemand, der nach göttlicher Weisheit sucht. Du suchst überall danach, in fremden Schriften, in weit entfernten Ländern und auch in allen möglichen Gerüchten. Doch die ganze Zeit ist dir die göttliche Weisheit entgangen, weil du außerhalb von dir selbst danach gesucht hast, bei Gurus, Priestern, Predigern und anderen Leuten. Dabei war sie die ganze Zeit genau hier, tief in dir vergraben, und das viele, viele Leben lang. Erlaube den Engeln, dich mit deiner eigenen Göttlichkeit in Verbindung zu bringen, indem du dir selbst Zugang zur göttlichen Weisheit in deinem Innern verschaffst, der Antwort auf all deine Fragen.

MEDITATION

Du bist von goldenem Licht umgeben. Vor dir liegt ein reich verziertes, goldenes Buch in Herzform. Dir wird bewusst, dass dieses Buch dein Herzchakra symbolisiert, den Sitz deiner Seele, den Behälter der göttlichen Weisheit. Meditiere nun über irgendeine Frage, auf die du eine Antwort brauchst. Behalte die Frage im Kopf und stell dir dann in allen Einzelheiten vor, wie du das herzförmige Buch öffnest. Die Antwort auf deine Frage liegt genau hier vor dir, auf der Seite, die du soeben aufgeschlagen hast. Denke über diese Antwort nach und schließe das Buch wieder. Bedanke dich und kehre ins Hier und Jetzt zurück. Denke stets daran, dich zu erden, einzustimmen und zu schützen.

AFFIRMATIONEN

- Ich bin der Empfänger der göttlichen Weisheit.
- Ich trage alle Geheimnisse des Universums in mir.
- Ich finde leicht und mühelos Zugang zur göttlichen Weisheit.

3. Dezember

Liebende Güte

Praktiziere liebende Güte. Um diese Aufgabe erfolgreich bewältigen zu können, musst du damit beginnen, dir selbst gegenüber liebende Güte zu praktizieren. Damit scheinst du große Schwierigkeiten zu haben. Es ist so viel einfacher, liebevoll und freundlich mit einem anderen Wesen umzugehen. Hast du das Gefühl, dass du selbst so etwas nicht verdient hast? Ja, das, mein Kind, ist die Wurzel der ganzen Angelegenheit. Sei achtsam und höre zu, mach dir selbst dieses Geschenk, und zwar oft. Du verdienst es tausendmal. Gott will nur, dass du zufrieden bist. Wenn du liebevoll und freundlich mit dir selbst umgehst, dann wird das dazu führen, dass zu zufriedener wirst.

MEDITATION

Stell dir vor, du bist in einem schönen türkischen Bad. Das Bassin ist mit exotischen Fliesen gekachelt, die Luft ist von Düften und sanfter Musik erfüllt. Du begibst dich in den Pool und entspannst dich ganz tief. Lass dich vom Wasser tragen. Fühle, wie die ganze negative Energie von dir abgespült wird. Als du wieder herauskommst, gibt dir ein wunderschönes Lichtwesen eine himmlische Massage und kleidet dich in neue Gewänder.
Das Lichtwesen verabschiedet sich und sagt dir, dass du so oft du willst wiederkommen kannst, um diese himmlische Behandlung zu genießen. Du dankst dem Lichtwesen und kehrst ins Wachbewusstsein zurück. Denke daran, dich zu erden, einzustimmen und zu schützen.

AFFIRMATIONEN

- Ich sorge auf sanfte, freundliche und liebevolle Weise für mich selbst.
- Ich bin genauso liebevoll und freundlich zu mir selbst wie zu anderen.
- Weil ich mich mehr liebe, bin ich mehr mit mir selbst im Einklang.

4. Dezember

Neue Anfänge

Jeder Tag ist ein neuer Tag, mein Kind. Wenn die Sonne aufgeht, warten neue Möglichkeiten und neue Anfänge auf dich. In jeder Stunde, jeder Minute und jeder Sekunde kannst du bewusste Entscheidungen treffen und basierend auf Wahrheit, Integrität, Liebe und dem Verständnis, dass die Kraft im Moment, im Jetzt liegt, wieder ganz neu anfangen. Ergreife die Gelegenheit, gestalte deine Zukunft, kümmere dich um das, was du werden willst. Auf diese Weise wirst du zum Mitschöpfer Gottes.

MEDITATION

Visualisiere die aufgehende Sonne als glühenden Ball über einem stillen See. Die Sonnenstrahlen, die Strahlen der Sonnenengel, scheinen mitten in dein Herzchakra. Du wirst von Sonnenenergie erfüllt und fühlst dich zunächst gewärmt und beruhigt und dann mehr und mehr aufgebaut und inspiriert. Nimm so viel Sonnenenergie wie möglich in dich auf und bedanke dich bei den Sonnenengeln. Wiederhole diese Übung, so oft du willst. Vergiss nicht, dich zu erden, einzustimmen und zu schützen.

AFFIRMATIONEN

- Ich bestimme über mein Leben.
- Jeder Tag, jede Stunde, jede Minute und jede Sekunde meines Lebens bietet mir die Gelegenheit für einen Neuanfang.
- Mit jeder Entscheidung, die ich aufrichtig und in Liebe treffe, werde ich zum Mitschöpfer Gottes.

5. Dezember

Zeit zum Spielen

Du hast vergessen, wie man spielt, mein Liebes. Du denkst, dass Spielen nutzlos sei. »Es ist keine spirituelle Beschäftigung«, sagst du. Unsinn. Spielen ist sowohl für deine spirituelle Entwicklung als auch für dein allgemeines Wohlergehen unerlässlich. Es ist in der Tat ein wesentlicher Teil deines spirituellen Weges. Spielen ist gut für die Seele, den Geist, den Verstand, die Gefühle und den physischen Körper. Jeder physische und ätherische Teil deines Wesens bekommt durch Spiel und Spaß neuen Schwung. Diese höhere Schwingung baut dein ganzes Wesen auf. Und wenn dem so ist, mein Kind, wie kannst du es dann wohl für Zeitverschwendung halten, dir Zeit für Spiel und Spaß zu nehmen?

MEDITATION

Stell dir vor, du bist auf einem deiner Spielplätze aus der Kindheit und all deine besten Freunde und Lieblingsspielzeuge sind auch da. Beobachte dich selbst, wie du spielst und Spaß hast. Dabei fällt dir sicher auf, dass du dich umso besser fühlst, je mehr Spaß du hast. Begib dich jetzt auf einen anderen Spielplatz und sieh dich dort mit Spielzeug spielen, das du nie hattest, als du Kind warst. Dann, wenn du genug mit diesen Spielsachen gespielt und dich daran erfreut hast, gehst du noch auf einen anderen Spielplatz, wo du mit den Freunden spielst, die du als Kind nicht hattest, aber gern gehabt hättest. Vielleicht sind das Freunde, die aufgrund der damaligen Umstände nicht in deiner Reichweite waren. Sieh dich nun als überglückliches Kind nach Hause gehen und kehre dann ins Hier und Jetzt zurück. Achte darauf, dich zu erden, einzustimmen und zu schützen.

AFFIRMATIONEN

- Ich richte mir mein Leben so ein, dass es immer wieder Raum für Spiel und Spaß gibt.
- Das Leben macht Spaß und ich lebe mühelos bis zum Äußersten.
- Ich achte und fördere mein inneres Kind, indem ich ihm Spaß und Spiele gönne, wann immer es dies möchte.

6. Dezember

Hingabe

Gib dich hin, mein liebstes Kind, unterwirf dich dem Göttlichen in dir. Lass zu, dass sich dein sterbliches Ego auflöst und dein göttliches Selbst zum Vorschein kommt. Löse dich von allen Ängsten, falschen Versprechungen, Hoffnungen und Erwartungen. Opfere sie auf dem Altar der Liebe und Vergebung und du wirst Freiheit und große Segnungen dafür bekommen.

MEDITATION

Bitte um den Beistand der heilenden Engel. Konzentriere dich darauf, alles aufzugeben, was nicht Liebe ist. Hisse die weiße Flagge der Kapitulation vor den heilenden Engeln. Die Engel heißen dich mit offenen Armen willkommen und sind ganz begeistert über deine Kapitulation. Denke dann einfach daran, alles loszulassen und hinzugeben, was nicht Liebe ist, und überlasse es den Engeln, sich um den eigentlichen Prozess zu kümmern. Wenn dieser Prozess beendet ist, wirst du dich viel leichter fühlen. Bedanke dich bei den heilenden Engeln. Vergiss nicht, dich zu erden, einzustimmen und zu schützen.

AFFIRMATIONEN

- Indem ich mich meinem göttlichen Selbst unterwerfe, befreie ich mich.
- Mir ist bewusst, dass mir die heilenden Engel jederzeit zur Seite stehen und mir bei meinem Unterwerfungsprozess behilflich sind.
- Ich bin dankbar für die Hilfe, die ich bekomme.

7. Dezember

Höre auf deine Seele

Mein liebes Kind, höre auf das Flüstern deiner Seele, denn sie hat dir viel zu sagen. Deine Seele ist unzählige Male durch Zeit und Raum gereist und hat sich in unterschiedlichen Körpern auf verschiedenen Planeten und in anderen Galaxien inkarniert. Dadurch ist sie an Erfahrungen reich geworden und bringt ihr ganzes früheres Wissen in jede neue Inkarnation mit. Du kannst jederzeit auf diese einmal gewonnenen Einsichten zurückgreifen, denn alles, was du brauchst, um in dieser gegenwärtigen Inkarnation klarzukommen, ist sicher in deiner Seele gespeichert. Meditiere oder kontempliere oft, damit deine Seele Gelegenheit bekommt, dieses Wissen, das sie sich mit so viel Mühe in Äonen angeeignet hat, weiterzugeben.

MEDITATION

Atme rosa Licht in dein Herzchakra und konzentriere deine ganze Aufmerksamkeit darauf. Bitte deine Seele, sich zu zeigen. Teile ihr deine innersten Gedanken mit. Deine Seele bedankt sich für die Kontaktaufnahme und bittet dich um möglichst viele Wiederholungen dieser wunderbaren Erfahrung. Bedanke dich. Denke daran, dich immer zu erden, einzustimmen und zu schützen.

AFFIRMATIONEN

- Ich bin eins mit meiner Seele.
- Ich umarme meine Seele und danke ihr für alles, was sie für mich getan hat.
- Die ganze Weisheit, die ich brauche, ist in meiner Seele gespeichert.

8. Dezember

Lebe dein Leben voll und ganz

Lebe voll und ganz, mein Kind. Vergeude keinen einzigen kostbaren Moment deines Lebens mit sinnlosen Beschäftigungen, sondern achte dich selbst, indem du dich an bereichernden Unternehmungen beteiligst. Füttere deinen Körper, deine Gefühle, deinen Geist und deine Seele mit großen Mengen an Liebe, Licht, Humor und edlen Bestrebungen. Mach dir all das zum Ziel. Mache es zum Ziel deines Lebens, übergib es dem Göttlichen in dir und dann geh hinaus und führe ein schönes, erfülltes Leben.

MEDITATION

Du wanderst durch einen Wald und kommst schon bald an eine magische Quelle, die von Blumen, Vögeln und Schmetterlingen umgeben ist. Das ist die Quelle des Lebens.
Neben ihr steht ein goldener Kelch. Du füllst den Kelch mit dem Wasser des Lebens und trinkst die wunderbar anregende Flüssigkeit. Das machst du dreimal.
Dann wendest du dich zum Gehen und fühlst dich verjüngt und voll frischer Energie. Danke den Devas des Waldes und des Wassers. Geh denselben Weg zurück, den du gekommen bist, und bedanke dich. Vergiss nicht, dich zu erden, einzustimmen und zu schützen.

AFFIRMATIONEN

- Ich achte mich selbst, indem ich meinen Körper, meine Gefühle, meinen Geist und meine Seele nähre.
- Ich fließe über vor Liebe, Licht und Energie.
- Ich trinke aus der Quelle des Lebens und lebe voll und ganz.

9. Dezember

Erde, ich danke dir

Kümmere dich gut um Mutter Erde, dein Zuhause. Sie ist es, die deinen physischen Körper nährt und erhält. Sie stellt dir ihre Ressourcen zu deiner persönlichen Verfügung. Du isst ihre Nahrung, trinkst ihr Wasser und atmest ihre Luft. Ohne sie wärst du nichts. Erinnere dich oft an diese Wahrheit. Achte die Erde und was sie dir anbietet. Geh freundlich und sanft mit ihr um. Biete ihr eine Gegenleistung für ihr Opfer an.

MEDITATION

Visualisiere die Erde als einen vor dir aufgehängten Globus, der sich langsam dreht, sodass du alles Land, alles Wasser und alle Berge sehen kannst. Bringe deine Aufmerksamkeit nun in dein eigenes Herzchakra. Schicke goldene Licht- und Liebestrahlen aus deinem Herzen über die Erde und konzentriere dich dabei auf Orte, an denen große Not herrscht. Höre damit auf, wenn du das Gefühl hast, dass die ganze Erde schön golden glüht. Danke Mutter Erde schließlich für alles, was sie dir zur Verfügung stellt. Vergiss nicht, dich zu erden, einzustimmen und zu schützen.

AFFIRMATIONEN

- Ich habe eine tiefe Verbindung zu Mutter Erde.
- Ich bringe meine Dankbarkeit gegenüber der Erde zum Ausdruck, indem ich sie auf viele verschiedene Arten ehre.
- Ich bin ein Teil der Erde und die Erde ist ein Teil von mir.

10. Dezember

Das Tierreich

Alle Tiere auf diesem Planeten sind deine Geschwister, mein Liebes. Ob sie im Wald umherstreifen, im Meer schwimmen oder durch die Luft fliegen, sie sind alle deiner Brüder und Schwestern aus dem Tierreich. Weil sie fühlende Wesen sind, solltest du sie mit Achtung und Respekt behandeln. Wenn du glaubst, dass du sie verzehren musst, um dich selbst zu erhalten, dann sorge dafür, dass sie einen schmerzlosen Tod sterben, und danke ihnen dafür, dass sie sich geopfert haben. Beherzige dies, mein Liebes. Dein Schicksal und ihres sind eng miteinander verknüpft, und was mit ihnen geschieht, wird früher oder später auch mit dir geschehen.

MEDITATION

Konzentriere dich auf dein Herzchakra und schicke einen Strahl heilenden Lichts zu allen wilden Tieren, zu allen Nutztieren, zu allen Haustieren, zu allen Versuchstieren und zu allen Tieren, die geschlachtet werden sollen. Stell dir nun alle Tiere auf diesem Planeten als eine glückliche, gesunde Familie vor. Danke dann allen Angehörigen des Tierreichs für die Opfer, die sie immer wieder bringen.
Mache diese Meditation oft, denn sie wird im Moment auf dem Planeten Erde dringend gebraucht. Denke daran, dich zu erden, einzustimmen und zu schützen.

AFFIRMATIONEN

- Ich liebe, achte und respektiere alle fühlenden Wesen.
- Ich habe große Achtung vor allen Geschöpfen Gottes.
- Das Tierreich ist ein Teil von mir und ich bin ein Teil des Tierreichs.

11. Dezember

Göttliches Timing

Menschliches Timing und göttliches Timing stimmen nicht immer überein, mein liebes Kind. Dieses Thema ist die Ursache für viele Tränen, Ängste und Enttäuschungen in deinem momentanen Erdenleben. Du hast das Gefühl, dass Ereignisse jetzt sofort stattfinden sollten. Aber das ist nicht immer der Fall, vielleicht weil es nicht zu deinem höchsten, absoluten und größten Wohl wäre. Unglücklicherweise bist du nicht in der Lage, das größere Bild zu sehen und dies selbst zu beurteilen. Überlasse es daher Gott oder deinem höheren Selbst, den Zeitpunkt der Ereignisse zu bestimmen. Auf diese Weise kannst du dein Egoselbst überwinden und zulassen, dass sich das, was zu deinem Besten ist, mit göttlicher Perfektion entfaltet.

MEDITATION

Behalte das, was dich zum Thema »Zeitpunkt« gerade beschäftigt, im Kopf. Gib es dann mental an dein höheres Selbst ab und lass es innerlich los. Entspanne dich ein wenig. Du wirst merken, dass du in kürzester Zeit ein inneres Wissen über den göttlichen Zeitrahmen erworben hast. Danke deinem höheren Selbst für die Mitarbeit.

AFFIRMATIONEN

- Ich verabschiede mich von meiner irdischen Zeitvorstellung und lasse zu, dass sich die Dinge im göttlichen Zeitrahmen entwickeln.
- Ich stimme mich auf den göttlichen Zeitrahmen ein.
- Die Zeit arbeitet immer für mich.

12. Dezember

Im Hier und Jetzt leben

Lebe jeden Tag, als sei es dein letzter auf dieser Erde. Verweile nicht in der Vergangenheit und projiziere deine Sehnsüchte nicht in die Zukunft, denn beides raubt dir kostbare Lebenskraft, die aus dir hinaus in vergangene oder zukünftige Dimensionen sickert. Halte dich in genau diesem Moment auf, würdige ihn und betrachte ihn als Geschenk Gottes.

MEDITATION

Atme in sieben Atemzügen blaues Licht in das dritte Auge zwischen deinen Augenbrauen. Lass sämtliche Gedanken an die Vergangenheit und die Zukunft sanft von dir abfließen. Konzentriere dich nun ganz auf dein Herzchakra. Frage deine Seele, was sie dir genau hier und genau jetzt in diesem Moment mitteilen möchte. Höre aufmerksam zu. Alles, was deine Seele dir mitgeteilt hat, wird dein Wachbewusstsein erreichen. Bedanke dich. Denke immer daran, dich zu erden, einzustimmen und zu schützen.

AFFIRMATIONEN

- Ich bin ganz im gegenwärtigen Moment.
- Ich bin frei von Gedanken, die sich mit der Vergangenheit und der Zukunft beschäftigen.
- All meine Energien sind auf das Hier und Jetzt konzentriert.

13. Dezember

Mitgefühl entwickeln

Mach dich eilig daran, dein mitfühlendes Wesen zu entwickeln. Geh über das bloße Reagieren auf offensichtliche Verhaltensweisen hinaus. Hinter jedem wütenden und aggressiven Angriff steht ein verwundetes menschliches Wesen, eine Seele, die Schmerz empfindet. Sei von ganzem Herzen für deine Brüder und Schwestern da. Dein Mitgefühl wird ihre Schmerzen lindern. Dann kann Heilung stattfinden.

MEDITATION

Erinnere dich an das letzte Mal, wo du von jemandem angegriffen wurdest. Stell dir vor, dass diese Person jetzt vor dir steht. Verbinde dein Herz mit ihrem und bitte ihre Seele um eine Erklärung für ihr destruktives Verhalten. Du wirst diese Information auf der Stelle erhalten. Da du nun den Schmerz oder die Verzweiflung hinter diesem Angriff verstehst, bist du auch in der Lage, der anderen Person Liebe aus deinem Herzzentrum zu schicken und ihr zu vergeben. Bitte um Segen und wiederhole diesen Prozess mit allen Menschen, mit denen du dich uneins glaubst. Vergiss nicht, dich zu erden, einzustimmen und zu schützen.

AFFIRMATIONEN

- Ich bin ein mitfühlendes Wesen.
- Ich weiß, dass dem destruktiven Verhalten meiner Brüder und Schwestern Schmerz und Verzweiflung zugrunde liegen.
- Ich heile mich selbst und andere, indem ich mitfühlende Vergebung übe.

14. Dezember

Helfende Hände

Erlaube den Menschen in deiner Umgebung, dir eine helfende Hand zu reichen, dich zu lieben und zu unterstützen. Lass von der Vorstellung ab, dass du alles allein machen musst. Indem du nämlich alles allein machst, schiebst du die Hand Gottes beiseite, die sich deiner Brüder und Schwestern bedient. Nimm Hilfsangebote freundlich an, denn indem du das tust, gibst du anderen Menschen Gelegenheit, dir ihre Liebe zu zeigen.

MEDITATION

Atme rosa Licht ein. Bitte dein höheres Selbst um Beistand, wenn es darum geht, allen Stolz loszulassen. Fühle, wie der ganze Stolz buchstäblich von dir abgewaschen wird. Stell dir nun vor, dass du bei einer Party mit Freunden oder auf einer Familienfeier bist. Visualisiere, wie dich deine Freunde oder deine Familienmitglieder mit Geschenken und Freundlichkeit überhäufen. Du siehst, wie du all diese Geschenke freundlich entgegennimmst und deine Freunde und Familienmitglieder umarmst und küsst. Und aus ihnen strahlt die Freude des Gebens.
Wiederhole diese Übung so lange, bis du dich ganz im Einklang mit deinen Freunden und Familienmitgliedern fühlst und ihre Liebe voll und ganz annehmen kannst. Denke daran, dich zu erden, einzustimmen und zu schützen.

AFFIRMATIONEN

- Ich erlaube meinen Freunden und Familienmitgliedern, mich so sehr zu lieben, wie ich sie liebe.
- Ich bin offen für die Liebe, die mir aus unterschiedlichen Quellen und von verschiedenen Menschen entgegenfließt.
- Ich tausche mit allen fühlenden Wesen bedingungslose Liebe aus.

15. Dezember

Der Reichtum des Universums

Das Universum ist reich; hier steht dir eine unbegrenzte Menge an Energie zur Verfügung. Alles, wovon du jemals geträumt hast oder was du dir bis jetzt nur träumen lassen kannst, ist in riesigen Mengen verfügbar. Gottes Bereitschaft zu geben ist grenzenlos. Du kannst alles haben, was du willst, vorausgesetzt das, was du willst, ist zu deinem Besten. Deshalb werden deine Wünsche manchmal nicht sofort und auf der Stelle erfüllt. Indem du dich selbst und deine Bedürfnisse wirklich würdigst, machst du dich zum Magneten für die Geschenke des Universums. Gott möchte dir diese Geschenke so gern geben. Bitte und du wirst empfangen.

MEDITATION

Geh in dich und bitte die heilenden Engel, sämtliche Vorstellungen auszumerzen, die nach »Ich verdiene das nicht« klingen: ein neues Auto, ein neues Haus, ein neues Kleid, neue Freunde, einen neuen Job, Erfolg, Liebe ... Löse sie auf und verabschiede dich davon. Visualisiere dann in Übereinstimmung mit dem göttlichen Gesetz, alles, was du möchtest, und bitte darum, dass es dir gebracht wird. Bedanke dich. Du musst diese Meditation vielleicht öfter machen.

AFFIRMATIONEN

- Ich nehme jetzt alle Geschenke an, die das Universum für mich bereithält.
- Ich bin ein perfektes Kind Gottes und verdiene all das Gute, das die Welt mir zu bieten hat.
- Ich bin ein grenzenloses Wesen in einem reichen Universum.

16. Dezember

Geistige Reinigung

Läutere deinen Geist, mein Kind. Damit du das tun kannst, musst du zunächst herausfinden, was in deinem Kopf vor sich geht. Werde zum Betrachter und beobachte deine Gedankenformen. Du wirst erstaunt sein, was du dabei entdeckst. Das meiste davon wirst du loswerden wollen, weil es negativ ist und daher schädlich für deine Entwicklung. Doch wenn dir erst einmal bewusst geworden ist, was in deinem Kopf vor sich geht, wirst du es unter Kontrolle haben, statt ständig davon kontrolliert zu werden.

MEDITATION

Achte darauf, dass du deine Gedankenformen beobachtest, während du mit Alltagstätigkeiten wie Bügeln, Geschirrspülen oder Autowaschen beschäftigt bist. Schreibe die Themen dieser Gedankenformen auf einen Zettel. Suche dir jetzt das Muster heraus, das am häufigsten vorkommt. Setze dich bequem hin, entspanne dich und denke über dieses Muster nach. Bitte dein höheres Selbst, dir den Ursprung des betreffenden Themas zu zeigen. Du bittest und dir wird gegeben. Also wird schon bald ein Gefühl oder ein Gedanke zur eigentlichen Ursache dieses Themas in dir auftauchen. Lege sie, sobald du sie gefunden hast, in die Hände der heilenden Engel, die sie wegtragen, zu ihrem Ursprung zurückbringen und ins Licht zurückverwandeln sollen. Danach kannst du all deine Themen bearbeiten und anschließend loslassen. Bedanke dich bei den heilenden Engeln.

AFFIRMATIONEN

- Ich habe meinen Geist unter Kontrolle und bin bestens in der Lage, alle negativen Gedankenformen zu lokalisieren und loszulassen.
- Ich konzentriere mich freiwillig auf Liebe und Licht.
- Mein Geist ist ein mächtiges Werkzeug, mit dessen Hilfe ich Erleuchtung erlangen kann.

17. Dezember

Du bist ein Geschenk

Du bist Gottes Geschenk an die Welt. Du trägst so viele Antworten in dir, hast so viel Erfreuliches zu geben. Manches davon liegt immer noch unter der Last des Hasses, der Angst, der Selbstkritik und vieler anderer unerlöster Emotionen begraben. Doch wenn du einmal anfängst, dich selbst zu verschenken, wirst du feststellen, dass durch die Freude des Gebens Heilung in dir selbst und anderen stattfindet. Du bist Gott sehr viel wert. Also gehe sanft und freundlich mit dir selbst und Gottes anderen Geschenken um, nämlich mit deinen menschlichen, tierischen und pflanzlichen Brüdern und Schwestern.

MEDITATION

Atme in dein Herzchakra. Visualisiere es als schön eingepacktes Päckchen, das du nun langsam und sorgfältig auszupacken beginnst. Du findest darin ein besonderes Geschenk deiner Seele an diese Welt. Stell dir vor, wie du den Auftrag erfüllst, der darin besteht, dass du dich auf ganz verschiedene Weise als Geschenk darbringst, vielleicht durch deine Arbeit oder durch Spielen oder mithilfe der Künste. Schließlich, wenn dir das gelungen ist, umarmst du dich selbst.
Denke immer daran, dich zu erden, einzustimmen und zu schützen.

AFFIRMATIONEN

- Ich danke Gott für das Geschenk des Lebens.
- Ich achte und schätze dieses Geschenk.
- Ich trage das wertvolle Geschenk der bedingungslosen Liebe in meinem Herzen und gebe es großzügig an alle weiter, die es brauchen.

18. Dezember

Freude an kleinen Dingen

Erfreue dich an kleinen Dingen, mein Kind. Allzu oft glaubst du, dass nur großartige Ereignisse, besondere Darbietungen und luxuriöse Geschenke dir die Freude bereiten können, um die du dich so sehr bemühst. Doch das ist nicht der Fall. Oft muss man sich für diese großartigen Dinge auch entsprechend anstrengen und das Vergnügen, das sie bereiten, ist selten so groß wie die Vorfreude darauf. Am Ende bleibt nichts als Enttäuschung. Es gibt ein Vergnügen, das du vierundzwanzig Stunden am Tag haben kannst. Lerne einfach Ausschau danach zu halten, denn Gott hat es überall eingebaut: in das Licht des Tages, den Duft einer Rose, den Gesang eines Vogels, den frischen Wind auf deinen Wangen, die Stimme deines oder deiner Liebsten. Schöpfe Freude und Vergnügen aus all dem. Je mehr du dich an den Kleinigkeiten im Leben erfreuen kannst, desto deutlicher wird werden, dass Schönheit und Freude überall und in allem zu finden sind. Was für ein großes Geschenk Gottes an dich.

MEDITATION

Lege deine Lieblingsmusik auf.
Atme sie ein ...
Trinke sie ...
Tauche darin ein ...
Werde zu dieser Musik ...
Du bist die Musik.
Genieße es.

AFFIRMATIONEN

- Ich bin begeistert von Gottes Schöpfung.
- Meine Augen sind offen für die Wunder der göttlichen Schöpfung, und ich bin bereit, mich daran zu freuen.
- Ich betrachte die Welt mit den Augen der Liebe und sehe Liebe in allem und jedem.

19. Dezember

Das innere Licht

Wenn die Nacht hereinbricht, halte Ausschau nach dem inneren Licht. In der Vorweihnachtszeit zündest du Kerzen an und sitzt vor dem Kamin. Aber vergiss das innere Licht nicht, mein Kind, das Licht deiner Seele, denn am wichtigsten ist es, dass dieses Licht hell leuchtet. Lass dich von Prunk, Flitter und Festbeleuchtung nicht zum Narren halten. All das ist nur von Bedeutung, wenn es von einer liebenden Seele gepflegt wird.

MEDITATION

Konzentriere dich auf dein Herzchakra. Sieh, wie sich ein kleiner Funke darin entzündet und zu einer hellen Flamme heranwächst. Hüte diese Flamme, bis sie lichterloh brennt. Sitze neben dieser Flamme, solange du willst. Wenn du das Gefühl hast, dass dein Körper, dein Geist, deine Emotionen und deine Seele wahrlich erleuchtet sind und du ganz von diesem strahlenden Licht erfüllt bist, dann fang an es auszustrahlen, in dein Heim, deine Umgebung und schließlich in die Welt und das gesamte Universum. Sorge dafür, dass du geerdet, eingestimmt und geschützt bist.

AFFIRMATIONEN

- Ich bin das Licht.
- Ich trage das Licht Gottes in mir.
- Das Licht meiner Seele strahlt hinaus in die Welt.

20. Dezember

Ein Gefäß für die Liebe

Sieh dich selbst als Gefäß – ein Gefäß, das eine unendlich große Menge bedingungsloser Liebe enthält. Und wenn du dich traurig und leer fühlst, kannst du Gott einfach bitten, die Liebe in deinem inneren Gefäß nachzufüllen. Wann immer eine Portion Liebe für dich selbst oder einen deiner menschlichen oder tierischen Brüder und Schwestern gebraucht wird, öffnest du einfach den Hahn des Mitgefühls in deinem Herzen, und heraus fließt mehr als genug bedingungslose Liebe für alle.

MEDITATION

Stell dir dein Herz als einen reich geschmückten, mit Juwelen besetzten Behälter vor. Durch dein Kronenchakra ergießt sich Gottes Liebe in einem nie endenden Strom in diesen Behälter. Wenn das Gefäß überfließt, leitest du die Energie an irgendjemanden weiter, von dem du weißt, dass er sie braucht. Bedanke dich und schließe deine Chakren. Denke daran, dich zu erden, einzustimmen und zu schützen.

AFFIRMATIONEN

- Ich bin ein Instrument der bedingungslosen Liebe Gottes.
- Ich bin voll von Gottes Liebe und gebe sie großzügig an jeden weiter, der sie braucht.
- Die Liebe in meinem Herzen ist ewig.

21. Dezember

Achte deine Eltern

Achte deine Eltern, denn sie haben ihr Bestes getan, dich zu ernähren, zu kleiden und großzuziehen. Vergib ihnen ihre Fehler, denn sie wussten es nicht besser. Was sie getan haben, basierte auf dem Verständnis, das sie sich durch ihre eigene Erziehung erworben hatten. Und wenn sie selbst keine Liebe erlebt haben, konnten sie auch nicht wissen, was Liebe ist, und sie demnach nicht an dich weitergeben. Versetze dich mit mitfühlendem Herzen in sie hinein. Bitte um ihren Segen und entlasse alles, was nicht Liebe war, aus deinen Kindheitserinnerungen. Freue dich, suche nach dem göttlichen Funken in deinem Vater und deiner Mutter und halte ihn in Ehren.

MEDITATION

Visualisiere deine beiden Eltern, egal ob sie noch leben oder nur im Geist bei dir sind. Vergib ihnen, was du ihnen zu vergeben hast, und danke ihnen für alle Geschenke, Lektionen und Segnungen, mit denen sie dich bedacht haben. Bitte die Engel, sie und dich zu segnen.
Bedanke dich. Achte darauf, dass du geerdet, eingestimmt und geschützt bist.

AFFIRMATIONEN

- Ich danke meinen Eltern dafür, dass sie mir das Leben geschenkt haben.
- Ich danke meinen Eltern für die Gelegenheit, zu lernen und zu wachsen.
- Ich liebe und achte meine Eltern.

22. Dezember

Glaube an dich selbst

Glaube an dich selbst. Du bist ein echtes Kind Gottes. In dir schlummert die beeindruckende Macht der Schöpfung. Glaube daran, dass du eins mit dieser Macht bist, nicht nur mit einem kleinen Teil davon, sondern mit der ganzen Macht. Glaube an die Macht des Einen, an die Nichtexistenz der Trennung. Lass dich nicht zum Narren halten von der illusionären Erfahrung, die du in der dritten Dimension gemacht hast. Verschmelze mit dieser gewaltigen, endlosen Einheit, mit diesem Meer der nie endenden Glückseligkeit. Werde völlig eins damit. Frieden, Liebe, Harmonie und unendliche Glückseligkeit erwarten dich.

MEDITATION

Atme goldenes Licht in deinen Solarplexus und bitte dann die heilenden Engel, dir beim Identifizieren deiner negativen Annahmen über dich selbst behilflich zu sein. Mit Unterstützung der Engel werden diese Muster allmählich an die Oberfläche deines Wachbewusstseins kommen. Erkenne sie an, nimm sie in Besitz und bitte die heilenden Engel dann, sie von dir wegzunehmen.
Wiederhole diese Meditation oft und danke den heilenden Engeln für ihren Beistand. Hast du daran gedacht, dich zu erden, einzustimmen und zu schützen?

AFFIRMATIONEN

- Ich glaube, dass ich ein Teil des Einen bin.
- Ich glaube an die Macht der Einheit in Liebe.
- Ich glaube an mich selbst und daran, dass alles, was ich tue, in Übereinstimmung mit dem göttlichen Willen geschieht.

23. Dezember

Offene Türen

Wenn sich eine Tür schließt, wird Gott eine andere für dich öffnen. Verzweifle nicht, verliere nicht die Geduld und versuche nicht, die verschlossene Tür aufzubrechen, denn es ist dir nicht bestimmt zu erleben, was dahinter liegt. Du brauchst dich nicht mit dem zu beschäftigen, was dich in der Wirklichkeit jenseits dieser Tür erwarten könnte. Wenn sich in deinem Leben eine Tür schließt, solltest du zunächst eine Bestandsaufnahme der Umstände machen, die dich an diesen Punkt geführt haben: »Wie bin ich hierher gekommen und warum?« Dann machst du dir Gedanken über die Situation, wobei du dich von deinem göttlichen Selbst leiten lässt. Bitte die Engel, dir Geduld für diesen Prozess zu schenken. Eine andere Tür wird sich für dich öffnen und du wirst mit Leichtigkeit und Freude hindurchgehen.

MEDITATION

Die Landstraße, die du entlanggehst, führt durch wunderschöne Mohnfelder in voller Blüte und schon bald erreichst du eine Weggabelung. Die Straße zu deiner Linken führt in ein Leben der natürlichen Fülle; die Straße zu deiner Rechten führt in die emotionale Erfüllung, die Straße in der Mitte zur Erleuchtung. Geh den Weg, der dich jetzt im Moment am meisten anspricht, und finde heraus, was dort auf dich wartet.
Denke daran, dich zu erden, einzustimmen und zu schützen.

AFFIRMATIONEN

- Freudig und mit Leichtigkeit gehe ich durch die Türen, die Gott für mich geöffnet hat.
- Während ich den von mir gewählten Weg gehe, vertraue ich auf meine innere Führung.
- Ich stimme mich auf den göttlichen Willen ein, und die Tore des Himmels auf Erden tun sich für mich auf.

24. Dezember

Das Gottselbst

Du bist das Gottselbst und trägst das Geschenk des »Gottesbewusstseins« in dir. Du kannst dich mit deinem Gottselbst verbinden, indem du dich von allem trennst, was nicht Liebe ist, und dein niederes Ego auf diese Weise deinem Gottselbst unterordnest. Deine Seele wird ihre Freude haben an der perfekten Harmonie mit dem Göttlichen in dir. Erlaube Gott und den Engeln, dir in diesem Prozess zur Seite zu stehen. Du kannst ihre Hilfe und Führung jederzeit einfordern. Formuliere deine Absicht klar und bestimmt. Du bittest und wirst all die Liebe, das Licht und die Unterstützung erhalten, die du auf deiner Reise zum Gottselbst brauchst.

MEDITATION

Visualisiere ein goldenes Kreuz als Symbol für das Durchstreichen oder Auslöschen des Ich, des Ego, des niederen Selbst. Lege die Sehnsüchte deines Ego in die Hand Gottes, deines höheren göttlichen Selbst. Und während du das tust, löst sich das Kreuz allmählich auf und verwandelt sich in eine wunderschöne Rose, ein Symbol für Gott. Nimm diese Rose und pflanze sie sicher in dein Herz. Bedanke dich dann bei den Engeln für ihre Hilfe und Unterstützung. Denke daran, dich zu erden, einzustimmen und zu schützen.

AFFIRMATIONEN

- Gott ist in mir.
- Ich bin in Gott.
- In meinem Herzen bewahre ich das Licht der Liebe Gottes.

25. Dezember

Vergebung

Erinnere dich: Der Akt der Vergebung ist die Quelle der Freiheit. Vergib und du bist frei. Indem du dir selbst und anderen vergibst, löst du die negativen Bindungen auf, die dich bisher an andere gefesselt haben, und gewinnst den Segen Gottes und der Engel, was zur Folge hat, dass die Dunkelheit nach und nach vom Licht abgelöst wird. Mit jedem Stückchen Vergebung wird die Last auf deiner Seele ein wenig leichter, bis deine Seele schließlich frei ist von allen Bürden und sich für immer in den himmlischen Gefilden aufhalten kann.

MEDITATION

Verbinde dich mit deinem höheren göttlichen Selbst und atme dreimal in dein Herzchakra. Bitte dann darum, dass dir alle Menschen gezeigt werden, denen du vergeben musst. Vergib ihnen, lass sie ziehen und bitte den Erzengel Michael, alle Bande zu lösen, die dich an sie gefesselt haben. Bitte schließlich die heilenden Engel um ihren Segen.
Wiederhole diese Übung und vergib diesmal auch dir selbst. Bedanke dich. Vergiss nicht, dich zu erden, einzustimmen und zu schützen.

AFFIRMATIONEN

- Durch den Akt der bedingungslosen Vergebung gewinne ich absolute Freiheit.
- Ich vergebe und bin frei.
- Ich vergebe und kann nun allen, denen ich vergeben habe, bedingungslose Liebe schenken.

26. Dezember

Grenzenlose Kraft

Tief in deiner Seele liegt die Quelle grenzenloser Kraft, der Glaube an deine eigene Göttlichkeit. Alles, was du brauchst, kannst du aus dieser inneren Quelle beziehen. Aus dieser Quelle der göttlichen Macht sprudelt genau die Kraft hervor, die du brauchst, um deinen göttlichen Auftrag auf dieser Erde ausführen zu können. Glaube an deine Göttlichkeit und vertraue darauf, dass du ein Kind Gottes bist, denn so ist es.

MEDITATION

Stimme dich auf die Liebe und das Licht ein, von denen du umgeben bist, und geh dann mit deiner Aufmerksamkeit in das Gemach deines Herzens, den Sitz deiner Seele. Zu deiner Überraschung findest du dort eine wunderschön sprudelnde Quelle vor. Diese Quelle göttlicher Energie wird durch Gottes Gnade ständig mit bedingungsloser Liebe gefüllt. Du gehst darauf zu, kniest nieder und schöpfst mit einem goldenen Kelch, den du ganz in der Nähe gefunden hast, die kostbare flüssige Lebenskraft aus der Quelle. Schon während du noch trinkst, spürst du, wie dich die göttliche Lebenskraft stärkt, verjüngt und aufbaut.
Komm hierher und greife auf diesen unbegrenzten Vorrat an göttlicher Energie zurück, wann immer du am Boden bist. Denke stets daran, dich zu erden, einzustimmen und zu schützen.

AFFIRMATIONEN

- Ich stehe immer in Verbindung mit der Quelle.
- Ich glaube an meine eigene göttliche Kraft und grenzenlose Energie.
- Ich bin eins mit der Quelle aller Liebe, allen Lichts und aller Macht.

27. Dezember

Einstimmung

Du sehnst dich nach spiritueller Führung, doch wie oft stimmst du dich wirklich darauf ein, mein Kind? Wenn es darum geht, eindeutige Anweisungen von deinem höheren Selbst zu bekommen, ist Klarheit von allergrößter Bedeutung. Um zu dieser Klarheit vorzudringen, musst du dich zunächst um Einstimmung bemühen. Entwickle diese spirituelle Disziplin und die Ergebnisse werden der Mühe wert sein. Wenn du entsprechend darauf eingestimmt bist, wird dich die spirituelle Führung in ihrer reinsten Form erreichen können, nämlich in Form von bedingungsloser Liebe und Licht.

MEDITATION

Atme dreimal tief ein und aus und lass mit dem Ausatmen alle emotionalen und mentalen Ängste und Sorgen los. Lass aus deinen Fußsohlen goldene Wurzeln in die Erde wachsen und bitte Mutter Erde, dein ganzes Selbst zu erden, ins Gleichgewicht zu bringen und zu nähren. Bitte dann Gott, dich mit dem himmlischen Ursprung von allem, was ist, zu verbinden. Sobald du darum gebetet hast, spürst du, wie weißes Licht durch dein Kronenchakra in dich hineingegossen wird, wie es durch all deine Chakren fließt und die sieben Schichten deiner Aura erfüllt.
Bedanke dich; sorge dafür, dass deine Chakren alle wieder geschlossen werden, und lass deine Wurzeln noch ein paar Zentimeter tief in der Erde. Achte darauf, dich zu erden, einzustimmen und zu schützen.

AFFIRMATIONEN

- Ich bin perfekt auf Mutter Erde und Gott eingestimmt.
- Ich stehe mit dem Ursprung von allem, was ist, in Verbindung.
- Ich bekomme klare Anleitung, wann immer ich sie brauche.

28. Dezember

Natur

Hör gut zu, was die Natur dir zu sagen hat, mein Liebes. Gaia, der große Geist dieser Erde, ist in einer verzweifelten Lage. Ihre Meere sind verschmutzt, ihre Berge sind kahl, die Bäume sind gefällt und ihr Körper ist verstümmelt. Ihr scheint vergessen zu haben, dass ihr »mit freundlicher Genehmigung von Gaia« atmet; dass euch das, was ihr esst, von ihr geschenkt wurde, und dass das Wasser, das ihr trinkt, ihr Blut ist, das sie freiwillig gibt, um euch während eures gesamten menschlichen Daseins zu erhalten. Weil ihr sie verärgert und missbraucht habt, brechen Vulkane aus, richten Tornados große Zerstörungen an, werden viele Quadratkilometer Land überflutet. Es ist höchste Zeit, Mutter Erde zu achten und zu respektieren. Hör also auf, ihren Körper zu verschmutzen; sie hat sich nun schon seit Millionen von Jahren für dich geopfert. Bete für Mutter Erde und vor allem danke ihr jeden Tag für den großen Dienst, den sie dir erweist.

MEDITATION

Konzentriere dich auf dein Herzchakra und schicke einen Strahl goldenen Lichts aus deinem Herzen um die ganze Erde. Visualisiere dann eine völlig geheilte Erde mit Bäumen, wild lebenden Tieren, klaren Seen, glitzernden Meeren und Flüssen und sauberer, frischer Luft im Überfluss. Danke Mutter Erde von Herzen für die Opfer, die sie für dich bringt. Vergiss nicht, dich zu erden, einzustimmen und zu schützen.

AFFIRMATIONEN

- Ich danke Mutter Erde jeden Tag dafür, dass sie mich nährt und erhält.
- Ich liebe, schätze und achte sie.
- Als ein Hüter dieser Erde verspreche ich, mich mit all meinen Kräften um sie zu kümmern.

29. Dezember

Gib deine Ängste ab

Mein liebes Kind, es ist Zeit, all deine Ängste in Gottes Hand zu legen, denn sie sind nichts anderes als ein Missverständnis deinerseits. Ängste tauchen auf, wenn du dem kleinen niederen Egoselbst erlaubst, deine Erfahrungen zu erschaffen. Verabschiede dich von dieser falschen Vorstellung vom Selbst und überlasse den Rest Gott oder deinem göttlichem Selbst. Lass los und lass Gott machen. Vertraue und du wirst nie mehr Angst haben.

MEDITATION

Atme weißes Licht in all deine Chakren.
Jetzt wird dir bewusst, dass ein Knoten aus dunkler Energie in deinem Solarplexus festsitzt. Das sind deine Ängste.
Atme tief ein und visualisiere das weiße Licht wie einen scharfen Laserstrahl, der den Knoten aus Angst und Sorgen bombardiert. Schon bald bröckelt der Knoten ganz auseinander. Dann lässt du ihn mit dem Ausatmen los und verabschiedest dich ein für allemal von ihm. Als Nächstes atmest du goldenes Licht ganz tief in dich ein. Du erlaubst diesem Licht, durch deine sieben Chakren und deine Aura zu fließen und dich zu beruhigen und mit frischer Energie zu versorgen.
Bedanke dich.
Wiederhole diese Meditation mehrmals hintereinander, bis in deinem Solarplexus ein »leichtes Gefühl« vorherrscht. Denke daran, dich zu erden, einzustimmen und zu schützen.

AFFIRMATIONEN

- Ich lege meine Ängste in Gottes Hand.
- Ich bin weder mein Körper noch mein Geist noch meine Gefühle.
- Ich bin Fleisch gewordener Geist.

30. Dezember

Spirituelle Nahrung

Suche vor allem nach spiritueller Nahrung, mit der du deine Seele füttern kannst. Dann wirst du feststellen, dass du gar nicht so viel irdische Nahrung zu dir nehmen musst. Wenn deine Seele satt ist, ist sie auch glücklich und zufrieden und materielle Bedürfnisse sind von viel geringerer Bedeutung. Wenn deine Seele deinen Emotionalkörper mit bedingungsloser Liebe erfüllt, sind deine Emotionen weniger ausgehungert und dein Bedürfnis nach irdischer Nahrung, die in erster Linie die Gefühle füttert, nimmt ab. Dies gilt auch für das Bedürfnis nach vielen anderen Vergnügungen, die allmählich nicht mehr nötig sind. Sie alle werden von deiner immer liebenden Seele in Freude verwandelt werden.

MEDITATION

Visualisiere das Gemach deines Herzens, den Sitz deiner Seele. Der Raum ist von einem schönen, strahlenden rosa Licht erfüllt und du merkst, dass es sich um einen riesigen Lagerraum handelt. Alles, was du brauchst, lagert hier. Das ganze »Seelenfutter«, das du jemals brauchen wirst, ist in diesen Raum zu finden. Du bist sehr glücklich, dass du die Schatzkiste mit dem nie versiegenden Vorrat gefunden hast, und freust dich in dem Wissen, dass absolut für dich gesorgt ist. Denke daran, dich zu erden, einzustimmen und zu schützen.

AFFIRMATIONEN

- Ich werde von meiner Seele genährt.
- Ich habe einen unendlichen Vorrat an allem, was ich brauche, in mir.
- Alles, was ich brauche, ist Liebe, und die wohnt in meiner Seele.

31. Dezember

Erneuerung

Bereite dich nun, wo der letzte Tag des alten Jahres anbricht, darauf vor, deine Absichten für das kommende neue Jahr zu formulieren. Bringe dich in Übereinstimmung mit dem göttlichen Willen, dem göttlichen Plan, dem göttlichen Ziel und dem perfekten göttlichen Zeitrahmen. Verbringe zunächst ein wenig Zeit in Meditation oder Kontemplation, damit deine Seele Gelegenheit hat dir mitzuteilen, was du dir für das kommende Jahr vornehmen sollst. Dann kannst du anfangen, deine Absichten zu formulieren, die nun perfekt mit den Plänen übereinstimmen, die Gott für dich auf Lager hat. Nähre deine Absicht mit Leidenschaft und Mitgefühl. Dann wird der göttliche Plan im kommenden Jahr für dich und alle Menschen um dich herum perfekt funktionieren.

MEDITATION

Stell dir vor, du befindest dich in einem goldenen Tempel des Lernens. Du schaust dich um und entdeckst eine riesige Landkarte an der Wand neben dir. Dein Name steht in goldenen Lettern darauf geschrieben. Du gehst näher heran und stellst fest, dass das kommende Jahr in allen Details auf dieser Karte abgebildet ist. Gott hat die wichtigsten Stationen deiner Reise hier ganz deutlich eingezeichnet. Studiere diese Karte, solange du möchtest, und komm hierher zurück, wann immer du willst. Vergiss nicht, dich zu erden, einzustimmen und zu schützen.

AFFIRMATIONEN

- Das Neue steht mir immer zur Verfügung.
- Ich habe die Absicht, den Weg zu gehen, der nach dem göttlichen Entwurf für mich ausgearbeitet wurde.
- Ich möchte ein Gefäß für bedingungslose Liebe sein.

Weiterführende Literatur

Spirituelle und persönliche Entwicklung

Bailey, Alice: *Education in the New Age*, Lucis Press, London, o. J.

Bailey, Alice: *Glamour: World Problem*, Lucis Press, London, 1971

Bays, Brandon: *The Journey*, Ullstein TB, Berlin, 2004

Brennan, Barbara: *Licht-Heilung*, Goldmann, München, 2003

Dalai Lama: *Advice on Dying And Living a Better Life*, Rider, London, 2004

Dalai Lama XIV und Howard Cutler: *Die Regeln des Glücks*, Lübbe, Bergisch Gladbach, 2001

Hay, Louise: *Wahre Kraft kommt von innen*, Ullstein TB, Berlin, 2005

Krystal, Phyllis: *Die inneren Fesseln sprengen*, Ullstein TB, Berlin, 2004

Myss, Caroline: *Geistkörper-Anatomie. Chakren – die sieben Zentren der Kraft und Heilung*, Droemer Knaur, München, 1997

Myss, Caroline: *Mut zur Heilung*, Droemer Knaur, München, 2002

Tolle, Eckhart: *Jetzt! Die Kraft der Gegenwart*, Kamphausen, Bielefeld, 2002

Walsh, Neale Donald: *Gespräche mit Gott*, Goldmann, München, 1997

White Eagle: *Gentle Brother: The Power of Love in Your Life*, White Eagle Publishing Trust, 2000

White Eagle: *Die White Eagle Heilungspraxis*, Aquamarin, Grafing, 1998

Yogananda, Paramahansa: *Wo Licht ist*, O. W. Barth, München, 1996

Yogananda, Paramahansa: *Wissenschaftliche Heilmeditationen*, O. W. Barth, München, 1981

Chakren und Aura

Brennan, Barbara: *Licht-Arbeit*, Goldmann, München, 1998

Johari, Harish: *Chakras*, Diederichs, München, 2001

Leadbeater, Charles W.: *Die Chakras*, Aquamarin, Grafing, 1999

Geistheilung

Angelo, Jack: *Die Heilkraft in dir*, Droemer Knaur, München, 1995

Bek, Lilla und Philippa Pullar: *Chakra-Energie*, Heyne, München, 1991

Bradford, Michael: *Spirituelles Handauflegen*, Ennsthaler, Steyr, 1997

Brofman, Martin: *Anything Can Be Healed*, Findhorn Press, Findhorn, 2003

Edwards, Harry: *Geistheilung*, Bauer, Freiburg, 1960

Furlong, David: *The Healer Within*, Piatkus Books, London, 1998

Meditation

Caddy, Eileen: *Herzenstüren öffnen*, Greuthof, Gutach, o. J.

Caddy, Eileen: *The Living Word*, Findhorn Press, Findhorn, 1997

Harrison, Eric: *How Meditation Heals*, Ulysses Press, Berkeley, 2001

Main, Darren John: *The Findhorn Book of Meditation*, Findhorn Press, Findhorn, 2003

Trungpa, Chögyam: *Das Buch vom meditativen Leben*, Rowohlt TB, Reinbek, 1996

Engel

Cooper, Diana: *Die Engel, deine Freunde*, Ansata, München, 2002

Lawson, David: *A Company of Angels*, Findhorn Press, Findhorn, 1998

Virtue, Doreen: *Die Heilkraft der Engel*, Ullstein TB, Berlin, 2004

Erdheilung

Lovelock, James: *Das GAIA-Prinzip*, Insel, Frankfurt, 1993

Pogacnik, Marko: *Die Erde heilen*, Diederichs, München, 2001

Pogacnik, Marko: *Die Tochter der Erde*, AT, Aarau, 2002

Pogacnik, Marko: *Elementarwesen*, Droemer Knaur, München, 2000

Pogacnik, Marko: *Erdsysteme und Christuskraft*, Droemer Knaur, München, 2000

Pogacnik, Marko: *Erdwandlung als persönliche Herausforderung*, Droemer Knaur, München, 2003

Stowe, John R.: *The Findhorn Book of Connecting with Nature*, Findhorn Press, Findhorn, 2003

Stowe, John R.: *Earth Spirit Warrior*, Findhorn Press, Findhorn, 2002

Dank

Meinem geliebten Swami bin ich ewig dankbar dafür, dass er mich im Licht festgehalten hat. Seiner Heiligkeit dem Dalai Lama danke ich von Herzen, denn von ihm habe ich gelernt, dass Humor wirklich transformierend wirkt und dass liebende Güte das beste Heilmittel von allen ist.

In aller Bescheidenheit bedanke ich mich bei meinen Verlegern, die mir »grünes Licht« für dieses Buch gegeben und mich auf so liebevolle Weise willkommen geheißen haben.

Meiner liebsten Seelenschwester Valerie danke ich für ihren ständigen, unerschütterlichen Beistand und ihre unbezahlbare Beratung, Sally und Robin für ihre Großzügigkeit, Anne und John für ihre Freundlichkeit, Lindsey, Jennifer und Eva für ihre Freundschaft, Mark für seinen Segen und Neil für seine Ehrlichkeit. Das alles bedeutet mir sehr viel.

Ich danke meiner Mutter, meinem Vater und meiner Schwester, weil ich von ihnen gelernt habe, was Mitgefühl und Vergebung bedeuten. Meiner Nichte Elisabeth und meinem Neffen Thomas danke ich, weil sie mich bedingungslos lieben.

Und last but not least geht ein großes Dankeschön an meine vielen Schüler, Klienten und Workshopteilnehmer, von denen ich in den letzten fünfzehn Jahren so viel Wertvolles gelernt habe.